KB155812

기후위기 시대,
12가지 쟁점

정태용 엮음

강성진 · 김용건 · 김이현 · 김현제 · 김형주 · 박주영
박 찬 · 유연철 · 이동근 · 차현진 · 하지원 · 홍일표 공저

박영
story

머리말

　최근 들어 기후 변화를 실감한다. 작년 여름에 두 달 가까이 계속 비가 오더니 올해는 7월 내내 찜통더위가 계속되었다. 세계 곳곳에서 홍수와 가뭄, 산불, 태풍 등 매우 강력한 기상 이변 현상들이 자주 일어나고 있다. 세계 곳곳에서 일어나고 있고, 이러한 일들은 더 이상 우리의 눈과 귀를 사로잡을 만큼 새로운 뉴스가 아닌 것처럼 되어 버렸다. 인류는 기후 위기(Climate crisis)가 다가오고 있다는 것을 실감하는 중이다. 그러나 우리는 여전히 이 문제에 대하여 당장 시급하다는 위기감을 가지는 것 같지는 않다. 이러한 먼 미래의 문제보다는 2019년 말부터 창궐한 COVID-19 문제를 해결하는 것이 더 시급하다고 여기고 있다. 당장 COVID-19 때문에 전 세계에서 많은 사람들이 희생되고, 인류 전체가 정상적인 생활을 누리지 못하기 때문이다.

　기후 변화는 당장의 문제가 아니라서 일반인들은 큰 관심을 두지 않는다. 그런데 기후 변화에 의해 생태계가 파괴되고 인간의 시스템에도 문제가 생기면 어떻게 해결을 할 것인가? 그리고 기후 변화는 전 세계가 같은 해결책(백신이나 치료제 같은)을 찾을 수 없는 문제다. 각 나라와 지역에서 기후 변화와 관련하여 훨씬 복잡하고 매우 다양한 문제가 생길 것이며, 이에 따라 상황에 맞는 해결 방안을 다르게 찾아야 한다. 한 개인이 잘하거나 한 나라만 잘한다고 이 문제가 해결되지는 않기 때문에 전 세계 모든 사람의 협력이 필요하다. 전 세계가 모두 협력해야 한다는 점은 기후 변화 문제가 본질적으로 해결이 어렵다는 점을 시사한다. 왜냐하면 인류는 지금까지 한 번도 모두 힘을 합쳐서 인류 전체의 생존이 걸린 공동의 문제를 다 함께 손을 잡고서 해결해본 적이 없기 때문이다.

필자는 1992년 기후 변화 문제를 처음으로 알게 된 뒤부터 지금까지 여러 기관에서 이 문제에 관하여 연구도 하고, 국제기구에서 개도국의 온실가스를 줄이는 일도 도와주면서 이 분야에 관한 일을 해왔다. 1990년대 말 IPCC(Intergovernmental Panel on Climate Change, 기후 변화에 관한 정부 간 협의체)의 주저자(Lead author)로 IPCC가 처음으로 만든 「온실가스 배출 전망 시나리오 보고서(Special Report on Emission Scenario)」라는 특별보고서 작성에도 참여하였다. 그로부터 20년이 지난 지금, IPCC 6차 종합보고서에 다시 총괄주저자(Coordinating lead author)로 참여하고 있다. 지난 30년 이상 IPCC는 과학에 기반한 기후 변화와 관련된 다양한 연구 결과를 정리하여 종합보고서를 만들어왔다. IPCC의 보고서 덕분에 인간의 활동으로 기후 변화가 더욱 빨라지고 있다는 사실에 이견을 제시하는 과학자는 소수가 되었다. 대부분의 사람들은 기후 변화가 빠르게 진행되고 있으며, 이러한 과정에 인간의 책임이 크다는 사실에 공감을 하는 것 같다. 그러나 아직은 여기까지가 합의점인 것 같다.

기후 변화 문제가 국제사회에서 본격적으로 논의되기 시작한 것은 1990년대 초부터였다. 지난 30년 동안 국제사회는 각 분야에서 이 문제의 해결을 위하여 많은 노력을 기울였다. 매년 기후 변화 협약 총회를 개최하면서 각국의 기후 협상가들은 밤을 세워가며 노력을 하였다. 하지만 인류가 공동으로 달성해야 하는 목표에 대한 합의를 이루어내지는 못하였다. 2015년이 되서야 '파리 기후 변화 협약(Paris Agreement)'을 계기로 국제사회는 앞으로 30년 동안 달성해야 할 공동의 목표에 합의하였다. '파리협정'에서는 산업혁명기 이전의 지구와 비교하여 지구 평균 온도 상승을 섭씨 2도 아래로 억제하고, 나아가 섭씨 1.5도를 넘지 않게끔 다 함께 노력하자고 합의를 한 것이다. 이를 위해서 전 세계 많은 국가들이 2050년에 탄소의 순 배출량을 제로(0)로 한다는 구체적인 목표를 선언하였다. 우리나라도 그중 하나이다.

우리나라도 지난 30년 동안 기후 변화 문제에 대응하기 위해서 많은 전문가, 정책 당국자, 환경단체, 그리고 개인이 끊임없이 노력을 해왔다. 온실가스 감축, 저탄소형 산업 구조, 에너지 전환, 기후 변화에 적응, 관련 전문가 육성, 지속 가능한 생산과 소비, 친환경적인 행동 방식 등 기후 변화 문제 해결을 위해 논의할 수 있는 거의 모든 주제에 관하여 논의하였다. 또한 국내에서든 해외에서든 적극적으로 이 문제에 대해 거론하고 해결 방안을 찾기 위해 노력을 해왔다. 이명박 정부 때에는 '녹색 성장'이라는 슬로건을 앞세우고 전 세계에서 녹색 성장을 선도하려고 했다. 문재인 정부는 탈석탄 정책, 그린 뉴딜 정책을 강조하면서 2050년을 목표로 탄소 중립(Carbon neutrality, 이산화탄소 배출을 완전히 중단)을 선언하고 저탄소사회로의 전환을 위하여 막대한 규모의 재정도 투입하고 있다.

그러나 한국이 지난 30년 동안 온실가스 감축 및 기후 변화에 대한 적응과 관련하여 좋은 성과를 거두었다고 평가하기는 어렵다. 특히 지난 10년 동안 녹색 성장을 주창하고, 기후 변화 문제 해결을 위한 국제사회의 노력에 적극 동참을 하였지만, 우리나라의 온실가스 배출량은 지속적으로 증가하였다. 더군다나 한국은 경제 규모인 세계 10위권보다 높은 세계 7~8위의 온실가스 배출국이다. 온실가스 배출을 20~30% 이상 줄인다고 새 정부가 들어설 때마다 국제사회에 약속을 했지만, 결과적으로 온실가스 배출량은 계속 증가하다 보니 우리나라는 매번 약속을 안 지키는 국가가 되었다. 유럽을 비롯하여 많은 국가들이 온실가스 배출량을 줄여가는데, 우리나라는 산업 구조, 수출, 에너지 비용 등의 이유로 온실가스가 늘기만 해온 것이다. 이제는 국제사회의 한국에 대한 비판을 냉정히 받아들일 때가 되었다.

기후 변화 문제에 대응하는 것은 장기적으로 마라톤 경기를 하는 것과 같다. 물론 전반부인 지난 30년 동안 우리 세대가 잘했다고 할 수는 없다. 하지만 앞으로 남은 후반부, 향후 30년 동안은 잘할 수 있을 것이라는 확신이 있다. 왜냐하면 미래 세대가 현재 세대보다 훨씬 이 문제를 잘 이해하고, 따라서 보다 확실한 해결 방안을 제시할 것이기 때문이다. 이러한 문제의식을 가지고 많은 전문가들이 같은 질문에 대답하기 위해 공동으로 책을 집필하게 되었다.

"기후 위기, 어떻게 대응해야 하나?" 특히 이 질문에 답을 하기 위해서 미래 세대가 책 집필에 참여하게 되었다. 이는 현재 세대의 문제가 무엇이며, 어떻게 해야 기후 위기에 전향적으로 대응할 것인가 하는 문제를 미래 세대의 시각에서 바라보기 위한 것이다. 고등학생이 던진 간단한 질문인 "현 세대는 기후 변화 문제 해결을 위해 무엇을 했나요?"에 책 집필에 참여한 나머지 집필자들과 현 세대는 모두 같은 답을 할 것이다. "한 것이 별로 없네⋯."

기후 변화 문제에 대하여 그동안 국제사회와 현 세대는 말만 앞세운 것이 아닌가 반성을 해본다. 물론 지난 30년 동안 기술도 많이 발전하고, 이러한 문제를 해결하기 위해 많은 자원이 투입되었으며, 기후 변화 문제가 전 세계 모든 사람들의 문제라는 인식을 갖게 하기 위해 많은 사람들이 노력하였다. 그러나 미래 세대의 눈에는 턱없이 부족하다는 것이다. 이 책을 만드는데 참여한 각 분야의 전문가들은 "기후 위기에 어떻게 대응할 것인가?" 하는 질문에 대하여 다음과 같은 각각의 시각에서 문제를 이해하고 답을 제시하고자 하였다.

물 문제, 도시 문제, 에너지 문제, 경제적 측면, 심지어 중앙은행의 대응 방안, 소비자 측면에서 바라보는 시각 등 각 분야의 다양한 관점과 기후 변화 문제의 해결 방안을 제시하고 있다. 겉으로 보기에는 잘 짜인 것 같지 않은 이 책의 구성은 기후 변화 문제 그 자체를 잘 보여주고 있다. 물론 기후 변화 문제는 한 분야의 전문성이나 편향된 한 방향의 정책으로는 결코 해결할 수 없다. 매우 다양한 시각과 장기적인 관점에서 문제에 접근해야 한다.

미국의 어느 평론가는 "2050년 정도에는 기후 재앙으로 인해 거주가 가능한 곳이 없을 것"이라는 암울한 미래를 보여주는 책을 출간하였다. 세계 최고 부자 중 한 사람인 빌 게이츠는 기후 위기를 넘어 '기후 재앙'이라는 용어를 쓰면서 이 문제의 심각성과 시급성을 강조하고 있다. 탄소를 대신할 새로운 에너지원을 찾고, 새로운 방식으로 경제 시스템을 구축해야 한다는 논의도 전 세계적으로 매우 활발하다. 모두 미래에 닥치리라 예상되는 기후 위기에 어떻게 대응할 것인가 하는 질문에 나름대로 답을 하려는 노력이다. 이번에 책을 공동으로 집필하는 과정에서 집필자들도 이와 같은 질문에 답을 하려고 하였다. 한편으로는 기후 위기에 먼저 대응함으로써 빠르게 닥쳐오는 대전환기에 국가 경쟁력을 확보하려는 각국의 노력도 눈에 보인다. 집필자들은 이러한 상황에서 한국이 경쟁력을 확보하는 방안도 제시하고 있다.

개인적으로는 지난 30년 동안 기후 변화 분야에서 활동한 필자의 전반기를 정리하고, 후반기를 어떻게 준비해야 하는지에 대한 질문에 답을 하려는 노력의 하나로 여러 분야 전문가들과 같이 책을 쓰게 되었다. 같이 책을 쓰는 과정은 너무나 값진 경험이었고, 많이 배운 시간이었다. 한 기후학자의 "현 세대가 기후 위기를 막을 마지막 세대입니다!"라는 외침이 마음에 와 닿는다. 아무쪼록 앞으로 30년 후에 기후 위기가 닥치지 않도록 모두가 노력하는 과정에 필자들도 작은 기여라도 할 수 있다면 좋겠다.

마지막으로 매우 바쁘고 빡빡한 출판 일정에 맞춰 좋은 글을 써주신 집필자들에게 감사드린다. 그리고 집필자들의 글을 받아 편집하고 참고 문헌을 정리해준 강다현 연세대학교 박사 과정 학생에게도 고마움을 전한다. 박영스토리의 노현 대표님, 전채린 차장님, 배근하 과장님과 이 책의 출간 작업에 참여해주신 장웅진 작가님께도 감사를 드린다. 참고 기다려주시고 깔끔한 책 편집과 디자인, 그 밖에 소소한 일까지도 신경을 써주신 덕에 좋은 책을 출간할 수 있었다.

2021년 더운 여름에

정태용

목차

05

자원효율을 높이는 순환경제, 기후 위기 대응에 어떻게 도움이 될까? /박주영

06

기후 위기 대응, 좌초 산업을 어떻게 할 것인가? /강성진

11

필환경시대의 큰 손, 그들은 누구인가? /하지원

12

기후 위기 시대에 국제사회의 대응은 충분한가? /유연철

01

우리가 바라보는 게
북극성이 맞나요?

김이현

동탄국제고등학교 3학년

교육도 주입식, 환경도 주입식

우리 학교에는 환경 과목이 없다. 그래서 가끔 안도의 한숨이 나오기까지 한다.

"환경을 따로 배우지 않으니까 얼마나 좋아!" 하면서….

오해는 마시길 바란다. 나도 기후 변화를 비롯한 환경 문제가 심각하다는 사실에 진심으로 공감한다. 그러므로 절대적으로 빈곤하지 않은 사람이라면 누구나 환경 문제 해결을 도와야 한다고 생각한다. 또 환경 문제 해결은 결국 사람이 하는 것이니, 사람의 가치관을 바꾸는 환경교육은 꼭 필요하다고도 생각한다. 다만 나는 현재의 대한민국 공교육 시스템에 환경교육이 전국적으로 도입된다면 인권교육이나 성교육처럼 의미 없는 교육이 하나 더 추가되는 것에 불과하리라고 확신한다.

오해는 마시기를 바란다. 나는 인권과 성에 대한 교육도 아주 중요하다고 생각한다. 하지만 대한민국의 학교라는 무한경쟁의 공간에서, 인권교육 수업을 주의 깊게 들은 덕분에 다른 친구보다 문제를 몇 개 덜 풀어서 낮은 등급을 받으면 어떻게 될까? 거기에 대해 아무도 보상해주지 않는다는 것을 학생들은 아주 잘 안다.

그리고 아무도 우리[학생들]가 그러한 문제를 어떻게 생각하는지에 대해서는 관심이 없는 것 같다. 그저 강사나 선생님이 "인권이란 이런 거고, 이런 행동은 나쁘니 하면 안 된다"는, 초등학교의 '바른생활' 시간에도 나왔을 듯한 이야기를 한 시간 정도 할 뿐이다. 흔히 국·영·수 위주의 주입식 교육을 비판하지만, 학생들 입장에서는 인권교육이나 성교육도 결국 하향식·주입식 교육일 뿐이다. 더군다나 강의가 끝나면 배운 것을 전부 잊어버리기 때문에 누군가가 설문조사라도 한다면 '전혀 도움이 되지 않았음'에 체크할 생각이다. 하지만 그런 의견마저도 궁금해 하는 사람은 없는 것 같다.

12년 동안 이루어지는 정규 교육의 마지막 해를 보내는 고등학교 3학년 학생인 나는, 현재의 공교육 제도에서 환경이나 기후 변화에 관한 교육이 의무화되면 어떤 진풍경이 펼쳐질지 단언컨대 예상할 수 있다.

주입식 교육이 비판받는 이유는 '생각하는 힘을 길러주지 않아서'이다. 앞에서 불러주는 대로 받아 적고 외우는 데 급급하니, 자신이 외우는 내용에 대해 비판적 관점에서 의심하거나 "왜 그럴까?" 하고 질문하는 훈련을 못 하는 것이다.

그런데, 이 문제는 학교 안에만 국한되지 않는 것 같다. 우리 사회에는 친환경을 실천하는 사람이 많아 보이지만, 자세히 볼수록 무조건 외우고 반복하는 교실의 풍경과 닮아 있다. 어떤 선택이 정말 지구를 위하는 길인지 정보, 피드백, 비판, 소통이 부족하다면, 자신의 행동이 가져올 결과를 구체적으로 이해하기가 쉽지 않다.

과연 정말로 그럴까? - 정보의 부족

우선, 뭘 해야 기후 위기를 극복하는 데 도움이 되는지 정확히 아는 사람은 거의 없다. 여기에 대해 아마 이런 반문이 나올 것 같다.

"쓰레기 분리 배출을 잘하고, 에너지를 낭비하지 않는 정도는 누구나 할 수 있는 거 아냐?"

하지만 과연 그럴까? 쓰레기 분리 배출은 금속이나 종이 같은 자원을 많은 에너지를 들여 새로 제조하는 대신 재사용·재활용하여 에너지와 자원을 절약하기 위한 과정이다. 하지만 재활용이 항상 좋은 것일까?

유리병은 이론상으로는 씻어서 수십 번 재사용할 수 있기에 플라스틱보다 친환경적이라고 한다. 하지만 분리 배출되는 유리병 중 과연 몇 %나 재사용될까? 입구가 좁아 씻기 어렵고 안에 기름기까지 있는 병들은 재사용은커녕 재활용도 쉽지 않다고 한다. 당장 며칠 전 유기농 매장에서 유리병에 든 우유를 기쁜 마음으로 샀는데, 병을 자세히 보니 '재활용 어려움'이라고 쓰여 있어 황당했었다. 만약 상당수의 유리병이 재사용되지 않고 폐기되거나 부서지고 녹여져 재활용된다면, 플라스틱과 유리 중 과연 무엇이 더 친환경적일까? 유리를 분류하고, 부수고, 어마어마한 열을 가해 녹이는 데에도 막대한 에너지가 든다. 물론 그 에너지를 만드는 과정에서는 온실가스가 배출된다.

플라스틱 쓰레기를 줄이려 종이팩에 담아 파는 음료는 어떨까? 네모난 멸균팩의 경우, 겉은 종이인데 안쪽은 반들반들한 알루미늄 코팅이 되어 있다. 코팅을 어떻게 떼어내서 재활용할지 의문이 든다. 몸체는 종이인데 입을 대는 부분은 플라스틱 재질인 음료들 또한 심심찮게 볼 수 있다. 그 부분을 떼어내는 방법이야 있겠지만, 수많은 종이팩들 중 몇 %가 그런 공정을 거치는지 나는 들어본 적이 없다. 평범한 학생이 보기에 700원짜리 주스 팩에서 안쪽의 코팅과 바깥의 플라스틱을 분류해내는 과정이 효율적으로 느껴지지는 않는다. 재활용 '업체'는 자선사업가가 아니지 않은가.

플라스틱이 유리나 종이보다 좋다는 이야기를 하려는 것은 아니다. 하지만, 일반인에게 "그렇지 않다!"고 말하는 데 필요한 근거를 막상 대라고 하면 대답이 궁해진다는 것을 지적하는 것이다. 이렇게 나 같은 평범한 학생이자 소비자가 환경에 관한 '상식'에 대해 "정말 그럴까?"라는 의문을 가지면, 그걸 해소하는 여정은 대개 길고 까다롭다.

공신력이 있는 정보, 그리고 수치에 근거한 해답이 더 많이 만들어지면 좋겠다. 그리고 이미 있는 정보가 난해한 데이터의 모음 대신 이해할 수 있는 방식으로 표현되고, 나 같은 일반인들도 쉽게 찾을 수 있는 곳이 공유되었으면 하는 바람이다.

나… 잘하고 있는 거지?-피드백의 부족

또 한 가지 중요한 점은, 잘하면 잘한다고 얘기해주는 사람이 많지 않다는 사실이다. 특히 사회 전체적으로 주목할 만한 발전을 이루었을 때조차 거기에 대한 피드백이 부족하다. 예를 들어, 내가 처음 고등학교에 들어갔을 때는 페트병을 버릴 때 라벨을 떼야 한다고 생각하는 사람이 거의 없었다. 그런데 고등학교 3학년이 된 지금은 청소시간에 분리수거함을 보면 라벨을 뗀 뒤 씻고 발로 납작하게 밟은 페트병들이 수북이 쌓여 있다. 음료수 회사들도 이러한 변화에 발맞춰 라벨을 떼기 쉽도록 디자인을 바꿨다. 2년이라는 시간 동안 사람들의 행동이 눈에 띄게 달라진 것이다!

나는 여기에 진심으로 박수를 보내고 싶다. 페트병 라벨을 떼는 일에는 경유차처럼 과태료를 부과하지도, 비닐봉투처럼 가격을 매기지도 않는다. 전기차처럼 혜택을 주지도 않는다. 이것은 단지 지구를 위해 자발적으로 생각과 행동을 바꾼 수많은 사람들이 만든 결실이다.

그런데 이런 성과에 비해 리액션이 너무 미적지근하다. 라벨을 뗀 덕분에 플라스틱 재활용에 드는 에너지가 얼마나 적어졌고, 그 덕분에 온실가스 배출량이 얼마나 줄었는지를 말해주는 사람은 본 적이 없다. 오히려 뉴스를 볼 때마다 환경 부문에서까지 안 좋은 이야기만 가득하다. 이런 상황에서 환경 문제의 책임을 개개인의 무기력함이나 비관주의로 돌리며 비판하는 것은 진짜 원인을 보지 못하는 행위라고 본다. 한쪽이 일방적으로 주기만 하는 관계는 오래가지 못하듯, 내 노력으로 뭔가 나아진다는 확신이 없다면 아무리 열정적인 사람이라도 지치기 마련이다.

바람직한 사회라면, 지적할 건 지적하더라도 잘한 일에 대해서는 다 함께 인정해주고 격려해야 하지 않을까? 설사 많은 한계가 있더라

― **그림 1.1 살았니, 죽었니?**

물을 주고 있지만, 상자 안의 식물이 살았는지 죽었는지는 알 수 없다. 가끔 나 자신도 이 사람과 비슷하다는 생각이 든다. 배달도 덜 시키고, 친환경 농산물도 사는 등 환경 개선을 위해 열심히 노력하고 있는데, 정작 나의 행동이 환경에 도움이 되는지를 모르겠다.

출처: 저자 작성.

도, 기후 변화에 대한 대중의 문제의식은 나날이 발전하고 있다. 공유된 문제의식이 문제 해결로 이어지려면, 지금까지 우리의 행동의 결과는 어떠했고 앞으로 어떤 행동이 필요한지 많은 사람들이 이해해야 한다고 본다. 그렇기에, 기후위기 시대에 대중의 성장을 돕는 가장 효과적인 방법은 수억 원이 투입된 캠페인 이전에 약간의 칭찬과 정확한 피드백일 것이라고 생각한다.

친환경 소비자는 '금사빠'[1]?-비판의 부족

"속았다!"

친환경 포장재를 사용한다는 홍보를 보고서 기분 좋게 주문한 택배 박스를 본 순간 이런 생각이 들었다. 코팅된 종이테이프는 비닐테이프와 마찬가지로 재활용이 불가능하고, 큰 박스 두 개만 있어도 가능했을 포장을 작은 박스 세 개에 나눠 담아서 테이프를 떼기가 더 힘들었기 때문이다. 이렇듯 나는 무엇이 '친환경 포장'인지 모른 채, 그저 '친환경'이라는 문구 한마디에 낚여 '이 쇼핑몰은 뭔가 다를 것!'이라고 믿어버리고 구매를 결정한 것이다. 물론 이 사실은 돈을 돌려받을 근거가 될 수는 없다. 결국 나는 씁쓸한 배신감을 느끼면서 아침 7시에 현관문 앞에 서 있었다.

인간의 존엄성을 강조한 독일 철학자 임마누엘 칸트는 "인간을 언제나 단순한 수단이 아닌 목적 그 자체로 대하라"는 말을 남겼다. 하지만 무엇이 진정 지구를 위한 것인지를 모르는 무지한 사람은 '친환경'을 마케팅용으로 활용하는 일부 기업체들에 의해 매출을 달성

---

1 금사빠: '금방 사랑에 빠지는 사람'을 뜻하는 신조어.

하는 수단으로 취급받으며 이리저리 휘둘리기 십상이다.

나는 소비자로서 이런 경우도 경험한다. 커피숍에 갔는데 종이로 된 빨대를 받으면, '이 회사는 환경을 생각한다'는 생각에 어느새 관대해져서 커다란 신뢰로 보답하는 스스로를 발견하곤 한다. 종이빨대 하나의 가격은 아무리 높게 잡아도 50원도 안 될 것이다. 회사에는 얼마나 큰 이득인가! 50원으로 이 회사는 충성스런 고객 한 명을 얻었으니까 말이다. 이 커피숍의 원두가 얼마나 오랫동안 배에 실려 수송되어 왔는지, 그 과정에서 온실가스를 얼마나 많이 발생시켰는지에 대해 내가 아는 것은 여전히 없다. 게다가, 종이빨대가 플라스틱빨대보다 환경에 이롭다는 확실한 근거도 딱히 본 적이 없다. 하지만 이 회사는 플라스틱으로 된 평범한 빨대 대신 종이로 된 50원짜리 빨대를 나에게 줬기 때문에 다른 분야에서도 어쩐지 잘하고 있을 것만 같다는 생각이 든다.

커피숍으로 한 번 더 가보자. 종이컵 대신 텀블러를 쓰는 것이 지구를 위하는 일이라는 것은 이제 상식이 되었다. 하지만 이런 상식마저도 주입식 교육을 방불케 하는 맹목적인 믿음과 결합하면 위험해질 수 있다. 예를 들어, 주위를 둘러보면 환경을 위한다며 10개도 넘는 텀블러를 수집하는 사람이 많다. 부끄럽게도, 그 사람들 중에는 예전의 나도 포함된다. 하지만 지금 나는 시즌별로 새로운 디자인의 텀블러를 살 바에야 종이컵을 쓰는 편이 차라리 낫다고 생각한다.

텀블러 하나를 만드는 과정에서 발생하는 온실가스의 양은 종이컵 한 개를 만드는 과정에서의 것과는 비교가 어려울 정도로 많다. 그리고 씻어서 쓸 수 있는 텀블러는 일회용 컵 쓰레기를 줄이는 데 도움이 되지만, 텀블러도 언젠가는 쓰레기가 된다. 플라스틱과 스테

인리스가 뒤섞인 알록달록한 텀블러는 재활용 난이도 면에서 '최종 보스'에 가깝다. 사람들의 선의가 어쩌다가 이런 결과를 낳았을까? "왜 애초에 텀블러를 쓰는지" 이해하지 못한 채 그저 교과서를 외우듯이 '텀블러＝환경에 좋은 것'이라고 규정했기 때문이 아닐까?

"기업은 소비자의 무지를 이용하는 악당이고, 소비자는 선량한 피해자"라는 이분법적인 구도를 설정하려는 것이 아니다. 기업의 친환경 마케팅과 거기에 대한 소비자들의 긍정적인 반응은 그만큼 대중의 인식이 변했다는 신호이기도 하기 때문이다. 그리고 자연환경을 덜 파괴하면서도 이익을 얻는 방법을 고민하는 기업의 노력은 크든 작든 박수를 받아야 마땅하다고 생각한다.

하지만 기업이 그런 노력을 통해서 소비자들로부터 경제적인 이

—— 그림 1.2 이건 하얀 꽃밭일까요?

까만 꽃 100송이 사이에 하얀 꽃 한 송이가 있다고 해서 "이 꽃밭은 하얗다"고 말할 수는 없다. '친환경'이라는 단어의 진정성을 평가하는 일도 눈앞의 일부만이 아닌 전체를 보려는 노력에서 출발해야 하지 않을까?

출처: 저자 작성.

익을 얻고자 한다면, 그에 걸맞은 진정성을 갖춰야 한다. '우리 식당은 식기를 소독합니다'라고 홍보하는 식당에서 알고 보니 숟가락 한 개만 소독했다면, 손님들은 밥맛이 떨어져 발길을 뚝 끊을 것이다. 물론 숟가락 한 개를 소독한 것도 소독을 한 것이다. 하지만 식당을 찾는 손님들이 기대한 건 그런 것이 아니었을 것이다. 환경을 위한 노력도 다를 바가 없다.

아울러 소비자 또한 기업의 친환경 마케팅에 지갑을 열고자 한다면, 해당 기업의 진정성에 대해 질문할 준비를 해야 한다. 종이빨대를 쓰는 커피숍에서 텀블러를 사면, 마치 기후 위기의 시대에 내가 해야 할 일을 다 한 것 같은 기분이 든다. 하지만 이렇게 나를 둘러싼 '친환경적인' 것들은 내 행동의 결과에 대해 내가 얼마나 무지한지 깨닫지 못하도록 방해한다. 기후 위기 해결 과정에서 중요한 것은, 이 행동이 내 기분을 얼마나 좋게 해주는지가 아니다. 그 행동이 실제로 기후 위기 문제 해결에 도움이 되는지, 정말 된다면 얼마나 되는지가 관건이다.

이거 왜 해요?-소통의 부족

나는 학교에서 코딩 수업을 좋아했다. 컴퓨터는 말을 참 잘 듣기 때문이다. 명령을 알아듣게 써 넣으면, 컴퓨터는 하던 계산을 그만두고 다른 걸 만들어달라고 해도 불평 없이 묵묵히 수행한다. 하지만 컴퓨터와 달리 사람은 '똥개 훈련'을 거부한다. 밤새워 글을 써 왔는데 이젠 필요 없다면서 새로 쓰라고 하면, 아무리 긍정적인 사람이라도 분노할 것이다. 그리고 사람은 무엇이든 얻는 것이 있어야 행동을 한다는 점에서 기계와는 다르다. 어린아이마저도 수학·영어를 처음 배울 때 "이거 왜 해요?"라고 물어보고 만족스러운 대답을 얻지 못하면 급격히 의욕을 상실하지 않는가. 지구를 위한 행동도 마찬가지다.

나는 초등학생 때 책을 읽다가 처음으로 기후 위기에 대해 알게 된 뒤부터 작게나마 환경을 위한 실천을 삶 속에서 시작했다. 가장 기억에 남는 것은 '급식 남기지 않기'였다. 초등학생 시절부터 이러한 노력을 하기 시작했고, 급기야 중학생 때부터는 급식을 남긴 기억이 없을 정도로 음식물 쓰레기 줄이기를 열심히 했다.

그런데 고등학생으로 살던 어느 날, 나는 받아온 음식을 잔뜩 남긴 채 버리러 가는 자신을 발견했다. 무엇이 그렇게 '잔반을 안 남기려고 열심히 노력하던' 나를 변하게 만들었을까? 나름 평소에 환경을 위한다고 생각하는 편이었기에 부끄러워지면서 죄책감마저 들었다. 하지만 그 죄책감은 곧 늘 품고 있던 의문으로 변해 돌아왔다. '내가 남기든 안 남기든 이미 만들어진 음식이 다시 식재료가 되는 건 아니잖아? 그리고 아무도 안 가져가서 잔반이 되지도 않고 먹지도 않은, 배식대의 깨끗한 음식은 다 어디로 갈까?'

알아보니 대부분의 학교에서 그 음식들은 그대로 폐기물이 될 운명이었다. 종종 지역 복지시설로 가기도 하지만, 그런 경우는 일부에 불과했다. 즉, 잔반을 남기지 말아야 하는 이유는 먹지 않은 음식들이 좋은 곳에 쓰일 수 있어서가 아니라, 만들어지는 음식의 총량을 줄임으로써 결과적으로 음식물쓰레기의 총량을 줄이는 데 도움이 되어서였다.

하지만 중요한 것은, 나는 그러한 사실을 단 한 번도 안내받지 못했다는 점이다. 그저 "잔반 남기지 말라"는 잔소리만 들어왔을 뿐이었다. 우리 학교가 남는 반찬을 복지시설에 제공하는지의 여부는 관련된 언급을 들은 적 없는 나에게 고려 대상이 아니었다. 전형적인 소통 부족이 있었던 것이다.

더군다나 학생들이 식사가 끝났는데도 배식대에 수북이 남아 있는 반찬을 보면서 식판을 싹싹 비워야겠다는 생각을 하기는 상당히 어려울 것이다. 오히려 나름 합리적인 학생이라면 이렇게 생각할 수도 있다.

'내 수고가 어떤 결과를 가져올지에 대해 안내받은 적도 없는데, 왜 내가 일방적으로 수고를 해야 하지?'

급식실의 이런 사례에서도 역시 학생의 무지가 중요한 역할을 했다. 하지만 이 무지의 성격은 지금까지 언급한 것과는 달리 통계 자료나 수치 분석이 전혀 필요하지 않다. 행동을 요구하는 사람과 행동을 하는 사람 사이의 몇 마디의 소통만 있었어도 쉽게 개선할 수 있는 문제였다.

사람마다 가지고 있는 전문지식의 종류와 깊이는 모두 다르다. 그렇기 때문에 기후 위기 극복이라는 역사상 최대의 팀 프로젝트에 참여할 때에도 각 팀원들이 무엇을 해야 할지 말해주는 '리더'와, 리더의 지시를 직접 수행하는 '팔로워'가 생기기 마련이다. 그런데 흔히 스포트라이트를 받는 사람은 정치인, 전문가, 교육자 같은 리더이지만, 그들의 아이디어가 아무리 뛰어나도 팔로워가 없으면 공허한 외침에 불과하지 않을까?

기후 위기를 극복하려면 사람들이 힘을 모아야 한다는 말은 이제 외울 정도로 많이 들었다. 하지만 힘을 모으려면 사람과 사람 사이에 신뢰가 있어야 한다. 그리고 신뢰를 쌓기 위한 첫걸음은 진실된 소통이라고 본다. 나는 해결책을 제시하는 어른들이 정확한 정보를 알기 쉽게 전달해주고, 잘못된 지침이 있다면 이를 인정하고 수정하는 태도를 더 많이 보여줬으면 한다.

일방적이거나 의심스러운 의사 전달이 반복되면 사람들은 마음의 문을 닫고 알아서 행동하게 된다. 365일 중 대부분은 실내 미세먼지가 실외보다 더 해로울 때가 많다는 사실을 알게 된 후 외출을 자제하라는 뉴스를 믿지 못하게 된 내 모습처럼 말이다.

미래 세대가 던지는 4가지 질문

고대 그리스의 철학자 플라톤이 쓴 『크리톤(Kriton)』에서, 사형 선고를 받은 소크라테스는 친구 크리톤이 도망치라고 하자 딱 잘라 이렇게 거절한다.

"내가 이 도시에서 혜택을 누렸고, 자식들을 교육시켰고, 이주할 수 있었음에도 그러지 않았던 것은 도시의 규칙에 암묵적으로 동의한 것이 아닌가?"

나는 곧 사회인이 되는 고등학교 3학년 학생이기에 미래 세대를 대표한다는 거창한 명분을 달고서 이 글을 쓰고 있다. 하지만 나는 어른들을 탓하거나 원망하고 싶지 않다. 어른들이 열심히 탄소를 배출하며 경제와 기술을 발전시켜준 덕분에 나는 예방접종과 교육을 무료로 받았고, 끼니를 고민한 적도 없다. 여자라서 고등학교나 대학교에 가지 못할까봐 걱정하지 않고 사는 것도 경제 발전과 사회의 안정 덕분이다. 태어나는 순간부터 이런 혜택을 고스란히 맛본 내 세대가 "어른들이 내 삶을 망쳤다!"고 비난한다면, 소크라테스가 무덤에서 걸어 나와 따끔하게 한마디 할 것만 같다.

그뿐만 아니라 현재 나의 행동을 본다면 나는 스웨덴의 환경운동가 그레타 툰베리처럼 기성세대를 향해 가시 돋친 일침을 날릴 자격이 없다. 물론 평소에 에너지를 최대한 아끼고, 필요 없는 물건을 사지 않으려고 노력하기는 한다. 하지만 기후를 위해 등교를 거부하기에는 내 공부와 대학 입시가 너무 소중하다. 또 고기도 아직 끊지 못했고, 한여름에 에어컨 없이는 공부할 수가 없다. 여러모로 무결하고 선량한 피해자의 모습과는 거리가 멀다.

그래서 나는 어른들의 사과보다는, 내가 살고 싶은 미래를 위해 앞으로 함께 할 일들에 더 관심이 많다. 내가 부모님과 같은 나이가 되었을 때 기후 위기가 완전히 해결될 것이라는 순진한 기대는 하지 않는다. 하지만 미래 세대인 나는 몇십 년 후의 지구 환경이 인류가 생존 가능한 수준이기를 바란다. COVID-19처럼 전 세계인의 일상을 위협할 정도의 질병도 없고, 100년에 한 번이나 올까 말까 하던 초대형 태풍이 4~5년마다 오는 일도 없었으면 좋겠다. 50년 후에도 충분히 먹고, 편안한 곳에서 자고, 아프면 치료를 받고, 가끔씩 친구들과 미술 전시회 같은 것도 보러 갈 수 있으면 좋겠다.

그리고 그런 일상을 누리는 사람들이 지금보다 더 많아지기를 바란다. 수년간 화석연료의 혜택을 누린 입장에서, 이제 막 가난을 벗어나려는 국가들을 야속한 눈초리로 바라보는 것은 어불성설이다. 기후 위기 대책이라는 것이 온실가스를 별로 배출하지도 않던 빈곤한 국가들의 발목을 잡는 행위로 이어지지 않았으면 좋겠다. 지금 빈곤이나 분쟁 속에서 하루하루 힘겹고 불안하게 살아가는 많은 사람들이 고통에서 벗어나 지구 전체의 위기에 대해 함께 고민할 수 있을 정도의 여유를 누리면 좋겠다.

수학능력시험을 준비하는 고등학생일 뿐인 나는 그런 미래를 만드는 방법까지는 잘 모른다. 12년이나 받아 온 학교 교육은 매일 쓰는 유리병이나 텀블러가 지구에 이로운지 해로운지, 그 한 마디를 던질 힘까지는 길러주지 못했다. 지금 내가 할 수 있는 말은, "양치용 컵을 쓰며 물을 1.5리터나 절약했다는 사실에 뿌듯해하는 것을 넘어, 청바지 한 벌이 우리에게 오기까지 사용되는 물 7,000리터를 절약할 생각으로 나아가야 한다!" 정도인 것 같다. 하지만 이마저도 어떻게 달성할지는 아직 모르겠다. 그리고 '협력' 같은 두루뭉술한 단어 대신 나와 학교와 시민들과 기업과 정부와 국제사회가 지구를 위해서 해야 할 구체적인 일들로는 무엇이 있는지도 너무 궁금하다.

옛 선원들은 북극성을 바라보며 항해했다고 한다. 21세기 인류의 '기후위기 극복'이라는 여정에서도, 무턱대고 나아가기보다는 올바른 이정표를 갖는 것이 중요하리라고 믿는다. 그러므로 나는 어른들에게 다음과 같은 호기심어린 질문을 던진다.

"기후 위기를 극복하기 위해서 지금까지 우리가 한 일들 중 잘한 일은 무엇인가요? 그리고 구체적으로 얼마나 잘했나요?"

"지금 우리가 지구를 위한다고 착각하며 지구에 끼치고 있는 해악으로는 무엇이 있을까요? 그리고 구체적으로 얼마나 해롭나요?"

"겉은 화려하지만 기후 위기 해결에 도움이 안 되는 일과 실제로 도움이 되는 일을 구분하는 힘은 어떻게 기를 수 있을까요?"

"지구를 위한 행동에 대해 말하는 이와 그 말을 듣는 이가 서로를 믿고 존중하려면 어떻게 소통해야 할까요?"

그리고 어른들 또한 함께 새로운 질문과 답변을 만들어가기를 기
대한다.

02

물 재앙을 일으키는 기후위기에 어떻게 대처할 것인가?

홍일표

한국건설기술연구원 연구위원

기후위기 시대와 물의 재앙

인류가 현재와 같은 발전된 삶을 영위할 수 있었던 배경은 '물'이다. 세계 4대 문명이 황하, 인더스강, 나일강, 유프라테스강을 중심으로 발생하였고, 세계의 대도시들은 강변에 터를 잡아 조성되었다. 식수 공급과 위생 시설은 인간의 기본권과 존엄성을 지키는 데 필수 불가결한 요소이다. 이렇듯 우리는 결코 물 없이는 살 수 없다. 그러나 아이러니하게도 홍수와 가뭄, 지진해일 등 물과 관련된 재해는 늘 우리의 생명과 재산을 위협하고 국토를 파괴하곤 하였다. 예로부터 "치산치수[治山治水]가 왕도[王道]의 기본이다"라고 하였다. 이는 가뭄과 홍수를 예방하기 위해 물을 잘 관리하는 것, 백성들이 농사를 잘 지으면서 편히 살게 하는 것이 국가의 주요한 역할임을 강조한 것이다.

최근 기후 변화로 인한 극한 기후 재난은 예전에 비해서 더 큰 규모로, 더욱 빈번히 발생하고 있다. 2019년 UN 재난위험경감사무국 [The United Nations Office for Disaster Risk Reduction, UNDRR]의 보고서에 따르면, 지난 20년간 발생한 자연재난 7,350여 건[1] 중에서 약 90%를 차지하고 있는 재해의 유형은 홍수와 호우, 가뭄, 폭염 등이다[UNDRR, 2019].

---

1 자연재해로 인해 사망자가 10명 이상 발생했거나 피해자가 100명 이상 나온 경우를 대상으로 함.

— 그림 2.1 자연재해의 영향 및 유형 (1980~1999 vs. 2000~2019)

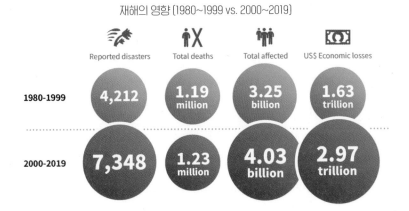

재해의 영향 (1980~1999 vs. 2000~2019)

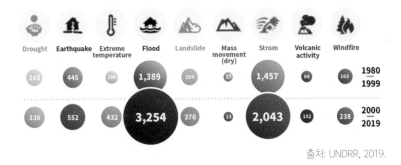

재해의 유형 (1980~1999 vs. 2000~2019)

출처: UNDRR, 2019.

　　기후 변화의 가장 큰 영향은 지구상에 물이 어느 곳은 너무 많고, 또 어느 곳은 너무 없다는 극도의 편중화로 나타나고 있다. 북극과 남극의 빙하와 에베레스트 산맥 같은 고산지대의 만년설이 녹으면서 해수면이 상승한다. 그로 인해 남태평양의 투발루와 몰디브 같은 섬나라들이나 방글라데시 등 바다에 인접해 있는 많은 나라들의 국토 일부가 수몰되면서 국가 존망의 위기까지 맞고 있으며, 수많은 기후 난민들이 발생하고 있다. 유럽과 아시아, 북미 등 세계 각지에서도 기후 위기로 인한 물재해로 몸살을 앓고 있다.

급격한 인구 증가와 도시화의 영향으로 우리 생활과 산업에서 물의 수요는 늘어나고 있는 한편, 기후 위기로 빈번해지는 홍수와 가뭄에 대한 예측과 대응이 불가능하다 싶을 정도로 어려워지고 있다. 아울러 새로운 양상의 복합적인 재난으로 인해 피해가 막대한 정도로 늘어나고 있다. 특히, 최근 10년간 지구촌에서는 극한 호우와 홍수 등이 과거에 비해서 50% 이상 많이 발생하였다. 이는 1980년대 이전과 비교하면 무려 4배 이상이다(UN Water, 2020).

홍수는 지난 20년간 전체 재해의 44%를 차지하였으며, 전 세계 16억 명에게 영향을 미쳤다. 또한 지역적으로 홍수로 인한 인명 피해의 93%는 아시아에 편중되어 있다(JHSUSTAIN, 2021). 이러한 기후 재난은 발생 지역을 지리적으로 특정할 수는 없으나, 비슷한 재난이 발생하더라도 기후 재난 대응을 위한 인프라와 관련 시스템이 부족한 아시아와 아프리카의 저개발국가들과 최빈국들에서 그 피해가 더 클 수밖에 없다(IPCC, 2014). 설상가상으로 최빈국에서의 기후 위기는 국가 경제가 다시 일어서지 못할 정도의 피해를 야기하기도 하며, 심지어 그 나라 국민들이 이주를 해야 하는 상황마저 발생하기도 한다.

2021년 7월 독일과 벨기에 등 서유럽에 기록적인 대홍수가 발생했다. 독일에는 하루에 약 150mm 이상의 비가 내렸는데, 이는 독일의 7월 한 달 강수량의 2배가 넘는 수치이다. 이 홍수로 독일과 벨기에에서 사망자와 실종자가 200명 이상 발생하였고, 지난 1985년 홍수 이후 유럽에서 일어난 가장 큰 규모의 자연재해였다. 세계 최대 경제 강국 중 하나인 독일에서 홍수를 대비한 인프라나 경보 시스템 등이 적절하게 작동하지 않아서 많은 인명 피해가 발생했다는 사실은 충격적이다.

일반적으로 유럽에서는 비가 연중 고르게 내리며, 하천의 수량 변동도 크지 않아서 하천 관리가 용이하고 내륙 주운도 잘 발달되어 있다. 그러나 봄철이나 초여름에 눈이 녹아서 홍수가 발생하는 경우도 많이 있다. 그런데 독일은 연간 강수일수가 100일 이상이며, 약 570mm의 비가 내릴 정도로 강수량이 많지는 않고, 늘 부슬비처럼 내릴 뿐 폭우가 발생하는 경우는 많지 않았다. 하천과 도시의 물 관련 인프라도 과거 기록들을 분석하여 적정한 경제성을 가지는 규모로 설계되어 있다. 그렇기에 예상을 뛰어넘는 많은 비가 내리자 큰 피해가 발생한 것이다.

그러나 최근 유럽에서도 이렇듯 심각한 홍수가 많이 발생하면서 전통적인 홍수 및 하천 관리의 패러다임이 바뀌어가고 있다. 특히 지구온난화는 비가 오는 강도와 그 발생 빈도 등 기후의 패턴에 큰 영향을 미치고, 유럽의 알프스 산맥에 쌓여 있는 만년설을 비롯한 많은 고산 지대의 만년설과 빙하가 녹아내리는 것이 가속화되고 있다. 결국 이로 인해 돌발적인 홍수가 많이 발생하고 있다.

2021년 7월 서유럽에 유래 없는 홍수가 발생하는 동안 북유럽은 기록적인 무더위를 겪었다. 핀란드 기상청에 따르면 핀란드는 2021년 7월 한 달 내내 25도 이상을 웃도는, 70년만에 가장 무더운 6월과 7월을 보냈다. 또한 핀란드해와 발트해의 수온은 지난 20년 동안 관측해온 이래 최고로 높은 온도를 보이고 있다(WMO, 2021). 이 폭염은 미국과 캐나다 등 북미 지역에서도 발생하였다. 특히 캐나다에서는 폭염으로 사망자가 500여 명이나 발생하기도 하였다. 이어지는 가뭄과 폭염의 영향으로 미국 로스앤젤레스 지역을 포함한 서부 지역에서는 지속적으로 산불이 발생하면서 많은 피해를 입고 있다. 8월에는 미국 캘리포니아주에 있는 높이 235m의 오로빌 댐이 가뭄으로 인해 54년 만에 수력발전소 가동을 중단했다.

2021년 7월 서유럽에서 홍수가 발생한 다음 주에, 중국 중부 하남성의 정저우 지역에서 무려 1,000년 빈도의 홍수가 발생했다. 하루 동안 비가 645mm나 내렸는데, 이는 이 지역에 내리는 비 1년 치가 한꺼번에 내린 것과 같다. 이로 인해 사망자가 33명이나 발생하였다. 중국은 2020년에도 지난 30년 이래 가장 큰 홍수를 경험하였는데, 당시 홍수의 위력도 양쯔강을 범람시키는 등 2021년 홍수에 버금갈 정도였다. 500년 혹은 1,000년 빈도의 대홍수가 매년 발생한 것이다.

2020년에 일본 구마모토 지역에서 폭우가 발생하였는데, 12시간 동안의 강수량이 325mm였다. 이는 이 지역의 연 강수량(1,986 mm)의 16%를 초과하는 양으로, 수문(水文) 관측 이래 최대의 홍수가 발생하였다. 이와 관련하여 일본 정부는 지난 30년간의 강우 기록을 분석하여 시간당 80mm 이상 내리는 비의 양은 1.7배, 횟수는 1.4배 증가하였다고 발표하였다. 이 패턴은 지구 온도가 섭씨 4도 올라가는 경우의 강수량 증가 추세와 유사하다. 일본 정부는 2100년까지 강수량이 지속적으로 증가하는 것을 전제로 하천 관리 및 유역 관리 등 다양한 방면에서 홍수 관리 역량을 키워나가는 방안을 제시하였다(High-level Experts and Leaders Panel on Water and Disasters, 2021).

2020년에 우리나라에서도 장마 일수가 중부 지역과 제주 지역에서 각각 54일과 49일을 기록하는 등 역대 가장 긴 장마가 발생하였다. 특히, 섬진강 유역에는 평년의 2배에 가까운 1,069mm의 비가 내

— 그림 2.2 2020년 월별 강수량 및 강수일수의 예년 평균치와의 비교

월별 강수량 변화

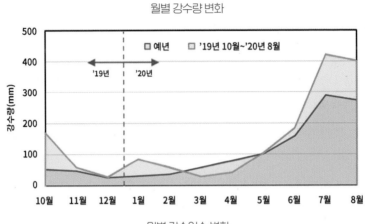

월별 강수일수 변화

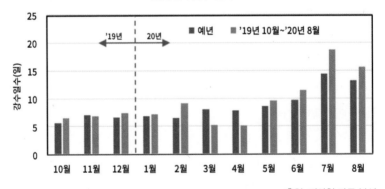

출처: 기상청 자료 분석.

렸으며, 남원 지역에서는 500년 빈도의 큰 비가 내린 것으로 나타났다(백희준, 2020). 이로 인해 섬진강 유역의 남원과 구례 등에서는 제방이 무너져 많은 피해가 발생하기도 했다.

2002년 8월 말에는 태풍 루사로 인해 강릉 지역에 하루 870mm라는 기록적인 폭우가 내렸고, 그로 인해 많은 인명 피해와 5조 원이

넘는 재산 피해를 입기도 했다. 이는 강릉 지역 연 강수량의 약 70%가 단 하루 만에 내린 셈이었으며, 이렇듯 산지와 하천에 내린 많은 비가 순식간에 도시로까지 몰려들었으니 그 피해는 상상하기가 어려울 정도였다.

2020년에는 일본과 중국, 우리나라에서도 큰 홍수가 발생하는 등 세계 곳곳에서 기후 재난으로 인한 피해가 그 어느 때보다 크게, 그리고 많이 발생했다. 2020년 1년간 기후 재난으로 사망한 인구와, 2000년부터 2019년까지의 20년 동안 기후 재난으로 사망한 인구를 비교해보면 홍수로는 각각 6,171명과 5,233명, 폭염으로는 각각 6,388명과 8,296명이다(Centre for Research on the Epidemiology of Disasters, 2021). 즉, 지난 20년 동안의 인명 피해와 2020년 1년 동안의 인명 피해가 크게 차이나지 않는다는 것을 알 수 있다. 오히려 홍수로 인한 인명피해는 2020년 1년간의 인명 피해가 더 많았다. 더군다나 지금과 같은 온난화 추세가 계속된다면 기후 재난으로 인한 피해가 계속 증가할 것이라는 전망마저 나오고 있어 대안 마련이 시급하다.

보통 대홍수 발생 이후 발표되는 일반적인 대책은 댐과 하천의 제방, 도심의 배수시설 등과 같은 홍수 대응 인프라의 규모를 증대하고, 재해 대응 역량을 강화하는 방안과 정책들이다. 그런데 EU(유럽연합)에서는 이번 독일 홍수 발생 직후 넷제로 2050(Net Zero 2050)의 일환으로 향후 9년 동안 화석연료 사용을 줄여나가자는 27개국 공동 전략에 대한 계획을 발표하는 등 전혀 다른 행보를 보이고 있다. 우르줄라 폰 데어 라이엔 EU 의장은 "이번 홍수는 기후 변화로 인한 위기의 명백한 증거이며, 실제로 시급히 액션을 취해야 할 필요성을 보여준다"라고 주장하였다. 많은 정치인들과 기후·환경 전문가들도 "우리 모두가 기후 위기의 시대에 살고 있다!"라면서 목소리를 내고 있다. 이런 상황은 독일을 비롯한 유럽 주요 국가들에서 기후중립성 [Climate Neutral Initiative] 실현을 위한 액션에 힘을 더해줄 것으로 보인다.

2021년 7월 유럽의 대홍수 시에 많은 비가 내릴 것이라는 정보는 기상예보를 통해서 사전에 안내가 되었으나 실제로 홍수 예경보 시스템이 명확하게 작동하지 않았으며, 특히 홍수 위험 지역에 거주하는 주민들에게 경보를 발령하거나 대피시키는 시스템 등 행정적인 액션이 적절하게 취해지지 않았기에 인명 피해가 크게 발생했다고 알려졌다.

반면 독일, 벨기에와 국경을 맞대고 있는 네덜란드에서도 비슷한 규모의 홍수가 발생하였으나, 사망자가 전혀 발생하지 않았다. 네덜란드는 국토가 해수면보다 낮아 홍수에 취약한 국가로 잘 알려져 있다. 네덜란드는 지난 수십 년간 기후 위기와 도시화에 대비해서 전 국토를 홍수와 해일로부터 보호하는 델타 프로젝트[Delta Project]를 수행하는 등 기후 변화에 맞춰 인프라와 사회안전망을 구축해왔다. 특히 홍수의 규모와 패턴이 과거에 비해 극한 상황까지 발생하는 경우에 대비하여 '친환경 하천 치수 역량 강화' 사업을 추진하는 등 자연친화적인 공법을 적용하여 홍수의 위험을 경감시켰다. 2021년 7월 홍수 당시에도 피해 위험이 있는 지역의 주민들을 적절히 대피시켜 '희생자 제로[0]'를 달성할 수 있었다.

네덜란드는 지난 50년간 정부의 방향성과 상관없이 기후 위기에 대비하는 사업을 꾸준히 추진해왔다. 특히 빌렘 알렉산더 네덜란드 국왕이 국제사회에서 지난 20년 이상 물관련 재해, 식수 공급, 위생 등 '물과 기후 변화' 분야에서 실질적인 리더십을 보여준 것도 네덜란드의 기후 위기 대응 전략과 궤를 같이 했다고 생각한다. 필자는 오랜 기간 동안 국제회의에서 빌렘 알렉산더 국왕이 네덜란드의 기후 취약성과 과거 대홍수로부터의 교훈, 기후위기 대응 전략을 역설하고, 물과 위생의 필요성과 최빈국에 대한 지원 방안을 논하는 것을 자주 보았다. 2021년 7월 유럽 대홍수는 앞으로 극한 기후 재난이 발생하였을 때를 대비하여 평상시에 어떻게 준비를 하고 또 위급한 상황에서 어떻게 대응해야 할 것인가를 극명하게 보여준 사례라고 하겠다.

우리나라는 2020년을 제외하고는 최근에는 홍수로 인한 피해가 많지 않았고, 가뭄에 대해서도 그 시기만 지나가면 관심이 없어지곤 했다. 그래서 물 분야에서는 기후 위기에 대비한 장기적인 대응 정책을 수립하거나 이행하기가 어려운 경우가 많았다. 하지만 물에 의한 재해로 이어지게 될 기후 위기에 미리 대응하기 위해서는 국가적인 차원에서 일관성 있는 정책을 지속적으로 추진해야 한다. 특히 2015년 파리 기후 변화 협약 이후, 그리고 최근의 넷제로 2050 이행 차원에서 온실가스 감축을 위한 다양한 신재생 에너지 개발, 관련 신사업들에 대한 투자와 개발이 많이 이루어지고 있다. 이와 같은 과정에서 비교적 경제성이 떨어지는 기후 위기 적응 관련 인프라 개발과 R&D, 역량 개발 등이 민간 부분의 투자는 물론 공공의 투자 우선순위에서도 소외되고 있는 것도 현실이다. 그렇기 때문에 기후 위기에 대응하기 위해서는 정부의 장기적인 정책 수립과 인프라 투자, 역량 강화가 가장 중요하다. 특히 정부의 호불호를 떠나 국가 안보 차원에서 계획되고 추진되어야 할 필요가 있다는 사실을 이번 네덜란드 사례에서 배울 수 있다.

기후난민

남태평양의 아름다운 섬인 몰디브는 신혼여행지로 유명하지만, 기후 전문가들에게는 지구온난화의 영향을 가장 심각하게 받고 있는 나라로 잘 알려져 있다. 해수면이 상승하면서 국가의 존폐가 위협을 받고 있기 때문이다. 이미 지난 수십 년간 해수면이 약 30cm 정도 상승한 것으로 나타났다(Woodworth, 2005). 그리고 2100년까지 약 50cm나 상승할 것으로 예측되는데, 그렇게 되면 국토의 80% 이상이 해발 1m 아래인 몰디브는 국토의 77%를 바다에 내주게 된다. 해수면이 상승하면 몰디브의 경작지와 주거지가 사라질 뿐만 아니라, 바다의 짠물이 올라와서 먹는 물과 농사에도 많은 영향이 미치게 된다.

그래서 몰디브 정부는 2009년 10월, 기후 변화에 대응하기 위한 액션을 전 세계에 촉구하는 의미에서 대통령을 비롯한 내각이 바다 속에서 회의를 하는 퍼포먼스를 했다. 당시 모하메드 나시드 대통령은 "오늘 몰디브를 구할 수 없다면, 내일은 런던, 뉴욕과 홍콩이 대상이 될 것이다"라는 말을 하면서 지구온난화에 대한 대책을 국제사회에 요구했다. 몰디브는 섬 전체를 둘러싸는 제방 등 기후 위기에 대처할 수 있는 인프라 건설과 같은 방안들도 검토하고 있지만, 천문학적인 예산이 들기에 차라리 전 국민을 다른 나라로 이주시키는 것도 심각하게 고려하고 있다. 몰디브는 지금 "기후 위기 대응에 필요한 돈을 기후 위기를 일으킨 당사자들에게 구걸해야 하나?"라는 자조적인 질문을 국제사회에 던지고 있다.

케냐의 1인당 온실가스 배출량은 세계 평균에 비해 절반도 되지 않는다. 그러나 2011년 가뭄으로 110억 달러에 달하는 피해를 입었으며, 이후 수 년 동안 340여 만 명이 식량 부족으로 고통을 겪었다. 2018년에는 홍수로 31만 명이 난민이 되었다. 중요한 수원인 마운트 케냐의 빙하가 이미 17%나 녹으면서 하천으로 들어오는 물의 양이 줄어들고 있는데, 남아 있는 빙하마저 30년 안에 사라질 것으로 예측되면서 케냐에서는 향후 물 공급 문제가 대두되고 있다[JHSUSTAIN, 2021].

이러한 상황 때문에 기후 난민이 세계적으로 점점 늘어나고 있다. 기후 난민은 기후 변화나 자연재해로 원래 살던 곳에서 더 이상 살 수 없어서 새로운 곳으로 이주하는 사람들을 말한다. 2008년 이후 기후 난민은 2,640만 명에 달하고 있다[Long, 2019]. 국제이주기구(International Organization for Migration, IOM)에 따르면 환경의 극적인 변화로 기후 난민이 2050년까지 2억 명으로 늘어날 것이라고 한다[IOM, 2009]. 옥스팜은 전 세계 인구 중 1%에 해당하는 부자들이 지난 50년간 전 세계 인구의 50%에 해당하는 빈곤층보다 온실가스를 무려 2배나 더 많이 배출하였다고 주장하였다[Oxfam International, 2021].

2021년 7월은 잔인한 기후의 달인 듯하다. 그린란드에서는 빙하가 하루에 85억 톤이나 녹았는데, 이렇게 해서 생겨난 물의 양은 미국 플로리다 주 전체를 5cm나 덮을 수 있는 양이라고 한다. 심지어 사흘 동안 184억 톤이나 녹기도 했다. 이런 상황에서 몰디브와 케냐는 무엇을 어떻게 할 수 있을까?

다양한 기후변화회의에서 탄소 배출에 대한 책임 소재를 놓고 선진국들과 개도국들이 논쟁을 벌이고, 온실가스 감축에 대한 대안을 논의하는 동안에도, 지구온난화가 발생하는데 영향을 끼치지 않았던 나라들에서는 기후 위기로 삶의 터전을 잃고 기후 난민이 된 국민들이 계속 늘어만 가고 있다. 기후 난민들은 다시 국제사회의 부담이 되고 있고, 빈곤의 악순환을 만들어 내고 있다. 이 와중에 가해자는 누구이고, 누가 어떻게 책임을 져야 하고, 또 누가 이들을 보듬어야 할까?

기후위기 시대와 물-식량-에너지 넥서스

"기후 위기의 시대에 우리나라는 물을 수입해야 하나?"

이 질문에 답을 하기 전에 먼저 우리나라가 수입하는 농축산물 관련 상황을 살펴보자. FTA(자유무역협정) 체결 이후 수입 농축산물이 우리 먹을거리의 많은 부분을 차지하고 있다. 과일, 곡물, 고기 등 우리가 수입 농축산물을 먹지 않은 날이 거의 없을 것이다.

칠레산 돼지고기가 우리의 식탁까지 올라오는 과정을 생각해보자. 칠레의 한 농장에서 돼지를 6개월 동안 사육하면서 사료를 먹이고, 씻기고, 도축하는 과정에서 많은 물을 사용하게 된다. 돼지고기 1kg이 생산되기까지 약 6천 리터의 물이 필요하다는 사실을 알고 있는 사람이 과연 몇 명이나 될까?

우리 눈에는 보이지 않으나 제품이 생산되고 우리 손에 오기까지 소요되는 물을 '가상수(virtual water)'라고 한다. 이러한 과정에서 단위 제품 생산에 필요한 물을 '물발자국(water footprint)'이라고 한다. 이는 제품 생산 과정에서 탄소가 얼마나 발생하는지를 나타내는 '탄소발자국(carbon footprint)'을 떠올린다면 쉽게 이해할 수 있다. 소고기는 다른 육류에 비해서 물발자국이 월등하게 많다. 소고기 1kg을 생산하기 위해서는 물이 1만 5,000리터나 필요하고, 토마토 1kg에는 물이

180리터가 필요하다.

가상수는 농축산물에만 국한되지 않는다. 신발 한 켤레, 볼펜 한 자루, 자동차 한 대 같은 공산품부터 전력생산까지 우리 주변의 모든 생활필수품들에 포함되어 있다. 예를 들어, 원두커피 1kg에는 물이 2만 1,000리터가, 햄버거 하나에도 2,400리터의 보이지 않는 물이 들어 있다. 심지어 A4 용지 한 장을 만드는 데도 10리터의 물이 소요된다. 지하철을 타고, 에어컨을 틀고, 식사를 하고, 옷을 사고, 새로운 가방을 하나 사는 등 우리의 모든 일상에는 이렇듯 가상수가 숨어 있는 것이다. 도시화가 진행되면서 인구의 도시 집중으로 에너지 소비와 고기 위주의 식사 등 생활 패턴의 변화에 따른 물소비가 점점 늘어나고 있다.

미국은 1인당 연 2,840㎥의 물발자국을 가지고 있다고 한다. 이중 20%는 해외에서 유입되는 부분인데, 가장 많은 해외 유입 가상수가 중국의 양쯔강에서 오는 물이라 한다[Water Footpriint Network, n.d.]. '메이드 인 차이나(Made In China)'의 위력을 알 수 있는 부분이다.

1997년부터 2001년까지의 전 세계 가상수 수지 분석 결과를 보면, 가상수 순수입 1위는 일본으로 920억㎥[수입 980/수출 60]이고, 순수입 5위인 우리나라는 320억㎥[수입 390/수출 70]이다[Hoekstra & Chapagain, 2006]. 320억㎥은 우리나라에서 가장 큰 댐인 소양강댐2 11개에 물을 가득 채울 수 있는 양이다. 이 통계자료가 20년 전 자료임을 감안하면 지금은 더 많은 가상수가 수입 농축산물과 공산품 등을 통해서 들어오고 있을 것이다.

우리나라의 연간 물 수요량은 생활용수 76억㎥, 공업용수 23억㎥,

---

2 저수용량 29억 ㎥.

농업용수 152억㎥, 하천유지용수[3] 121억㎥ 등으로 총 372억㎥에 달한다(국토해양부, 2016). 우리나라에서 1년 동안 모든 국민의 생활과 경제 활동을 위해서 직접 사용되는 생·공·농업용수인 251억㎥ 보다 더 많은 물이 가상수라는 형태로 우리나라에 수입되고 있는 셈이다. 많은 사람들이 이런 수치에 대해서 "전혀 말도 되지 않는다!"라는 주장을 꺼내기도 한다. 필자도 당시에 가상수 수입량을 믿을 수가 없어서 정부를 설득하여 관련 연구를 직접 수행했다. 그랬더니 2007년도의 가상수 순수입량이 약 400억㎥에 달했다는 사실을 직접 확인했다(국토해양부, 2009). 이는 우리나라의 '식량 해외의존도'가 매우 높다는, 즉 식량 안보와 물 안보적인 면에서 상당히 취약한 상황이라는 의미이다.

해외에서 농축산물을 수입하지 않는다면 그만큼의 수요를 우리나라 안에서 생산해야 한다. 그런데 생산에 필요한 농지와 기반시설 등 제반 여건은 논외로 하더라도, "과연 그만큼의 농업용수 공급이 가능할 수 있을까?"라는 질문에는 누구도 쉽게 답할 수 없을 것이다. 결국 지금처럼 기후 위기가 해외 농축산물의 생산에 영향을 미치고, 그래서 다른 나라의 농축산물을 수입하기가 어려워진다면 밀가루와 유제품, 고기와 같은 생필품의 가격이 폭등할 것이다.

가상수 문제를 물 관리 차원에서만 바라볼 것이 아니라, 기후 위기 대응 차원에서 산업 구조와 통상 등 전반적인 국가 정책들과 연계시켜야 할 것이다. '물 - 식량 - 에너지 넥서스(Water-Food-Energy Nexus)'는 기후 위기를 극복하고 인류의 먹을거리를 보장해 줄 수 있는 새로운 기후 산업의 핵심으로 자리를 잡고 있다.

기후 위기는 글로벌 식량 안보에도 영향을 미치고 있다. 태국은

---

3 하천수의 수질, 수량, 어류, 경관 등을 비롯한 다양한 목적을 위하여 흘려주는 용수.

2011년 대홍수로 약 450억 달러의 손실을 입었는데, 당시 농경지가 160만 헥타르나 침수되어 곡물 생산량도 24% 감소하였다. 이로 인해 역내 최대 곡물 수출국인 태국이 곡물 수출을 하지 못하면서 당시 중국, 인도, 방글라데시 등지에서의 곡물 가격이 급상승하였다. 베트남의 쌀 수출량 중 95%는 메콩델타(Mekong Delta) 지역에서 생산되고 있으나, 최근 연이은 가뭄으로 쌀 생산량이 줄어들면서 기후 위기의 영향은 메콩강 일대뿐만 아니라 동남아시아 지역 전체로 확산되고 있다. 기후위기는 식량 안보와 경제 성장에 위협이 되고 있다.

메콩델타는 전체 면적이 약 4만 500㎢에 달하며, 평균 고도가 해발 1m 밖에 되지 않아 해수면이 조금만 상승해도 많은 면적이 바다에 잠길 위기에 처해 있다. 현재 베트남 정부는 2100년까지 최대 1m의 해수면 상승을 예측하고 있다(MONRE, 2012). 해수면이 상승하면 경작지가 잠기고, 염수가 점점 더 상류로 올라오면서 농사를 지을 수 없게 되니 식량 생산에도 막대한 지장이 초래될 것이다. 또한 식수 공급에도 차질을 빚을 것이다. 설상가상으로 메콩강의 상류에 위치한 국가들에서 내려오는 오염물질이 쌓이면서 델타 지역의 수질과 토양이 악화되고, 인근 지역들의 도시화로 인한 홍수마저 가중되고 있다. 동남아시아의 젖줄인 메콩강 하류는 현재 기후 위기와 더불어 환경 오염과 난개발의 삼중고에 시달리고 있는 것이다.

우리나라에서는 어디서나 수도꼭지를 틀면 항상 물이 콸콸 나온다. 물이 수도꼭지에서 나오기까지는 수원지에서 원수를 퍼 올리고, 정수 처리를 해서 보내주는 것이 필요하다. 그리고 오폐수를 다시 처리해서 하천으로 돌려보낸다. 이러한 과정에서 가장 많이 소요되는 비용은 전기료이다. 이처럼 일련의 물 처리 과정에 전 세계 에너지(전기)의 약 4%가 사용된다(UN Water, 2020).

그럼 전기의 물발자국은 얼마나 될까? 전기를 생산하는 데는 물이 얼마나 많이 필요할까? 화력 발전을 예로 들면 전기 1메가와트(MW)를 생산하기 위해서는 탄광에서의 석탄 채굴에 200~270리터, 그리고 발전소에서는 1,200~2,000리터를 소모하게 된다. 석탄을 태우는 화력 발전소에서 전기 1메가와트를 생산할 때 물발자국은 1,400~2,270리터이며, 원자력 발전의 경우는 2,870~3,270리터이다(World Economic Forum, 2012). 발전 시설에 들어가는 기술과 조건에 따라서 더 많은 편차가 생길 수도 있다.

댐을 건설해서 물의 낙차를 이용하는 수력 발전도, 댐으로 인해 생긴 저수지의 표면에서 증발하는 물의 양과 댐이 없을 때 강에서 증발하는 물의 양을 비교한다면, 의외로 많은 물을 소모하면서 발전하고 있음을 알 수 있다. 최근 기후 위기의 대안으로 많이 제시되고 있는 신재생 에너지 설비들 중에도 물 소모량(물발자국)이 많은 설비들이 있다. 온실가스 감축을 위한 새로운 기후 관련 산업들이, 보이지 않는 물을 더 많이 소비하고, 우리가 생각하지 못하는 방식으로 온실가스를 내뿜지는 않는지 생각해 보아야 한다. 물과 에너지는 하나의 유기체와 같은 관계를 가지고 있는데, 이 넥서스 안에서 물을 절약하고, 효율성을 제고한다면 에너지 절감과 온실가스 배출 저감의 효과를 동시에 달성할 수 있다.

사우디아라비아는 국가 전체 물 수요의 50%를 해수담수화를 통해서 공급하고 있다. 해수담수화는 에너지 집약적인 프로젝트인지라, 사우디아라비아에서는 담수화에 필요한 에너지의 소모량을 줄이는 것이 지난 수십 년 동안의 이슈였다. 사우디아라비아는 첨단 태양열 담수화 시스템을 도입하여 에너지 효율을 높이는 사업을 추진하고 있으며, 한번 사용했던 물을 처리하여 조경수나 농업·공업용수 등으로 활용하는 물 재이용 시스템도 도입하여 운영하고 있다. 또한 2019년 1인당 하루 물 공급량(LPCD, Liter per Capita per Day)인 263리터를 2030년까지 43%나 감소시켜 150리터로 낮추기 위한 적극적인 수요 조절 정책을 강행하고 있다(U.S.-Saudi Business Council, 2021).

우리나라는 1인당 하루 물 공급량이 384리터인데, 우리보다 물이 풍부한 영국(282리터), 스위스(300리터), 독일(173리터), 프랑스(233리터) 등과 비교해보면 우리나라가 월등히 물을 많이 사용하고 있다는 사실을 알 수 있다(환경부, 2019). 그래서 필자는 물 부족에 대한 걱정과 함께 기후 위기의 주범인 온실가스의 발생에 대해서 고민한다면, 물을 절약하고 효율적으로 관리하는 것이 기후 위기를 막아내는 한 방법이라는 것을 강조하고 싶다.

지난 2011년 세계 인구가 70억 명을 돌파하면서 수자원 전문가들은 기후 위기와는 별도로 인구의 증가와 물 수급에 대한 암울한 미래를 논의한 적이 있다. 세계인구는 2021년 현재 이미 79억 명에 도달했고, 2050년까지 97억 명이 될 것이라고 예측하고 있다(UN, 2019). 세계 물 사용량의 70% 정도는 농업에 사용되고 있는데, 지금의 인구 증가 추세대로라면 2050년에는 농업 생산량이 지금의 2배는 되어야 한다는 예측도 있다(World Economic Forum, 2012). 그렇다면 농업용수는 얼마나 많이 필요하게 될까? 단순한 산술적인 계산으로는 물 사용량도 2배가 될 것이고, 이는 지금 전 세계에서 사용하는 물의 양보다 더 많은 물이 농업에 쓰여야 한다는 의미이다.

지구상의 물은 지역별·시기별로 많은 편중이 있으나, 인구의 많고 적음이나, 비가 많이 오고 적게 오고를 떠나서 과거부터 지금까지 약 20만㎦에 달하는, 늘 비슷하고 유한한 자원이다. 물론 많은 과학 자들이 물 공급의 효율성을 높이기 위해 다양한 방법을 고안하고, 물 소모량이 적은 새로운 종자와 대체식량을 개발하는 등 인구증가에 따른 식량 문제의 해결 방안을 제시하고 있다. 현재 직면한 기후 위기의 해답은 '물-식량-에너지 넥서스'에서 찾을 수 있을 것이다.

기후위기 그리고 물과 정치

지구상에는 여러 나라를 거쳐서 흘러가는 '국제 공유 하천 (transboundary river)'이 많다. 중동이나 아프리카에서는 하천의 물 배분 등을 둘러싸고 전쟁이 발발하기도 하였고, 미국의 콜로라도강은 "물이 흘러가는 강이 아니라 법이 흘러가는 강이다"라고 할 정도로 공유 하천은 어려운 정치적인 현안이다.

기후 위기로 인한 수자원의 고갈과 홍수 등은 국제 공유 하천 관리의 주요 현안이며, 국가 안보의 중요한 이슈가 되었다. 세계적으로 국제 공유 하천이나 호수가 263개에 달하며, 145개 국가에 걸쳐 있다. 그 물이 영향을 미치는 지역은 지구의 절반을 차지하고 있다. 땅밑에는 공유대수층이 300여 개나 있으며, 20억 명 이상이 이 지하수에 의존하면서 살아가고 있다(UN, n.d.).

히말라야 산맥의 만년설과 빙하가 녹은 물은 수많은 계곡들을 거치면서 아무다리야강, 인더스강, 갠지스강, 브라마트라강, 에라와디강, 살윈강, 메콩강, 양쯔강, 황하와 타린강 등 큰 강을 이루고, 아프카니스탄, 방글라데시, 인도, 부탄, 중국, 미얀마, 파키스탄 등 여러

나라를 거쳐서 바다로 흘러간다. 그런데 지구온난화로 인해서 히말라야 산맥의 만년설과 빙하가 줄어들면서 이미 황하와 갠지스강에서는 하천 수량이 15~30% 정도 감소했다. 이와 같은 현상은 국제 공유하천에서 상·하류 국가들 간 분쟁의 원인이 되고 있다.

중앙아시아에 있는 시르다리야강과 아무다리야강은 중앙아시아의 국제 공유하천인데 각 강들의 하류에는 우즈베키스탄과 카자흐스탄에 걸쳐 있는 아랄해가 있다. 그 이름에서 알 수 있듯이 아랄해는 바다처럼 짠물로 이루어진 큰 호수다. 이스라엘의 사해와는 달리 적정한 농도의 염분으로 이루어져서, 실제 바다에서처럼 어업이 활발하게 이루어지는 등 풍요의 상징이었다. 호수의 크기도 우리나라 면적의 약 69%에 달하는 6만 8,900㎢나 되는, 말 그대로 '바다와 같은 호수'였다. 그런데 지난 50여 년간 점점 마르더니 이제는 원래 호수의 6.6%밖에 안 되는 4,460㎢만 남아 있다. 강수량도 지난 50~60년 동안 계속 줄어들었고, 두 강들의 상류 지역에서 이미 물을 다 써버려서 아랄해로 유입되는 물이 계속 감소되어온 결과이다.

아랄해는 기후 변화와 소련 시대부터 내려온 체계적이지 못한 물 거버넌스로 만들어진 환경 재앙이다. 소련 시대에는 "무이낙4에서는 개도 루블화를 물고 다닌다"라는 말이 있었을 정도로, 우즈베키스탄의 '무이낙'이라는 도시는 고기잡이와 수산물 가공업으로 풍요를 누렸으나 지금은 폐허가 되었다. 푸른 바닷물이 가득하던 아랄해는 녹슨 철선들이 곳곳에 방치된 사막이 된 지 오래라 지금은 '배들의 무덤'으로 불린다. 사막의 바람을 타고 염분이 날아다니면서 이 지역의 환경과 주민들의 삶은 황폐해졌다.

---

4 아랄해에 면한 우즈베키스탄의 상징적인 도시.

— 그림 2.3 아랄해의 고갈

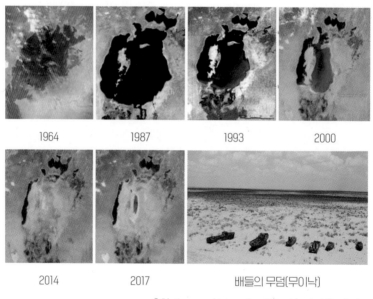

| 1964 | 1987 | 1993 | 2000 |

| 2014 | 2017 | 배들의 무덤(무이낙) |

출처: Agency of International Fund for Aral Sea Saving.

2010년 반기문 UN 사무총장은 아랄해를 방문한 자리에서 "이 시대 최악의 환경 재앙으로 거대한 바다가 사라진 것에 무한한 비애를 느낀다"고 했다. 최근 중앙아시아 5개국은 아랄해를 살리기 위한 사업을 지속적으로 추진해오고 있다. 그러나 한번 파괴된 환경을 되살리기에는 역부족인 것 같다. 불행 중 다행으로 최근에는 중앙아시아 국가들과 국제기구들의 노력으로 생명과 물이 조금씩 되살아나면서 희망이 보이는 것 같기도 하다. 그렇다 하더라도 예전의 아랄해로 돌아가려면 과연 몇 세기나 걸릴까? 또한 그것이 가능할지는 누구도 장담할 수 없다.

50년 전 미국 공상과학 영화인 <혹성 탈출>의 마지막 장면에서 주인공으로 출연한 찰턴 헤스턴이 바닷가에서 폐허가 된 자유의 여신상을 발견하고는 인류의 멸망에 오열하듯이, 아랄해의 현실은 인간의 잘못으로 만들어진 기후·환경 재앙이 결국 인간이 살아가는 곳을 황폐화시키고, 그 폐해는 다시 우리에게 돌아온다는 사실을 잘 보여주고 있다.

기후위기와 젠더

기후 위기와 물에 의한 재해는 여성들, 특히 소녀들에게 가혹하게 다가간다. 2004년 12월 인도네시아 수마트라섬의 반다아체에 닥친 쓰나미로 인한 피해자는 23만 명이 넘는데, 그중에서 70% 이상이 여성이었다. 1991년 방글라데시에서 발생한 사이클론의 인명 피해를 분석한 결과 남성 사망자는 1천 명당 15명인 반면 여성 사망자는 1천 명당 71명에 달하였다. 그 뿐 아니라 2008년 미얀마의 사이클론 이후 미혼 여성 중 87%와 기혼 여성 대부분이 주 수입원을 잃은 것으로 밝혀졌다(UNDP, 2019).

이렇듯 재해가 발생하면 여성이 더 많은 피해를 입는 것은 전 세계에서 공통적으로 관찰되는 현상이다. 이러한 패턴이 발생하는 원인은 사회적인 요인에서 찾을 수 있다. 사회적인 규범이나 인식, 역할, 위치가 여성과 남성에게 각기 다른 영향을 주기 때문이다. 방글라데시에 사이클론이 닥쳤을 당시 여성들이 아이들을 보호하고 가축과 주요 가재도구를 챙기느라 대피를 하지 못하였다. 즉, 여성이 가족 구성원을 돌보고 가사 노동을 책임지는 사회적인 역할을 수행해야 했기 때문에 신속한 대피가 어려웠던 것이다.

더군다나 개발도상국들 중 많은 곳에서는 홍수나 사이클론과 같은 재해에 대한 조기경보는 주로 공공장소에서 울린다. 그리고 여성은 주로 돌봄이나 가사노동과 같은 '집안일'을 담당하고, 경제 활동과 같은 '바깥일'은 남자가 전담한다. 이러한 경우 경보가 울렸을 때 여성은 소식을 접하지 못하고 위험한 상황에 빠지게 되는 경우가 발생하는 것이다. 또한 재해 시에 보호소나 수용소에서는 여성들이 절대적으로 불리한 상황에 놓이는 경우가 많다 보니 성적인 피해를 입는 경우도 허다하게 발생한다.

이런 나라에서 여성이 경제적으로 더욱 많은 피해를 입는 경우 역시 여성의 낮은 사회적 위치 때문이다. 즉, 여성이 관련 정보와 도움의 손길에 쉽게 접하지 못하기 때문이다. 아직도 많은 국가에서는 여성이 남성과 동등한 경제적 권리를 갖지 못한다. 따라서 물과 관련된 재해가 발생하면 여성이 입는 재정적 피해는 더욱 장기화되면서 회복 또한 쉽지 않다. 재해 피해에 대한 지원금은 대부분 가구 단위로 가장에게 전달되는데, 대다수의 가장은 남성이기 때문이다. 그래서 여성에게 직접적으로 지원금이 전달되지 않는 경우가 부지기수다. 이러한 경우 여성은 아들이나 오빠, 남동생 등 남성 가족 구성원에게 경제적으로 의존해야 하는데, 이는 종종 가정폭력이라는 또 다른 형태의 재앙을 야기한다.

그 밖에도 정규 교육에서의 여성 배제, 여성의 낮은 의사결정권, 공공 시스템의 붕괴로 인한 돌봄 노동을 여성에게 전가하는 등의 다양한 사회적 요인도 복합적으로 작용한다. 이는 결국 여성의 높은 사망률과 사회적·경제적인 피해를 야기한다.

따라서 기후 위기와 물에 의한 재해에 대한 대응 과정에서 젠더적 요인을 반드시 고려하고, 사회의 구조적인 측면도 함께 다루어야 한다. 그래야 효과적인 결과를 이끌어낼 수 있다.

마무리

다른 사람이 나를 가벼이 여길 때 "나를 물로 보지 말라!"는 이야기를 한다. 도처에 흔하다는 뜻으로 "돈을 물 쓰듯 한다"라는 말도 있다. 노자가 상선약수[上善若水], 즉 최고의 선은 물과 같다고 하였듯이, 물은 어떤 모양의 그릇에도 담기는 유연함을 가지고 자기의 역할을 다 하고 또 적응한다. 이렇듯 물은 우리의 삶에 늘 가까이 있는 편안한 존재이고, 어디에서나 손쉽게 얻을 수 있는 것이라 사람들은 여긴다. 그래서 이런 말들도 나온 듯하다. 더군다나 우리나라는 석회수가 일반적인 유럽 국가들과 달리, 예전에는 산과 들에서 계곡물이나 우물물을 안전하게 마실 수 있었던 덕분에 물을 손쉬운 자유재로 여겨왔다. 그러나 최근 환경 오염과 기후 위기로 인해 우리 앞에 나타나는 물은 더 이상 예전 같지 않으며, 대가를 치르지 않고서 이용할 수도 없게 되었다.

최근 들어 더욱 더 심각해진 기후 상황에서 많은 저개발국가들을 위한 국제개발협력 프로그램이 수행되고 있다. 물분야 프로그램으로는 대상국 국민들에게 깨끗하고 안전한 식수를 공급하고 화장실 등 적절한 위생시설과 수처리 시설 지원 등이 있다. 이를 통해서 최소한의 인간으로서 존엄성을 유지하고, 여성들의 인권 향상과 교육 받을 수 있는 권리를 지킬 수 있도록 노력하고 있다. 또 홍수의 위험을 줄이고, 위급한 상황에서 인명을 구할 수 있도록 관련 인프라를 구축함

으로써 지속가능한 삶과 경제적인 성장을 촉진할 수 있도록 돕는 데
목적을 두고 있다.

그러나 여전히 많은 나라들은 이러한 기본적인 물 관련 시설을
스스로 만들어 나갈 수 있는 역량을 가지지 못하고 있다. 특히 물 분
야에 대한 적극적인 투자가 어려운 것이 현실이다. 일부 상·하수도
사업을 제외하고는 민간기업에서 단기간에 수익을 내기 어렵기 때문
이다. 그래서 물 관련 인프라 측면에서는 국가들 간의 격차가 점점
더 벌어지는 부익부 빈익빈 현상이 두드러지고 있다. 이렇듯 모자라
는 부분을 메워주기 위해서 '개발 협력'을 통해서 지원해주는 것이다.
그리고 이를 토대로 공적 자금이나 민간 부분의 자금이 투입될 수 있
도록 '혼합재원조달(Blended Finance)' 구조를 만드는 것이 필요하다. 특
히, IoT(사물인터넷) 관련 기술이 활용되는 모니터링 시스템과 조기경보
시스템을 모바일 네트워크와 연계시켜 관련 기관뿐만 아니라 개인들
도 혜택을 받을 수 있게 해야 한다. 그러면 위급한 상황에서 많은 생
명을 구할 수 있을 것이다.

2020년부터 세계적인 COVID-19 대유행으로 경제 활동과 일상
이 멈추고 있다. 하지만 기후 위기는 계속 진행 중이다. 특히 지금과
같은 감염병 대유행 상황에서는 재해 위험을 경감하기 위한 전략 및
복구·구호 등과 관련된 조치들이 또 다른 감염병 대유행의 진원지
가 될 수 있으니 이를 예방해야 한다. 물론 COVID-19 때문이 아니
어도 대홍수나 지진해일과 같은 재해가 발생하는 경우에는, 특히 개
도국과 최빈국에 이런 재해가 발생하는 경우에는 잇달아 콜레라나
장티푸스와 같은 수인성 질병이 돌면서 더 많은 사람들이 사망한다.

현재의 기술력이나 의학으로는 재해와 감염병을 한꺼번에 막아

낼 수는 없지만, 노력을 통해서 피해를 줄일 수 있고, 그리고 반드시 줄여나가야 한다. 더군다나 COVID – 19와 변종 바이러스가 전 세계 적으로 대유행을 하는 것과는 별개로, 지구촌 곳곳에서는 지금도 기후 재난이 끊이지 않고 있다. 이런 뉴노멀(New Normal) 시대에 기후 재난에 대응하려면 기후, 물, 경제, 의료, 거버넌스 등 다양한 분야의 전문가들이 협업하여 새로운 융합 시스템을 갖추어야 한다.

최근 빈발하고 있는 전 세계적인 기후 재난은 사회적·경제적인 손실과 인명 피해를 야기하고 있다. 지금은 통합적이고 총체적인 정책 결정이 필요한 시점이다. 특히, 현재의 기후 위기에 대한 대응 방안으로 탄소 중립이 필요하다는 것은 누구나 알고 있는 사실이다. 많은 정치인들도 기회가 있을 때마다 그 중요성을 강조한다. 하지만 늘 말뿐인 듯하다.

이제는 더 이상 기후 위기에 대한 증명이나 논의가 필요할 것 같지는 않다. 지금은 ESG(Environmental, Social, Governance)를 기반으로 하는 기후 위기에 대한 대응책과 물관련 재해를 경감할 방법을 연계시킬 수 있는 통합적인 전략을 수립하고 이행하는 것이 시급한 때이다. 아울러 공공의 영역과 민간 투자가 지속적으로 이행될 수 있는 환경을 조성하여야 한다. 국제사회는 기후 재앙으로 국가 경제와 삶의 터전이 무너진 최빈국을 지원해줌으로써 지구온난화에 대한 공동의 책무를 이행하여야 한다. 기후 위기를 해결하기 위해서 온실가스 배출 저감을 위한 신사업 개발에 우선순위를 두고서 적극적으로 지원하고 있는 것처럼, 기후 위기에 대한 적절한 적응과 대응을 위한 투자와 이행이 병행되어야 한다. 국경을 넘나드는 감염병과 기후 재난은 반드시 글로벌 협력과 거버넌스를 기반으로 해결하여야 할 것이다. 그리고 다양한 정치적인 수사들이나 의지들이 공허한 말로만 끝날 것이 아니라 실제 이행으로 연계되어 실행되어야 한다.

　최근 우리나라를 비롯한 많은 나라들과 기업들이 넷제로 2050을 지지하면서 동참을 선언했다. 이는 인류의 미래가 아닌 지금 당장 우리 눈앞에 보이는 오늘의 위기를 극복하는 데 필요한 대안이다. 그러나 넷제로 2050이 말처럼 손쉽게 이루어질 수 있다고 생각하는 사람은 아무도 없다. 더구나 COVID-19의 대유행으로 국제 무역과 교류는 물론 국내 활동마저 위축되어 있는 상황에서 지금 어떻게 해야 우리 앞에 놓인 기후 위기를 헤쳐 나갈 수 있을 것인가? 위기[危機]는 한자로 위험과 기회를 뜻한다. 아직은 극복할 수 있는 기회가 있다는 의미이다. 그러니 테이블에서 협상만, 논의만 할 것이 아니라, 지금 당장 행동으로 옮겨야 할 것이다.

03

도시는 기후 위기에
안전한가?

박 찬

서울시립대학교 도시과학대학 조경학과 부교수

기후 위기와 도시

우리나라 사람들 중 대부분은 도시에 거주하고 있다. 도시는 많은 상품이 생산·전시·판매되는 공간이며, 그곳에 사는 수많은 거주자들을 지원해주기 위한 기반시설도 갖추고 있다. 도시는 기후 변화로 인해서 강력해진 폭염, 홍수, 폭설, 한파, 가뭄, 강풍 등의 자연재해에 더 많이 노출되는데, 이러한 자연재해는 물론 도시에 사는 사람들과 도시에 설치된 인프라에 영향을 미친다.

우리나라는 국토 면적의 16.7%에 불과할 정도로 협소한 도시 지역에 국민의 대부분인 91.8%가 거주하고 있으며, 인구 100만 명 이상의 도시도 다수 존재한다. 각 도시의 특성과 규모가 다르다 보니 도시의 거버넌스 시스템은 매우 복잡하며, 그래서 각 도시마다 기후 위기에 대한 대응 능력도 다르다. 이 모든 상황은 도시의 기후 위기에 대한 취약성을 증가시킨다.

최근 들어 미국, 캐나다, 중동 등 지구 곳곳에서 최고 50도 안팎을 오르내리는 폭염으로 홍역을 치르고 있다. 정체된 고기압에 갇혀 온도가 올라가는 일명 '열돔(Heat dome) 현상'으로 정전과 산불 피해가 잇따라 발생하였고, 무더위에 시달리다 사망하는 사람들이 급증하였다. 한반도에서는 폭염에 높은 습도까지 더해져 더 많은 피해가 예상되고 있다. 폭염이 지속되면 냉방용 전력 사용이 증가하면서 정전 발생 빈도도 높아질 수 있다. 또한 과도한 열로 인해서 아스팔트가 녹고, 철로가 파손되고, 활주로에 문제가 생겨 교통이 마비될 수 있다. 우리나라의 도시 대부분은 산에 인접해 있어 고온 현상으로 유발된 전력망 화재가 발생할 수 있고, 인접한 지역의 산불도 우려된다. 기후 위기가 더욱 가속화되면 미국처럼 산불이 자연 발화할 가능성 또한 높아질 것이고, 이 불은 도시도 위협하게 될 것이다. 홍수도 문제다.

우리나라 도시의 홍수 대응 구조는 과거의 기상 패턴에 맞춰 설계되었다. 그러나 예년과 다르게 최근 들어 시간당 50~80밀리미터 안팎의, 많은 곳은 100밀리미터 이상의 매우 강한 비가 내리는 날이 많아지고 있다. 태풍을 동반하던 과거의 폭우와는 달리 최근에는 태풍을 동반하지 않더라도 많은 비가 지속적으로 내리는 경우가 많아지고 있다. 현재의 도시는 이러한 강한 비에 대비하는 시스템이 잘 갖춰지지 않아, 도시 지역의 침수 현상도 빈번해지고 있다. 물론 이러한 침수 현상은 도로와 다리를 파괴하고, 강둑을 침식시킨다. 나아가 기후 변화는 태풍의 강도와 빈도 역시 증가시키기 때문에 이러한 현상은 더욱 심해질 것이다.

도시와 인접한 산지에서 강한 비로 인하여 산사태가 많이 발생하고 있다. 도시가 확장되면서 산지와의 거리가 가까워져 산사태로 인한 인명·재산 피해가 더욱 많이 발생할 수 있고, 도시 주변 산지에 조성된 태양광 발전 단지 등도 많은 영향을 받을 수 있다. 반면, 한반도는 지정학적 위치상 북극의 온난화로 인한 겨울 한파에 시달릴 것이며, 폭설도 빈번해질 가능성이 높다.

태풍, 홍수, 산사태, 한파 및 폭설 등은 도시에 사는 사람들과 도시의 인프라에 복합적으로 영향을 줄 것이다. 그에 따른 보상과 피해 복구 등을 위해 막대한 지출이 발생할 수밖에 없고, 많은 산업 활동도 심각한 악영향을 받게 된다. 불행하게도 이러한 기상 악영향에 보통 사람들보다 더 높은 위험을 받는 도시 거주자 집단인 영·유아 및 노인, 환자들은 열/한파 스트레스와 같은 특정 위험에 민감하므로 더욱 세심한 주의가 필요하다. 이러한 현상이 더 빈번하게, 더욱 높은 강도로 나타나는 산지 주변과 해안, 그리고 홍수의 위험이 높은 강가, 폭염이 심한 분지 지역 등에서는 원활하게 대처하는 것이 더욱더 어려울 수 있다.

IPCC(기후 변화에 관한 정부 간 협의체)에서는 기온 상승이 사람의 건강에 미칠 위험에 대해 경고하고 있다. 지구의 평균 기온이 섭씨 0.5도 상승할 때마다 공중 보건 환경이 악화될 것이며, 기온이 섭씨 2도 상승하면 극심한 더위와 가뭄, 그리고 모기, 진드기, 파리, 벼룩 등을 매개체로 하는 질병이 확산되며, 도시의 공공 보건 서비스가 크게 위협받을 것이라고 한다.[1]

이러한 복합적 위험을 줄이기 위해서는 도시 차원의 온실가스 배출량 감축 노력이 필요하다. 도시의 온실가스 배출량을 감소시키려면 가장 중요한 것은 어디서, 어떤 에너지가, 얼마나 사용되는지를 파악한 후 어떤 방식으로 온실가스 배출량을 줄일 것인지를 결정해야 한다. 2017년 우리나라 에너지 사용량 중 도시의 가정·상업·공공 분야 건물에서 사용된 에너지는 20%이고, 교통 부문에서 사용된 에너지는 18%이다. 즉, 한국에서 사용된 에너지의 38%가 도시에서 소비되고 있다.[2] 그리고 온실가스는 어떤 연료를 사용했는지, 어떤 기기를 사용했는지에 따라서 배출량이 다르다. 그러니 도시에서 발생하는 온실가스를 현실적으로 얼마만큼 감축할 수 있는지를 파악하려면 이러한 특성에 대한 이해가 필요하다.

도시는 민간의 건설 및 공공의 사회간접자본(SOC) 투자를 통해서

---

1 Hoegh-Guldberg et al., 2018.
2 산업통상자원부, 2018.

성장해왔고, 자본 축적 과정에서 형성된 사회적 부(유휴자본)의 상당 부분이 도시의 건조한 환경에 재투입되어 도시 공간에 체현되어 왔다. 그래서 탄소 중립 시대에 맞는 도시 체계를 갖추기 위해서는 많은 재투자가 이루어져야 한다.

온실가스 감축을 위한 기술 선택에도 상당한 비용이 들 수밖에 없다. 다만 건축물과 인프라 등은 수명이 길어서 현재 시점에서 온실가스 감축 기술이 적용되면, 지속적인 감축 효과를 보일 수 있다는 점이 긍정적이다. 예를 들어, 건축물의 시공부터 해체까지의 전 과정을 평가한 분석에 따르면, 건축물 시공 및 해체 과정에서는 온실가스가 20% 배출되고, 나머지 80% 이상은 건축물 관리에 필요한 냉난방, 조명, 환기, 가전 및 사무기기 등을 사용하는 과정에서 발생한다.[3] 탄소중립 건물을 만들면 80% 중 상당량의 배출량을 줄일 수 있다.

현재 신축 중인 건축물들은 2050년에도 대부분 존재할 것이므로 재건축 대상인 건물의 에너지 효율을 높일 수 있는 정책을 강화하는 것도 의미가 있을 수 있다. 그러나 이러한 정책은 건물주나 건축업자 같은 일부 시민들의 의무만 강화하는 방식으로 작동될 수 있다. 따라서 의무를 법적으로 강화하지 않을 것이라면, 인센티브를 주는 등의 자율성 권장 방식으로 변화를 유도해야 하므로 저탄소사회로의 이행이 어려울 수 있다. 그렇다면 앞서 살펴본 것처럼 도시의 유기적 상황을 고려한 현실성 있는 대안은 무엇일까? 필자는 기후 변화의 완화 및 기후 변화 적응, 이 두 가지 목표에 맞는 도시 차원의 해결 방안을 제시하고자 한다.

---

3 UNEP, 2009.

도시 기후 변화의 완화를 위한 해결 방안

　도시에서 에너지를 사용함으로써 온실가스를 배출하는 부문은 건물, 교통시설지, 폐기물 처리장 등이고, 온실가스를 흡수하는 곳은 공원녹지이다. 그리고 기후 변화의 완화를 위해 도시 차원에서 기할 수 있는 노력은 건물이나 교통 부문의 수요 관리를 통해서 에너지 관련 서비스의 수요를 줄이는 것과 재생 에너지원을 확보하여 에너지 사용으로 인한 온실가스 배출량을 줄이는 것이다. 또한 에너지 효율이 높은 기기를 사용하는 등 기술 기반의 해법이 적용될 수 있게 하는 방법도 있고, 폐기물 등의 경우에는 사회적 활동을 통해서 이를 줄이는 방식도 있을 수 있다.

　지난 몇 년 동안 기후 위기를 완화하기 위해서 도시의 모델, 건축 기술·소재 관련 기술 발전과 도시 정책의 준비가 급속도로 진행되었다. 예를 들어, 건축물 부문에서는 실시간 BIS(Building Information System), 스마트 제어, 지붕 통합 태양열 기술, 효율적인 냉난방을 통해 혁신이 이루어지고 있다. 또한 열펌프, 태양광 발전, 에너지 저장 솔루션, 매립지 등에서 발생하는 바이오매스(Biomass)의 가스화 등을 통해 도시에서도 재생 에너지를 사용하기에 이르렀다. 특히 폐기물 부분에서는 폐자재의 전 과정 평가(Life cycle assessment)를 통해서 관련 환경 정책이 만들어지고, 이를 생활환경에도 적용함으로써 온실가스 배출량이 줄어들고 있다. 도시의 공원녹지는 어떨까? 공원녹지의 온실가스 완화 잠재력은 낮은 편이나 온실가스를 지속적으로 흡수할 수 있다는 점에서 중요한 가치를 지닌다. 따라서 공원녹지를 확대하여 온실가스 흡수량을 증대하는 것도 중요한 해결책으로 부각되고 있다.

기존 연구를 살펴보면 건축물 부문에서 기준 배출량 대비 35%를 평균적으로 줄일 수 있다고 한다. 탄소 중립 건물의 잠재력은 105%에 이르고, 옥상/입면 녹화나 색 처리를 통하여 복사열을 낮추는 기법 등도 13%의 저감 잠재력이 있으며, 탄소 중립 건물의 개념 정도가 아니라 건축물 개조 등도 50% 정도의 온실가스 저감 잠재력이 있는 것으로 분석되고 있다. 하지만 기존 인프라를 점진적으로 개조하는 방식보다는 새로운 기반시설을 만들거나, 오래된 도시 구역의 재개발을 통해서 온실가스 완화 잠재력을 높이는 것이 더욱 중요하다고 한다. 예를 들어, 건물에 통합되는 기존의 단열재를 사용하는 해법보다는 자동화된 지능형 건물 제어 시스템, 스마트 미터 시스템 등과 같은 혁신적인 운영 방식의 도입이 에너지 수요를 줄이는 데 더 효과적이라고 이야기하고 있다.[4]

교통 부문의 경우 온실가스 저감 잠재력을 43%나 가지고 있다. 예를 들어, 지능형 교통 시스템(ITS)은 20%, 개인·공공 차량을 전기 자동차(EV)나 하이브리드 자동차(HEV)로 변환할 경우 94%에 이르는 온실가스 저감 잠재력이 생겨난다고 한다. 그러나 자전거 보급 확대 등의 여행 수요 관리, 휘발유나 경유에서 부탄이나 LNG로의 연료 변환 및 ITS로 인한 온실가스 절감 효과는 약 28% 정도에 불과하다. 그러니 전기 자동차나 하이브리드 자동차의 도입, 대중교통 시스템을 도시 전체로 확장하는 것은 반드시 해야 할 사업이다.

또한 에너지 공급의 변화를 통해서도 온실가스 저감 잠재력을 38%나 기대해볼 수 있다고 한다. 예를 들어, 지역 냉난방의 확장을 통해서 12%, 태양광/태양열 보급 확대를 통해서는 73% 정도로 기준

---

4 Sethi et al., 2020.

배출량 대비 줄일 수 있다고 예측된다.[5]

에너지 공급 측면에서는 에너지 저장소를 늘리거나, 가로등과 같은 공공 부문 에너지의 최적 관리, 지역난방의 수요 조정을 통해서도 온실가스 저감이 가능할 것이다. 폐기물 부문에서도 바이오매스의 가스화를 통해서 21%, 폐기물을 에너지로 활용함으로써 87%의 온실가스 저감 효과를 보리라 예상하고 있다. 앞으로 폐기물 회수·처리 등의 기술이 더욱 발전하면 이보다 더 많은 온실가스 저감 효과를 기대할 수 있다. 공원녹지의 경우 5% 정도의 온실가스 저감 잠재력을 가지고 있으나, 많은 도시에서는 공원녹지 조성이 어느 정도 완료된 상황이기에 추가 조성을 통한 배출량 저감은 한정적일 수 있다. 따라서 도시 구조적 측면에서 건물의 옥상 같은 공원녹지 이외의 공간에 자연을 융합하고 인구감소 등으로 발생한 유휴부지를 활용하거나, 온실가스 흡수량을 증가시킬 수 있는 새로운 공원녹지 조성 방식의 적용도 중요하다.[6]

도시는 많은 에너지를 소비하기 때문에 탄소 중립을 향해 가는 장기적 전략은 도시가 중심이 될 수밖에 없다. 아시아 국가들의 에너지 부문 자료의 상관 분석을 실시한 결과, 에너지 체계가 석유·석탄 등 1차 에너지에서 전력 등 2차 에너지를 중심으로 재편되고, 저탄소 에너지원의 활용 비중이 높아질 때 탄소 중립 목표에 도달할 수 있을 것으로 분석되었다. 특히 2010년 배출량 대비 70% 감축을 목표로 했을 경우에는 에너지 공급 방식이 현재의 방식에서 크게 변동되지 않지만, 80% 이상 감축을 목표로 할 경우에는 에너지 절약 및 신재생

---

5 상동.
6 상동.

에너지 비중을 급격히 늘려야만 목표치를 달성할 수 있을 것으로 분석됐다.[7]

따라서 온실가스 저감 목표치를 달성하기 위해서는 반드시 도시 차원의 에너지 활용 체계를 변경해야만 한다. 만약 미래에 발전소나 변전소 같은 전력 생산 시스템이 온실가스 배출량을 제로로 하는 것이 가능해진다면, 도시는 1차 에너지보다는 2차 에너지를 사용할 수 있는 구조로 재편되는 것이 바람직하다. 그러니 지금부터라도 전기를 음식 조리, 냉난방, 교통 부문에서 가급적 많이 사용할 수 있도록 정부에서 관련 인프라 조성에 투자하고 민간에서도 보급이 확대될 수 있도록 노력해야 한다. 특히 교통 부문에서 전력화가 이루어지려면, 충전을 위한 인프라가 충분히 갖춰져야 한다. 예를 들어, 수소 에너지만 하더라도 수소 자동차 보급에서 끝나는 것이 아니라 수소 에너지의 생산·운송·저장·공급 시스템이 도시에 구축되어야 작동될 수 있는 것을 보라. 그러니 보다 혁신적인 투자가 필요하다.

— 표 3.1 도시 차원의 기후 변화의 완화 방안 요약

분야	기후 변화의 완화 방안
도시 계획	기후 친화적인 도시 구조 구축 유도
건축	자원 효율적인 건설(Construction)과 건축물(Building) 운영 (즉, 지속 가능한 건축 자재와 설계, 냉난방, 가전 및 조명의 효율성 추구)
교통	보행, 소형·복합용도 주거 지역, 대중교통과 공유 시스템 공급, 안전한 자전거 네트워크, 효율적인 전기 자동차 및 수소 자동차 등의 활용
에너지	분산형과 재생 가능한 에너지 공급
쓰레기	고형 폐기물 관리 시스템 개선, 3R 전략(감소, 재사용, 재활용), 폐기물을 에너지화
물 & 하수	정수장의 에너지 효율성 증진, 재생 가능한 에너지 사용

---

7 Fujimori et al., 2021.

도시의 기후 변화 적응을 위한 해결 방안

최근 도시에서 폭염과 홍수 등 다양한 기후 위협이 증가하고 있지만, 과거에는 도시의 기후 변화 적응에 대한 관심이 부족했다. 즉, 도시에 닥칠 기후 위협은 시민들의 안전을 위협할 재해와 직접 관련이 있으나, 지금까지 이러한 재해에 대한 대응 방식은 대체로 사후 대응 방식 수준에 머물렀던 것이다. 재해와 기후 변화가 도시에 대한 투자에 미칠 중대한 영향을 고려한다면, 이제부터라도 재난 및 기후 변화의 가능성을 줄이거나 관리하기 위한 사전 예방 및 적응 계획이 반드시 필요하다.

기후 위기가 현실화되는 현재 상황에서 전 지구 공동체가 2015년 파리 기후 변화 협약에 따라 1.5도 사회로의 이행을 충실히 진행하더라도, 1.5도의 변화를 감당할 수 있는 도시 구조 또한 갖추어야 한다. 따라서 도시의 공간을 구조적으로 관리하는 데 필요한 기후 위기 고위험 지역 식별 · 진단 · 매핑(Mapping)의 중요성이 더욱 강조되고 있다. 또한 도시는 구조적 측면 외에도 인구의 규모, 자원, 제도적 역량에 따라 기후 변화 적응에 접근해야 한다. 즉, 도시의 관리자는 각 도시의 건축물 · 구획 단위에서 생길 수 있는 도시의 위험을 기후 변화 적응을 위한 필수적인 투자와 연계하여 인지해야 한다. 물론 시청과 시의회, 도시의 민간 부문 및 개발 기관이 도시의 취약성을 감소시키기 위해서 노력하는 상황을 서로 벤치마킹하여 기후 변화 적응 계획을 전략적으로 수립해야 한다. 그리고 그것을 실천할 때 도시의 기후 변화 적응 역량이 강화될 수 있을 것이다.

일반적으로 도시의 규모는 기상학적 관점에서 기후에 영향을 미치는 대규모 시스템(해양과 대륙, 산맥, 태풍의 이동 경로 등)과 지역 시스템(해안/육지의 풍속 시스템, 숲, 산악 및 계곡의 특징 등)에 비해 작은 편으로 생각되어 왔다. 그러나 도시가 광역 규모로 확장됨에 따라 지역 규모에서 지표면 및 대기의 특성에 광범위한 영향을 줄 수 있을 정도로 변모하였다. 이는 도시의 구조, 특성, 인간의 활동 등으로 인해서 주변의 대기 변수가 영향을 받는 것을 의미한다. 따라서 도시가 기후 변화에 적응하기 위해서는 도시 지표면의 특성을 변화시키는 것이 중요하다. 예를 들어, 도시 표면의 불침투성(빗물이 흡수되지 않는 것)은 홍수 피해를 증가시키는 것은 물론, 표면 온도를 높여 도시 거주자들에 대한 열부하를 증가시켜 무더위에 시달리도록 만든다.

따라서 도시의 기후를 관리하는 데 도움이 되는 지표면의 변화는 도시의 기후 변화 취약성을 낮추는 데에도 중요한 역할을 할 것이다. 이와 더불어 IPCC의 5차 종합 보고서가 출판된 이후 도시 정책 입안자들은 도시의 복원력을 높이는 것이 매우 중요함을 인식하기 시작하였다. 그래서 많은 도시가 복원력을 높이기 위해 홍수지도와 위기관리 매뉴얼을 작성하고, 커뮤니티 참여 계획을 수립하며, 나무 심기 프로그램 등 다양한 정책을 시행하고 있다. 이러한 노력을 통해 축적된 적응 능력은 도시로의 인구 집중으로 인해 악화될 수 있으나, 적절한 기반시설과 서비스에 투자함으로써 도시민들의 삶을 개선하고 기후 변화에 대한 회복력도 높일 것이다.

도시의 토지 피복을 개선하고 복원력을 높이는 방법 이외에도 기후 위기에 대응할 수 있는 다음과 같은 수단들이 강구되어야 한다. 도시의 물 공급을 담당하는 자는 변화된 강우 패턴에 맞는 공급 체계를 구축해야 한다. 많은 도시가 강에서 취수한 물을 사용하고 있기 때문에 담수 가용성, 홍수 위험 관리, 수질 관리 측면을 종합적으로 고려하고 수요·공급 관리를 해야 한다. 이를 위해서는 상·하수도 등 물 공급 인프라를 개선할 필요가 있다.

현재 도시의 상·하수도 등 물 공급 인프라는 많이 노후화되었다. 아울러 기후 변화로 인한 강우 패턴의 변화에 따라서 도시 곳곳에서 물의 공급·처리에 문제가 생길 수 있으므로 시스템의 전반적인 정비가 필요하다. 특히 우리나라의 오래된 도시들은 빗물과 오수(汚水, 오염된 물)를 분리하지 못하는 합류식 하수 체계를 가지고 있기에 빗물과 오수가 하수처리장으로 함께 흘러들어간다. 그렇기에 하천으로 바로 빠져도 되는 빗물마저 화학 처리를 하게 됨으로써 경제적 손실이 생길 뿐 아니라, 기후 변화로 인한 강우 강도가 더욱 높아질 경우 하수 처리 능력을 초과할 수밖에 없게 된다. 따라서 물 관리 측면에서 빗물과 오수를 분리하는 작업을 지속적으로 수행해야 할 필요가 있다.

도시의 물 관리에 있어서는 중국에서 이니셔티브를 채택하고 있는 '스펀지 도시'의 개념을 활용해 볼 수 있을 것이다. 스펀지 도시는 홍수 관리를 위해 생태학적 기반시설 및 배수 시스템을 강화한 새로운 도시 건설 모델이다. 빗물을 흡수·포집하여 홍수를 줄이는 데 활용함으로써 도시의 침수, 수자원 부족, 도시 열섬 현상을 완화하고, 생태 환경과 생물 다양성을 개선할 수 있다. 또한 저장한 빗물을 관개용·가정용으로 재활용할 수 있기에 지속 가능한 물 공급 및 배수 시스템이 될 수 있다. 서울과 같이 고밀도로 개발된 도시에서는 힘들 겠지만, 중소도시에서는 스펀지 도시와 같은 물 관리 방식이 충분히 가능하다.

한편, 도시의 홍수, 태풍, 폭설 등은 교통 체계를 마비시킬 수 있다. 지방정부는 도시 내의 학교, 병원, 진료소, 상수도, 위생 및 배수, 통신, 지역 도로 및 교량을 포함하여 위험에 노출될 수 있는 모든 자산에 대해 명시적 책임이 있다. 이런 이유 때문에 다양한 도시 계획적 수단과 함께 관련 인프라에 투자를 해야 한다. 민간에서 공급하는 사업이 중요한 경우에는 지방정부에서 관련 규정을 조정하고 중요한 계획 및 규제 역할을 담당함으로써 건물 및 기반시설이 필요한 표준을 충족할 수 있도록 해야 한다. 동시에 민간에서는 여러 상황에 대한 대비를 반드시 해야 한다.

주로 새벽·총알배송 등 택배로 물자의 유통이 이루어지고 있는 현대 도시에서 지속 가능한 삶이 유지되려면 관련 부분에 기후 특성을 반영한 계획도 세워야 한다. 생활에 꼭 필요한 통신·전기 관련 인프라의 경우 태풍이나 홍수 등에 취약하지 않은 곳으로 이전을 고려해야 한다. 폭설로 인한 교통의 마비를 피하려면 건물의 진·출입구와 같은 주요 공간에 많은 예산을 들여서라도 히팅로드(Heating road)나 자동 염수 분사 시스템을 도입하는 것을 적극 고려하고, 이러한 시스템을 갖추기가 어려운 곳에는 제설제를 충분히 비치하고 관리하며, 제설 작업 인원을 우선적으로 투입할 수 있도록 대책을 미리미리 마련해두어야 한다.

도시의 기존 주택들도 강수 패턴의 변화에 따라 지반이 약해지거나, 바람에 의해서 건물이 취약해질 수 있다. 이러한 미래 기후 위협에 대비하기 위해서는 건축 기준을 강화하여야 한다. 누구보다 취약 계층이 기후 위기에 민감하게 영향을 받기 때문에 이들을 위한 주거 환경을 개선하고, 다양한 기상 상황에 대응할 수 있도록 지원해주는 정책도 마련해야 한다. 이와 더불어 도시에 살고 있는 식물과 동물도 기후 변화에 지대한 영향을 받게 된다는 점을 고려해야 한다. 사실, 시민들이 자연을 충분히 누릴 수 있는 기회를 제공하는 것은 시민들의 삶의 질과 연관된다. 사람들은 누구나 꽃과 나무, 그리고 동물을 좋아하기 때문이다. 그러니 잘 관리된 자연환경에서 관찰하고 경험할 수 있도록 해주어야 한다. 이러한 대응은 기업의 ESG(Environmental, Social, Governance) 혁신 활동과 연계할 수 있을 것이다.

앞에서 논의된 적응 방법들은 많은 투자를 수반하기 때문에 미래 기후와 극한 상황에 대한 불확실성을 고려한 의사 결정이 필요하다. 지방정부가 도시의 기후 변화 적응 계획의 중심이지만, 자원과 기술적 역량, 그리고 기후 관련 위험 및 취약성에 대한 데이터는 아직도 많이 부족하다. 이에 지방정부에 대한 추가적인 연구 지원을 통해서 기후 정책의 지역적 혜택과 비용의 범위를 산정하고, 종합적인 검토 후 투자 방향을 고려해야 한다. 기후 위협에 많이 영향을 받는 도시의 취약계층이 이런 상황에 적응을 하는 데에는 관련 정책이 큰 역할을 하고 있다. 그러므로 사회 정책과 기후 정책을 통합적으로 검토함으로써 도시의 기후 변화 적응 문제를 풀어야 한다.

일반적으로 기존의 기반시설이나 건축물을 적응 대책에 맞춰 개조하는 것보다, 도시의 미개발지역을 개발하는 과정에서 적응 대책을 적용하는 것이 비용 면에서 효율적이지만, 개발 제한 구역과 보호 지역의 경우 향후 인구 변동을 고려하여 기후 위기에 따른 대응 지역으로 활용할 수 있다. 그러므로 이러한 곳들을 미래를 위한 유보지로 생각하고서 개발에 신중을 기해야 한다. 이와 함께 유럽 등 선진국에서 논의되고 있는 자연 기반 해법을 고려하는 것도 역시 중요하다.

이 해법은 자연이 가진 자정 능력에 맡기는 것이다. 즉, 도시의 숲과 나무가 차양, 증발 냉각 및 빗물 차단, 저장 및 침투 기능을 잘 담당하게 하는 것이다. 예를 들어, 공원녹지는 빗물을 흡수하고, 온도를 조절하는 데 유용한 역할을 하는 인프라다. 즉, 도시의 자연이 기후 문제를 해결하는 데 있어 조력자 역할을 하는 것이다. 공원녹지의 규모가 클수록 그리고 가까울수록 도시 전체에 돌아가는 혜택도 커진다. 그러니 이를 고려하여 도시의 기후 변화 적응 전략을 짜야 한다. 기후 변화의 완화 방안을 위해서 제시되고 있는 녹색 지붕 및 벽면, 다공성 포장도로 등은 비용 면에서 효율적이기에 지속적으로 도입·실행해야 한다. 또한 기후 변화에 적응하는 데 있어서 시민들이 일시적으로 대피할 수 있는 긴급 대피소 기능을 갖춘 시설 및 서비스를 제공할 수 있어야 한다. 이는 특히 취약한 거주자들에게 중요하다. 공원녹지를 방재공원으로 활용하는 것 또한 기후 변화 적응 효과를 높일 것이다.

도시 기후 변화의 완화 및 적응 해결 방안 적용을 위한 필수조건

앞서 이야기한 이 두 가지 측면의 해결 방안은 실천적 차원의 제시라 할 수 있다. 이를 위해서는 투자, 관련 기술 개발, 담론의 형성 같은 조건들이 선행되어야 한다. 도시 차원의 기후 위기 극복을 위해서는 거버넌스 네트워크에 대한 이해 속에서 기후 변화의 완화 및 적응 요소를 명확하게 인지하고, 활용 가능한 기술 및 정책 수단과 거버넌스 모드도 잘 고려해야 한다.

─── 그림 3.1 기후 위기 극복을 위한 도시의 필수 고려 요소

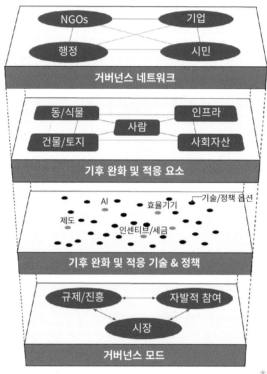

출처: 저자작성.

　우리나라는 현재 '기후위기 대응을 위한 탄소중립·녹색성장 기본법'[2021. 8. 31. 국회 통과]과 '도시군기본계획' 등 법과 제도로 기후 위기 극복을 위한 장치를 마련하였고 또한 실체화시켜 나가고 있다. 도시의 경우 기후 정책 및 기후 변화에 대한 대응 계획 그리고 기반시설과 관련한 프로젝트를 혼합하여 기후 변화에 대응하려는 시도를 하고 있지만, 기반시설에 대한 대규모 투자는 현재까지 미진한 상태다. 그렇기에 정책 기반 해결 방안에 의존하고 있다. 그런데 기후 위협은

이미 물리적으로 일어나고 있고, 또한 기후 위기가 임박한 상황에서 정책만으로는 이를 해결할 수 없다. 앞으로는 대규모 투자로 기후 위기에 대응해 나가야만 한다. 다행히도 이번에 탄소중립 도시 지정 등에 명시되면서 법/제도적 기반을 갖추었다. 따라서 새로운 거버넌스를 통한 이행 방안을 생각해야 한다.

많은 도시 관련 연구 문헌에서는 도시의 형태, 정책적 개입의 효과, 제도, 계획 및 거버넌스 등이 연구되고 있다. 그런데 도시 기후 문헌에서 자주 연구되는 완화 및 적응 옵션이 가장 높은 잠재력을 담보하지는 못할 수도 있다. 물론 통합적인 폐기물 관리, 전기 자동차 등의 사용, 대중교통 및 단열건물 등에 관한 기술은 악화되는 기후 변화 상황을 완화할 수 있으리라는 기대감을 가지게 한다. 기후 변화를 완화시키는 연구에 대한 투자와 기후 변화 적응을 위한 인프라 개선이 맞물려 있는 경우도 많다.

그러나 무엇보다 도시의 최적 형태, 기후 위기 대응을 위한 정책적 수단, 거버넌스 모드 등이 없이는 도시 차원의 기후 변화에 대한 대응을 기대하기가 어렵다. 즉, 기후 위기에 효과적으로 대응하기 위해서는 각 부문들을 융합할 새로운 도시 모델과 기술의 확장이 필요할 것으로 보인다. 동시에 도시의 산업, 토지 및 기타 부문 간의 활동에서 기술과 정책을 최적화하는 등의 노력도 수반되어야 한다.

앞으로 정보에 입각한 의사 결정을 하기 위해서는 글로벌 사례 연구에서 나온 실증적이고 정량화된 데이터에 대한 분석이 필수적이다. 정부가 '한국판 뉴딜 10대 대표 과제' 중 하나로 '디지털 트윈(Digital twin)'을 제시한 가운데, 국토부가 관련 이니셔티브를 만들어가고 있으며, 서울시도 신기술 도입부터 관리 체계에 이르기까지 국가

표준이 될 선도적 모델을 제시하고 있다. 도시 기후 변화에 대한 대응에 있어서도 이러한 기술과 정책을 최적화하는 방식이 도입될 수 있다.

경영 관리의 권위자 피터 드러커는 "측정할 수 없다면 관리할 수 없고, 관리할 수 없으면 개선시킬 수도 없다"고 하였다. 도시에서의 탄소 중립 실천과 적응을 통한 기후 위기 극복을 위해서는 도시의 특성을 제대로 파악하고, 실천 가능한 대책을 수립하는 것이 중요하다. 이를 위해서는 기술·비기술 및 사회 혁신과 새로운 AI(인공지능) 기반 솔루션을 활용하여 기후 중립을 향한 조직적 변화를 유도하는 것이 중요하다.

도시 차원의 기후 변화에 대한 대응을 위하여 기술을 혁신하는 일도 필수적이다. 예를 들어, 도시의 기후 변화의 완화를 위해서는 에너지 효율을 높일 수 있는 기술을 더 개발하여야 하고, 관련 인프라도 저비용으로 완비될 수 있어야 한다. 기후 변화 적응에 있어서도 비용효과적인 기술적 수단을 많이 발굴하지 않으면, 기후 변화 적응을 위한 대단위 투자가 이루어지기 어렵기 때문이다.

과거에는 기후 위기의 담론이 시민들에게 가시적으로 드러났던 이슈가 아니었기 때문에 우리 사회에서는 정책 이니셔티브를 통해서 논의되었다. 예를 들어, 기후 변화의 완화 측면에서 전기 자동차를 보급이나 기후 변화 적응 계획 수립의 경우 도시 차원의 역량 구축, 재정 지원 항목 구체화 등의 여러 가지 성과를 보여주었다. 하지만 기후 위기에 보다 본격적으로 대응하는 도시를 만들기 위해서는 더 많은 정책 실행을 통한 변화 유도가 필요하다.

도시의 규범과 같은 사회적 담론은 기후 위기 극복 과정에서 역시 없어서는 안 될 요소이다. 예를 들어, 글로벌 에너지 최적화 모델 연구 결과를 살펴보면, 첨단기술의 활용과 동시에 시민의 행동 변화와 공유된 사회적·경제적 경로를 통해서 신속하게 탈탄소화를 실현하면, 지구온난화를 섭씨 2도 미만으로 제한함과 동시에 네거티브 배출 기술(대기 중에서 이산화탄소를 흡수해 분해하는 방식 등)에 대한 의존도를 최대 18%까지 줄일 수 있는 것으로 나타났다.[8] 이러한 실천은 도시 차원에서 이루어지기 때문에 도시는 기후 안정화에 필요한 사회적·기술적 전환을 수행할 수 있다.

사회 혁신과 시민들의 참여 필요

기후 변화의 완화 및 적응, 글로벌 지속 가능 개발 목표(SDGs) 및 '신도시 계획(New Urban Agenda, NUA)'에 기여하는 도시 지역의 역할에 대해서는 논쟁의 여지가 없다. 지난 수십 년 동안 도시 수백 개가 기후 변화에 공동 대응하기 위해서 C40 등을 통해 협력했다. 이러한 노력은 각국의 도시들이 지역에 맞는 기후 행동 계획을 개발하고, 도시 차원에서 공동으로 노력하고 서로 협력하는 데 필요한 제도적 기반을 제공해주고 있다.

하지만 이러한 협력을 통해 도출한 실천 해법이 도시에 제대로 적용되지는 못하고 있다. 왜냐하면 각 도시마다 처한 상황, 법·제도적 규범, 시민들의 참여 같은 조건이 모두 다르기 때문이다. 그래도 많은 논의에서는 도시 차원의 기후 위기를 극복하려면 규제/진흥, 시장 메커니즘 활용, 자발적 참여 등의 거버넌스 모드가 필요하다고 이

---

8 Riahi et al., 2017.

야기한다. 물론 규제 방안 등은 지속적으로 마련되고 있으니 잘 작동 되기만 하면 되는데, 문제는 우리가 아직 도시 정책 개입이 어떤 조 건에서 잘 작동되는지에 대한 이해가 부족하다는 사실이다. 이를 극 복하기 위해서는 도시 및 기후 위기 관련 정보를 원격 감지 또는 토 지 이용과 결합한 데이터로 판단하는 데이터 기반 유형이나, 정책 효 과 등을 체계적으로 비교하고 집계하는 사례 연구부터 시작하는 등 의 증거 주도 방식을 활용할 수도 있다.

유럽에서는 EU 그린딜(Green deal) 선언을 통해 도시에서 사회 혁신 을 촉진함으로써 기후 중립을 달성하려고 시도하는 중이다. 유럽은 그린딜을 실현하기 위해 혁신 연구에 대한 투자, 지역적 해법 도출, 공통의 목표 설정, 금융 및 기술의 사용, 인센티브 활용, 실증 사업 추 진, 사업 효과 공유 등을 중요한 요소로 고려하고 있다. 그린딜은 주 로 도시에 대한 투자(예를 들어, 녹색 기반시설)를 촉진하는 인센티브를 설 계하는 것으로 이를 위해서 유럽의 도시 차원에서 기후 중립 도시 개 념을 개발하고, 이를 각 도시에 적용할 수 있도록 프로세스를 배포하 며, 평가 기준을 포함한 기후 행동 계획을 담아 여러 도시들의 참여 를 유도하고 있다.

이러한 과정에서 시민들의 참여는 매우 중요한 사항이다. 즉, 시 민들의 참여를 통해서 사회적 관행 및 행동의 변화를 유도하고, 지역 커뮤니티와 솔루션을 공동 생성 및 테스트함으로써 도시와 지역사회 가 경험을 교환하고 서로 배울 수 있도록 하는 것, 더 많은 혁신가와 연구자를 연결하고 시민들의 요구를 인식하게 하는 것 등의 과정을 통해서 도시가 기후 중립에 더 가까워지도록 돕는 것을 목표로 하는 것이다.

기후 중립을 달성하기 위한 노력에 일반 시민의 참여가 중요하다는 사실을 반복하여 강조해야 한다. 왜냐하면 시민들의 참여가 기후 행동에 대한 투자의 위험을 줄이고, 기후 행동을 정치화하지 않는 동시에, 시민이 기후 중립적 미래 구축에 완전히 참여하여야 도시의 문제를 시민 자신의 문제로 인식할 수 있기 때문이다. 현대의 도시민은 과거의 농경사회 주민들과 달리 토지를 삶의 기반으로 하지 않는 경우가 많다. 그래서 환경 문제가 발생하면 "이주하면 된다!"는 개인주의적 사고방식으로 문제를 해결해왔다. 그만큼 예전에 비해 환경 문제에 대한 시민들의 인지가 약해졌다고 할 수 있다. 따라서 기후 문제가 시민 자신의 문제임을 인식할 수 있게 하고, 시민들 모두가 다같이 대응할 수 있게 하기 위해서는 시민들의 참여를 유도함으로써 국가가 원하는 목표를 달성해야 한다. 많은 시민 참여형 정책 의사 결정이 그래왔듯이 지금까지의 기후 위기 관련 의사 결정에서 시민들이 목소리를 낼 수 있도록 격려해왔지만, 시민들의 실질적인 참여에는 제약이 있었다.

이러한 제약의 원인은 시민들의 환경 문제에 대한 인식 부족, 기후 위기에 대한 믿음 부족, 개인적인 사정 등 때문이었다. 다행히 최근에 많은 국가에서 시도되고 있는 시민과학(Citizen science) 및 도시 예산 수립·집행 과정 등에 시민들의 참여 기회가 늘어나면서 환경 문제나 기후 위기에 대한 시민들의 실질적인 참여도 늘고 있다. 그 일환으로 데이터 공개 플랫폼을 통해서 시민들과 함께 환경·기후 관련 데이터를 모으고, 모인 데이터를 가지고서 문제에 대한 인식을 공유함으로써 지역 문제에 대한 집단적 인식을 제고해나가고 있는 것이다. 최근에는 기후 변화에 대처하기 위해 사회 혁신과 지역 행동을 유도하는 데도 시민과학이 활용되고 있다.

포르투갈의 수도 리스본은 기후 변화의 완화 및 적응을 위한 프로젝트 '녹색 참여 예산'을 도입하기도 했다. 저탄소사회로의 전환에 있어서 공원 및 녹지의 역할이 크기 때문에 시민들이 자전거 도로 조성이나 가로수 심기 등을 선택하여 예산을 집행할 수 있게 한 것이다. 이러한 시도는 공원 및 녹지 조성 등에 대한 투자를 지속시키면서, 동시에 기후 변화의 완화 및 적응의 이점을 시민들에게 인식시키는 측면에서 많은 주목과 기대를 받고 있다. 이 프로젝트는 COVID─19 사태 이후 친환경적인 지역 회복 수단으로 언급되기도 한다.

앞으로 도시의 기후 위기 극복을 위해서 중앙정부, 지방정부, 민간 등으로부터의 많은 재원 투자가 이루어져야 한다. 특히 기후 위기를 극복하기 위한 절차 중 많은 부문이 시민들이 낸 세금으로 진행되기 때문에 무엇보다도 공정한 투자에 대한 논의가 이루어져야 한다. 시민들의 적극적인 참여 및 논의를 통해서 모두가 수용할 수 있는 안을 도출하여야 하고, 그럼으로써 기후 위기 극복을 위한 협의안과 규범이 사회적 자산이 될 수 있어야 한다.

제도, 재원 통합적 고려 필요

도시는 많은 비즈니스 활동, 민간 투자 및 수요가 집중되어 있기 때문에 기후 위기에 잘 대응해야 한다. 기업 활동이 지속적으로 유지될 수 있도록 하기 위해서는 현 시점이 도시 전환의 티핑 포인트 (Tipping point)가 되어야 한다. 이를 위해서는 도시에 대한 사회적 개입이 필요하다. 지금까지의 도시가 탄소에 기반을 두고서 움직였기 때문에 도시에서 에너지 소비를 줄이고 온실가스를 감축하는 것은 기후 변화에 대응하기 위한 활동의 출발점이라 할 수 있다. 따라서 기후 위기에 현명하게 대응하기 위해서는 도시 스스로 방향을 잘 잡아가는 것이 중요하다. 하지만 도시는 많은 사람이 살아가고 있는 공간이기 때문에 이해관계가 복잡하게 얽힐 수밖에 없다. 모두가 기후 위기에 공감하더라도, 그 변화를 스스로 만들어낼 수는 없는 것이다. 따라서 도시와 관련된 법제도 및 법정 계획을 이용해야 한다.

우리나라는 1960년대 이후 급속한 경제·국토 개발이 이루어져 왔다. 예를 들어, 1963년에 제정된 '국토건설종합계획법'에 의거하여 산업단지, 댐, 도로, 주택 부지 등 거점 개발 방식의 국토 개발 정책이 시행되어 왔다. 또한 이를 뒷받침하기 위해서 경제 개발 5개년 계획을 수립하고 전국 곳곳에 대규모 산업단지와 도시 개발 구역 등을 조성하였다. 이 시기에는 도시 인구의 자연적 증가와 사회적 증가로 인해 많은 도시 문제가 발생하였다. 이후 뒤늦게 도입된 환경 영향 평가 제도를 통해 도시 개발 시 환경에 미치는 영향을 최소화하기 위해 노력을 기울여왔다.

환경 영향 평가 제도는 개발 계획을 수립함에 있어서 그 계획으로 인하여 발생되리라 예상되는 환경적 영향을 현장 조사와 과학적 근거를 바탕으로 예측·분석·평가하고, 그럼으로써 영향을 저감하는 방안을 마련하는 계획 과정의 일환이다. 이것은 정보 제공 기능, 합의 형성 기능, 유도 기능, 규제 기능 등을 가지고 있다. 즉, 개발 계획안에 대한 조정이 가능하다는 장점을 가진 이 제도를 적극 활용하여 기후 위기에 대응할 수 있도록 유도해야 한다.

도시의 변화는 그 형태를 알아보기가 쉽지는 않지만, 지속적으로 이루어지고 있다. 때로는 국가 정책 기조에 따라 새로운 도시 모델이 제안되면서 조성되기도 한다. 스마트 도시, 녹색 도시, 탄소 중립 등과 같은 논의와 도시 관리 프로그램 등이 그러한 움직임이다. 많은 담론과 이슈에 따라 공공과 개인의 투자가 이루어지면서 지금의 모습이 이루어진 것이다.

또 한 가지 중요하게 생각해야 할 부분은 도시의 변화 속도이다. 건축물이나 인프라의 경우 50~100년을 내다보고 만들어졌다. 그런데 최근에 만들어진 건축물과 인프라는 새로운 변화를 직접적으로 유도하기가 쉽지 않다. 그럼에도 불구하고 탄소 중립의 길, 기후 변화 적응의 길로 가야만 하기에 장기적인 변화를 유도해야 한다. 그래서 도시의 미래 변화 방향을 설정하는 방안으로 도시·군 기본 계획을 활용할 필요가 있다. 도시·군 기본 계획은 국토의 한정된 자원을 효율적·합리적으로 활용하여 시민들의 삶의 질을 향상시키고, 도시를 환경적으로 건전하고 지속 가능하게 발전시킬 수 있는 정책 방향을 제안함으로써 장기적으로 시·군이 공간적으로 발전하여야 할 구조적 틀을 제시하는 종합 계획이다.

현재 도시·군 기본 계획 수립 지침에는 저탄소 녹색 도시의 조성이라는 항목 등으로 기후 변화와 지구온난화에도 적극 대응하여 에너지와 자원을 절약하는 공간 구조를 형성하고, 신재생 에너지의 사용을 촉진하여 탄소 배출량을 저감하는 데 주력하여야 한다고 명시되어 있다. 그러나 아쉽게도 인구지표와 관련된 토지 이용 계획 및 기타 계획에서 실체화되지 못하고 있다. 앞으로는 도시·군 기본 계획의 승인권자인 시도지사가 실천적 해법을 유도할 수 있도록 관계 행정기관과 협의하고, 지방도시 계획 위원회의 심의를 거쳐서 승인해야 한다.

또한 지금까지의 도시는 미래 방향을 결정하는 데 국내외 도시들의 성장 사례를 기반으로 토지 사용 및 기반시설을 계획하였다. 하지만 도시의 기후 위기 극복을 위한 전환에는 큰 비용이 수반될 수밖에 없고, C40 등의 노력이 있음에도 실체화된 사례가 충분하지 않으므로 보다 과학적이고 시민 참여적인 기반 위에서 계획을 이루어야 한다. 기후 변화의 완화를 위한 솔루션과 적응을 위한 솔루션 사이에서 상충이 일어나기도 하지만 공동의 이익을 향한다는 점에서 합의점을 가지고 있으므로 많은 법정 계획과 도시 계획에서 기후 위기 관련 솔루션을 주류화하고, 일관성 있는 원칙 및 실천적 해법을 제안함으로서 기업과 가계의 투자와 행동이 기후 위기 완화 및 기후 변화 적응에 이바지하도록 해야 한다.

도시 계획의 방향이 기후 변화에 대한 대응을 포함한 환경 문제보다 전통적인 경제·개발 목표를 우선시할 수 있으니, 기후 위기 관련 해결 방안 이행에 관한 허가·관리 책임을 전담 부서에 제대로 부여해야 한다. 이와 관련하여 조직 개편을 통해 관련 책임 및 조치를 식별하고 할당하는 것이 더 명확하고 간단할 수도 있다.

현대의 도시는 건물, 도로, 철도 등의 교통 시설, 공원녹지 등의 인프라가 축적된 곳이다. 기후 위기의 대응은 도시 계획·개발·건설·관리 등의 변화를 요구하고 있으며, 이에 대응하기 위해서는 많은 자금이 필요하다. 도시를 담당하는 지방정부는 예산이 부족하므로 많은 투자를 중앙정부나 민간에 의존할 수밖에 없다. 하지만 기후 위기에 효율적으로 대응하려면 이를 위한 자금 형성 방안을 먼저 고민해봐야 한다. 기업의 ESG활동이나, 국제적으로 논의되고 있는 기업의 자연 관련 재무 공시 의무화 방안 등을 연계한 전략을 수립하는 것도 중요하다고 생각한다.

도시에서 활용 가능한 자원은 세금과 이용자 요금이다. 기후 위기에 맞는 재투자를 위해서는 지방세의 효율적인 활용과 이용자 요금의 현실화가 필요하다. 특히, 개발 사업 시행이나 토지의 용도 변경으로 발생한 자본 이득 가운데 정상적인 땅값 상승분을 초과하여 생긴 몫을 대상으로, 조세인 토지 초과 이득세나 비조세인 개발 부담금 등을 부과하는데, 이를 기후 위기에 대응하는 준비금으로 마련하는 방안이 필요하다.

개발 이익의 경우 부당 결부 금지의 원칙에 의해 개발 지역 이외에 재투자가 되는 것이 금지되어 있다. 그래서 사전 협상 제도, 결합 개발, 지역 재투자 관련 제도 같은 방식을 활용하여 도시를 재생해나가고 있다. 이러한 제도를 활성화시키기 위해서는 관련 법률을 정비함으로써 기후 위기에 대응하는 데 필요한 자금을 마련할 방안을 모색하여야 한다.

도시 계획적 수단으로는 민간 개발에 있어서 기후 위기 대응 관련 용적률 또는 건폐율 인센티브를 주는 방식이 있다. 일부 민간 부문 행위자들은 기후 위험에 대해 조치를 취하는 반면, 많은 사람들은 불확실한 위험에 대비하기 위한 장기적 선행 투자를 연기하기 때문에 보험 활성화 등을 통해서 기후 위기를 극복할 수 있는 비용을 마련하는 것도 중요하다. 특히 적응 측면에서는 기후 변화로 인한 재정적 위험을 분산함으로써 실제로 피해가 발생하였을 때 개인과 지역 사회가 부담해야 하는 비용을 줄일 수 있으니, 이 제도를 적극 활용할 필요가 있다.

— 표 3.2 도시에서 활용 가능한 재원 마련 방안

스케일	이행자	유형	방식
지역	공공	지방 수입 증가 정책	• 지방세(세금: 부동산세, 개발 이익 환수/공공 기여, 자동차세 등) • 이용자 요금(물, 하수, 대중교통, 쓰레기 수거를 위한 작업 비용) • 기타 요금(주차비, 면허증 발급 비용)
지역	민간	민간 협력 사업(PPP) 계약	• 주요 사회기반시설 건설 · 운영 · 유지를 위한 민간 자본 활용 • 에너지 성과 계약 • ESG, 자연 관련 재무 공시 의무화 제도 활용
지역 · 국가	민간/공공	국가/지역적 금융시장	• 상업적 대출 • 사채 • 지방채 • 보험(피해 복구 비용)
지역 · 국가	민간	인센티브	• 용적률 · 건폐율 등 조정
국가	공공	수익 이전 또는 지불제	• 중앙/지역정부로부터 수익 이전 • 생태계 서비스 등 지불제
전 지구	민간	시장 기반 투자	• 해외 기업의 직접 투자 또는 합작 투자

출처: Revi et al.(2014) 참고 재작성.

도시 차원의 탄소 중립에 이르기 위해서는 탄소 저감 기술의 보급, 생활 패턴의 변화, 자연 흡수원의 보호 및 확대 등 다양한 노력이 필요하다. 그러나 대량소비 개념에 기반을 둔 풍족한 생활을 포기하고 에너지 수요를 절감시킬 수 있는 생활 방식을 갖추는 것은 매우 어려운 일이다. 그리고 시민들의 자발적 참여만으로는 부족하다. 실질적 탄소 중립 및 기후 친화적인 도시를 만들기 위해서는 다수의 이해관계자들이 도시의 유기적 상황을 고려하면서 다양한 논의를 해야 한다. 이로써 관련 제도를 안착시키고, 이를 뒷받침하기 위한 탄소

— 그림 3.2 기후위기 극복 방안 및 기후 친화 도시의 모습

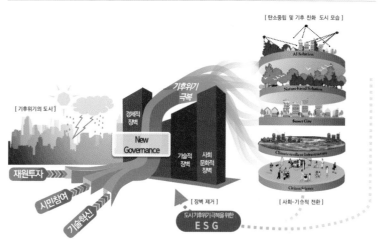

출처: 저자작성.

저감 및 자연 친화형 기술을 보급함과 동시에 충분한 재원을 마련하는 등 통합적 접근을 시도해야 한다. 이것 이외에 다른 현실적 선택은 없다고 필자는 생각한다.

04

기후 위기에 어떻게 적응할 것인가?

이동근

서울대학교 조경·지역시스템공학부 교수

기후 위기와 적응의 중요성

최근 우리는 안타깝게도 '기후 변화'보다 '기후 위기'라는 용어가 더 잘 어울리는 세계에서 살고 있다. 최근 5년 동안의 전 세계 평균 온도가 관측이 시작된 이래 다섯 손가락 안에 모두 다 들 정도로 지구는 뜨거워지고 있으니까 말이다. 특히 2018년에는 홍천에서 우리나라 관측 역사상 역대 최고 온도인 섭씨 41도를 기록하기도 했다.

그러나 더 큰 문제는 이러한 기후 변화가 미래에는 현재보다 더 빠르게, 우리가 감당할 수 있는 범위를 넘어서서 진행될 것이라는 점이다. 기후 변화 관련 연구자들은 COVID−19와 같은 신종 감염병이 인류를 파멸시킬 수는 없지만, 기후 변화는 핵폭탄과 같아서 인류를 완전히 멸망시킬 수도 있다고 한다. 2021년에는 미국 서부 지역에서 열돔 현상에 이어 최악의 대형 산불이 발생하여 서울 면적의 2.6배를 태웠을 뿐만 아니라, 수천 킬로미터 떨어진 미국 동부 지역에도 영향을 주었다. 또한 서유럽은 산불에 홍수까지 각종 재해에 시달리고 있다.

폭염이 극심했던 2018년의 경우, 통계청과 질병관리본부에 따르면 우리나라의 온열질환에 의한 사망자는 160명, 온열질환자는 4,526명에 이르렀다고 한다. 폭염에 따른 건강상의 피해는 이미 폭풍 및 강우 등 어떠한 자연재해보다 심각함을 알 수 있다. 더욱이 이러한 피해는 노인 및 야외작업자 등 취약계층에서 집중적으로 발생하는 것으로 알려져 있으며, 미래의 기온이 더 오를 것을 예상한다면 지금부터라도 이러한 피해를 최소화하기 위한 노력을 우리 모두가 해야 할 것이다.

현재 우리가 겪고 있는 폭우, 폭염, 산불 등은 지구의 평균 온도가 섭씨 1도 올랐기에 일어난 기후 변화의 영향이다. 앞으로 우리가 어떻게 행동하느냐에 따라 다르겠지만, 과학자들은 2100년까지 섭씨 4도 이상도 오를 수도 있다고 한다. 물론 그렇게까지 오른다면 인간 생활의 모든 영역이 뒤엎어질 것으로 보고 있다. 예를 들어, IPCC에서는 미래에 기후 변화로 인하여 많은 지역들이 바다 속으로 가라앉을 것이며, 그로 인해 국가들 간에 새로운 충돌이 발생할 것이라고 예측하고 있다.

지구온난화 문제를 근본적으로 해결하기 위해서는 온실가스 저감이 필수적이다. 최근 탄소 중립을 강조하는 최근 추세에 따라 2050년까지 섭씨 1.5도를 내린다는 목표를 달성하려고 전 세계가 다 함께 노력 중이다. 그러나 이러한 목표가 달성되더라도 산업혁명 이전에 비해 섭씨 1.5도(현재에 비해 섭씨 약 0.5도)의 기온 상승으로 호우, 열섬, 산불 등이 현재보다 더욱 많이 발생하리라고 본다. 따라서 더 많은 피해가 발생할 것이므로 탄소 중립과 관계없이 기후 변화에 적응하기 위한 많은 노력들을 미리 실시하여야 한다. 기업에서도 지속 가능한 경영을 위해서는 탈탄소사회로의 이행을 위한 기후 위기 완화에 대응함은 물론이고, 기후 변화의 영향을 회피·저감하기 위한 적응을 준비하는 것도 매우 중요하다.

따라서 사회 전반에 걸친 기후 변화의 영향을 줄이는 노력이 필요하며, 이에 따라 정부와 민간의 모든 계획과 정책에 기후 변화에 대한 고려가 포함되어야 한다, 아울러 온실가스인 이산화탄소를 줄이는 감축도 중요하지만, 이렇게 어려운 현실에 어떻게 하면 잘 적응을 할 수 있을 것인가를 더 강조하는 것이 바람직하다. 앞으로 매년 '사상 최대 강수량', '최고 온도'라는 용어가 뉴스에 나올 것이 분명하기 때문이다.

기후 위기에 적응하는 것이란 지구온난화를 주 요인으로 한 지구 전체의 기후 위기와 이에 따른 생활, 사회, 경제 및 자연·지구환경과 관련된 피해 등의 영향을 방지하거나 저감하는 것을 의미한다. 또한 기후 위기에 적응하는 것은 피해의 방지나 저감뿐 아니라 기후 위기에 따른 영향을 잘 활용·증진시키는 조치도 포함된다. 예를 들면, 평균 기온 상승으로 벼, 밀, 옥수수 같은 작물의 재배에 적합한 지역이 확대될 수 있다.

아울러 기후 변화에 취약한 계층과 지역을 우선하여 기후 탄력성을 높여주기 위한 정책이 필요하다. 즉, 자연과 우리가 만든 시스템은 폭염, 강우, 가뭄 등을 어느 정도까지는 잘 견디어 낸다. 예를 들어, 댐은 홍수와 가뭄에 따른 피해를 저감시키고, 에어컨은 더위를 물리쳐주어 폭염을 잘 견딜 수 있게 해준다. 이 '견딜 수 있는 힘'이 '기후탄력성'인 것이다. 기후탄력성은 지역과 계층, 분야, 그리고 '얼마나 준비되었느냐'에 따라 너무나도 다르다. 또한 기후 변화에 적극적으로 적응하여 이익을 극대화 할 수 있는 방안에 대한 논의도 필요하다.

소득이 적거나 나이가 많은 이들은 기후 변화에 취약하다. 또한 이들 중에는 야외에서 일을 해야 하는 이들이 많기 때문에 변화된 기후에 많이 노출된다. 예를 들어, 눈이 거의 오지 않는 부산 지역에 갑자기 많은 눈이 내린다고 상상해보라. 부산 사람들은 폭설에 대한 준비가 충분하지 않기 때문에, 또한 경험이 적어서 상상을 초월하는 피해가 생길 수도 있다. 서해안에 태풍이 칠 때 마침 밀물 때라면 태풍과 밀물이 합쳐져 훨씬 큰 피해가 벌어질 수 있다. 그러니 서해안 지역의 도시들은 태풍에 취약한 지역이다. 또한 '취약한 분야'란 우리가 별로 관심을 갖지 못했던 분야를 말하기도 한다. 예를 들어, 2021년 여름에 발생했던 매미나방 등 해충의 대량 발생이나 구상나무 등 고산 생태계 침엽수림의 고사 문제도 기후 변화의 영향을 크게 받은 취약한 분야라고 볼 수 있다.

최근에는 기업에 투자하는 기관투자가의 의식도 바뀌고 있다. 예를 들어, 투자처인 기업에 기후 변화 관련 위험과 기회가 경영에 미칠 영향 등에 대한 정보를 공개해달라고 요구하는 움직임이 늘고 있다. 2017년 6월에는 금융 안정 위원회(Financial Stability Board)의 '기후 변화 관련 재무 정보 공개 협의체(Task Force on Climate-related Financial Disclosures)'의 권고안이 발표되었다. 그래서 탈탄소사회로의 이행에 따른 위험과 기회, 그리고 기후 변화의 영향(물리적 위험과 기회)에 관한 정보를 연차 보고서나 지속 가능 경영 보고서 등으로 공개하는 기업이 증가하고 있다.

재무 정보 공개 협의체에서는 시나리오 분석을 통해 사업 활동에서의 이행 위험이나 물리적 위험 등을 중장기적인 관점에서 파악하여 재무적 영향이나 기업 전략에 대한 영향을 평가하도록 요구하고 있다. 물론 기업의 기후 변화에 대한 적응이란 미래의 기온 상승과 기후 변화에 관한 정보를 수집하여 사업 활동에 대한 영향을 평가하고 관련 대책을 이행하는 것이다. 기후 위기에 따른 영향은 기업의 사업 활동이나 입지에 따라서 다양하기 때문이다.

기후 위기에 의한 사업 환경의 변화를 명확하게 예측하여, 사업 활동에 맞는 적응 대책을 실시하는 것은 미래에도 지속 가능할 경영 기반을 쌓는 것과 연결된다. 또한 기후 변화에 대한 적응에 전략적으로 임한다면 기업은 투자가나 고객 등 여러 이해관계자들로부터 신뢰를 얻을 것이고, 이는 기업의 경쟁력 확대로 연결될 것이다. 여기에서는 그동안 수행한 연구에 기초하여 산불, 연안 지역의 홍수, 열섬과 관련된 기후 위기의 문제점과 적응 방안에 대해서 서술하고, 마지막에는 적응 경로를 고려한 적응 방향을 제안하고자 한다.

기후 위기와 산불

기후 변화로 인해 전 세계적으로 산불의 규모와 피해가 커지고 있다. 산불은 번개로 인해 자연적으로도 발생하지만 토지 이용의 변화나 농업 활동 등을 통해 인간이 인위적으로 발생시키기도 한다. 이미 토지의 개발이 많이 진행되었기 때문에 최근에는 인위적인 산불의 발생이 감소하는 추세지만, 기후 변화로 인한 폭염으로 건조하고 무더운 날이 이어지면서 미국과 호주 등에서는 대규모 산불(Mega-fire)이 증가하고, 이로 인한 피해도 극심해지고 있다. 예를 들어, 2019년 가을에 발생해 2020년까지 이어지면서 전 세계인의 안타까움을 샀던 호주의 산불은 대기오염을 발생시켰으며, 사상자 429명과 부상자 3,230명을 냈다. 경제적 손실도 약 1조 6천억 원에 이른다.[1]

화재[2]는 대기오염을 일으키는 물질을 대량 발생시켜 인간의 건강을 위협할 뿐만 아니라, 대기·식생·토양 간의 복잡한 상호작용을 통해서 생태계 전반에 영향을 준다. 그만큼 기후 변화로 인해서 화재가 부자연적으로 증가한다면, 생태계의 균형이 무너질 것이다. 최근

---

1 Johnston et al., 2021.
2 산에서 뿐만 아니라 초원이나 관목 지대 등에서도 발생하기 때문에 '산불' 대신 '화재'라는 용어를 사용하였다.

연구에서 2050년 및 2090년의 화재 면적을 예측해본 결과, 전 세계 적으로 총 화재 면적이 증가하지는 않은 것으로 나왔다. 하지만 기후 변화로 인해서 화재 면적이 증가하는 지역이 명확하게 나타났다.[3]

현재 1년 동안 화재가 발생하는 면적이 총 452메가헥타르인데 [그림 4.1(위)], 2050년에 작성된 RCP6.0[GFEL_ESM2M][4] 시나리오하에서는 기후 변화만 고려할 경우 600메가헥타르까지 증가했다. 그러나 사회 경제적인 시나리오도 함께 고려했을 때[SSP2][5]에는 다시 현재와 비슷한 수준으로 감소했다. 그 이유는 아프리카와 같이 GDP가 낮은 지역들이 미래에 GDP가 상승했을 때, 화재 진압이나 토지 이용 관리 기법의 향상 등으로 화재가 감소할 것으로 예측되었기 때문이다. 또한 미래에는 도시와 같은 인공적인 피복이 증가해 산림이 감소하고, 화재에 대응할 수 있는 인프라가 증가할 것이기 때문에 화재 면적이 감소할 수 있던 것으로 파악된다.

그러나 전 세계적으로 미래의 화재 면적은 거의 변화가 없더라도, 기후 변화로 인해 화재가 증가하는 지역이 존재하는 것은 앞으로 큰 문제가 될 것으로 보인다[그림 4.1(아래)]. 남아메리카의 열대우림[아마존] 지역과 호주의 사바나 지역, 그리고 인도차이나 지역 등에서 화재 면적이 증가하는데, 이는 기후 변화로 인해 미래에는 이 지역들의 토양과 대기가 지금보다 건조해지기 때문인 것으로 파악되었다. 해당 연구에서는 화재 면적만 예측했지만, 만약 화재로 인해 발생하는 대

---

3 Park et al., 2021b.

4 '대표 농도 경로(Representative Concentration Pathway, RCP)'는 온실가스 배출 경로에 따른 온도 상승 시나리오로, RCP6.0 가정하에서 GFDL_ESM2M 기후 모델로 분석한 결과를 사용한 것을 의미한다. 2100년 까지 섭씨 약 2.5도의 지구 평균 온도 상승을 나타낸다.

5 '사회경제 시나리오(Shared Socioeconomic Pathway, SSP)'는 국제적인 경제 발전과 인구 변화를 예측한 시나리오로, SSP2는 현재와 같은 수준의 경제·인구 발전이 이어지는 것을 나타낸다.

기오염물질의 양까지 예측한다면, 기후 변화의 영향은 더욱 커질 것이다. 특히 화재 발생 시 연료 역할을 하는 식생 내 탄소량이 미래에는 기후 변화로 인해서 더욱 증가할 것으로 예측되기 때문이다.

다른 기후 위기도 마찬가지지만, 우리가 섭씨 1.5도라는 목표를 달성하더라도, 기후 변화로 인한 화재를 감소시키기는 어려울 것으로 보인다. 예를 들어, 과거에는 화재가 발생하지 않았던 지역에서도 앞으로는 기후 변화로 인해서 살짝만 더 건조해진다면 바로 화재가 발생할 것이기 때문이다. 인간이 아주 옛날부터 배출해놓은 온실가스가 쌓이고 쌓이면서 이제는 누구도 막을 수 없게 될 화재가 기다리고 있는 것이다. 그래서 우리는 미래의 화재를 제대로 예측하고 대비할 수 있도록 기후 변화에 대한 적응을 반드시 실시해야 한다.

화재에 대한 적응 대책은 인위적인 화재를 막는 것, 화재가 났을 때 빠르게 진압을 하는 것 등으로 나뉜다. 사실, 아직도 전 세계에는 불을 이용해서 농업 활동을 하거나 산림을 농업 지역으로 전환하는 국가가 존재한다. 그런 국가에서는 불을 사용하지 않는 토지 관리에 보조금을 지원하거나, 산림의 중요성을 교육해야 한다.[6] 우리나라는 오늘날 이런 식의 인위적인 화재가 발생하지는 않지만, 인간의 부주의로 인해 화재가 발생하는 경우가 많다. 기후 변화로 인해 건조한 날씨가 증가하면 화재의 규모와 피해가 더 커지기 때문에 화재를 방지하기 위한 교육과 건설 규제가 이루어져야 한다. 아울러 화재가 났을 때 빠르게 진압하기 위해서는 분석을 통한 예측과 실시간 모니터링이 필요하다. 화재 위험이 큰 지역을 예측해서 소방대를 설치하거나, 모니터링 기술을 이용해서 지체 없이 바로 진압한다면 화재의 피

---

6 Morello et al., 2020.

─── 그림 4.1

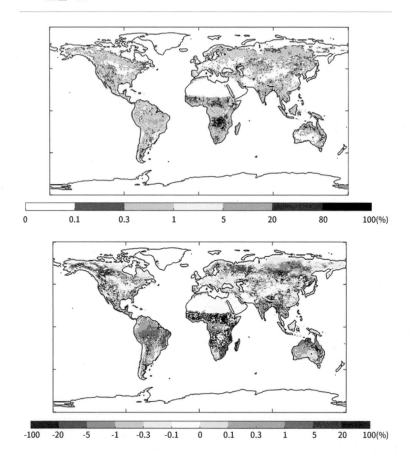

위: 현재의 화재면적 비율로 0부터 100% 까지의 값을 가짐. 빨간색 지역은 격자 내 화재가 나는
　　지역이 20-80%인 곳을 의미한다.
아래: 현재 대비 미래(2050년, RCP6.0)에서의 화재면적비율의 차이. 두 그림 모두 파란색일수
　　록 값이 작은 곳이며, 빨간색 · 검은색일수록 값이 큰 지역을 의미한다.

출처: Park et al., 2021b.

해를 줄일 수 있을 것이다.

연안 지역 홍수의 위험과 적응 대책

기후 위기는 현재 세대는 물론 미래 세대에도 심각한 위험을 가져다줄 것이다. 특히 이로 인해 발생하는 다양한 자연재해는 더욱 예측 불가능해지고, 더욱 자주 그리고 더욱 큰 영향을 야기할 것이다. 예를 들어, 해안선과 인접한 연안 지역은 홍수, 침식, 해일 및 폭풍과 같은 위험에 노출되어 있는데, 미래에는 해수면 상승이나 극한 기상현상으로 인해 더욱 취약해질 것이다. 심지어 전 세계적으로 연안 지역에 거주하는 사람들의 수는 2080년대까지 18억 명에서 52억 명으로 증가할 것으로 예상된다. 이에 따라 도시의 환경과 사회 시스템의 복잡한 구조는 기후 변화의 영향으로 인한 위험과 피해를 더욱 증가시킬 것이다.

한편 우리나라에서는 자연재해의 대부분이 기상에 의한 재해인데, 특히 최근 10년간 재해로 인한 총 피해는 주로 태풍(49%)과 호우(40%)로 인해 발생하였다. 또한 우리나라는 3면이 바다와 접하고 있기 때문에 연안을 따라 여러 대도시가 있고, 전체 인구의 27.5%가 연안 지역에 살고 있다. 따라서 연안 지역에서는 해수면 상승 또는 폭우로 인한 홍수와 같이 다양한 재난에 대한 대응 계획을 세우고, 위험 지역에 대한 분석을 반드시 실시해야 한다.

Park et al.(2020)에서는 극한의 기상 상황과 해수면 상승으로 인한 홍수를 중심으로 연안 지역에서의 홍수로 인한 위험 지역을 분석하여, 0~1의 값을 가지는 '위험 확률 지도'를 만들었다(그림 4.2). 이는 확률값이 1에 가까울수록 해수면 상승 및 폭우와 같은 복합적인 영향으로 인한 연안 지역 홍수의 위험 발생 가능성이 크다는 사실을 보여준다. <그림 4.2>의 푸른색 점은 실제로 홍수가 발생하였던 지점인데, 이런 지점들 외에도 연안 지역 홍수의 위험 확률이 높은 지역들이 많이 도출된 이유는 이 지역들도 비슷한 기상과 해수면의 조건에서라면 충분히 홍수에 의한 위험이 닥칠 수 있기 때문이다.

해당 연구에서는 추가로 미래의 기후 변화 시나리오에 따른 연안 홍수의 위험도 예측하였다. 연안 지역에서의 미래 홍수 위험을 예측하기 위해서 기후 변화 시나리오의 '지역 기후 모델(Regional climate models, RCMs)'[7]로 제공하는 미래 강우 분포와 해수면 데이터로 상승률을 계산하여 미래의 연안 지역 홍수의 위험을 예측하였다. 2030년대부터 2080년대까지 위험 확률을 파악하여 서해, 남해, 동해 등 3면으로 나누어 분석해본 결과, 남해안 지역의 위험확률이 동해안 지역 및 서해안 지역보다 약간 더 높은 것으로 나타났다(그림 4.3). 남해안 지역이 약간 더 취약한 이유는 동해안 지역보다 저지대가 많고, 서해안 지역보다 해수면 상승률이 상대적으로 높기 때문이다. 또한 위험이 증가하는 시점의 차이는 있지만, 2050년대부터는 어떤 미래의 시나리오든 위험 확률이 점진적으로 증가하는 것으로 나타났다. 즉, 장기적인 대응책이 필요한 것이다.

이러한 연구를 보면 기후 변화는 이미 진행되고 있으며, 앞으로의 영향은 더욱 커질 것이므로 연안 지역 기후 변화의 영향에 대한 위험 관리는 장·단기적으로 반드시 필요하다는 것을 알 수 있다. 특히 우리나라는 3면의 바다가 각기 다른 특징을 지니기 때문에 지역의 특성에 맞는 위험 관리 대응책이 필요하다.

---

7 지역 기후 모델(RCMs: Regional Climate Models): 전 지구의 기후 예측 모델(GCMs: Global Climate Models)로부터 동아시아 지역에 해당하는 기후 상세화 프로젝트에 의해 제작된 모델이다.

서해안 지역은 저지대가 많고, 자연생태습지처럼 생태적 기능이 우수한 지역도 많다. 이러한 지역은 최대한 개발을 억제하고 보전하는 방향의 관리가 필요하다. 남해안 지역은 지형이 매우 복잡하며, 크고 작은 도시 지역이 존재한다. 특히 경상남도 지역에는 산업단지가 많이 분포하고 있다. 그러니 산업단지를 포함한 일부 도시 지역의 홍수 피해를 최소화하기 위해 배수 시스템을 개선하고, 공원, 숲, 습지 같은 그린인프라(Green infrastructure)를 조성하며, 개발을 최소화하는 등 다양한 대응책이 필요하다. 마지막으로 동해안 지역은 다른 두 지역들과 비교하여 위험 확률이 높지 않은 것으로 나타났으나, 기본적으로 인구밀도가 높은 대도시가 많아서 동일한 위험에도 큰 피해가

—— 그림 4.2 위험 확률 지도

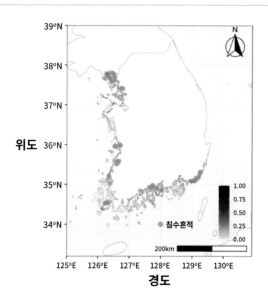

* 파란색 점은 실제 연안 침수 지역이고, 색상 분포는 추정된 위험 확률을 나타낸다.

출처: Pak et al., 2020.

—— 그림 4.3 3개 연안 지역의 미래 홍수의 위험 비교

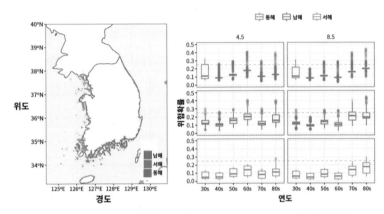

* 3개 연안 지역의 미래 홍수의 위험을 비교했다(RCP 시나리오(4.5/8.5) 및 목표 연도(2030년
  대부터 2080년대까지)에 따른 위험 확률 변화를 나타낸다).

출처: Pak et al., 2020.

발생할 가능성이 크다. 이에 개발을 최소화하고, 상습적인 침수 구역
에 대해서는 특별 관리를 함으로써 예방할 필요가 있다. 또한 동해안
지역은 연안 지역 홍수뿐만 아니라 연안 침식으로 인한 피해가 많은
지역이다. 그래서 침식에 대한 물리적인 대응 및 관리의 적절한 시
행과 완충녹지의 확대 등 환경적 측면에서의 대응 관리도 함께 필요
하다.

기후 변화와 도시 열섬이 주는 복합적인 위험

도시에는 자연적인 피복(나무, 초원, 물이 있는 공간 등) 대신에 인공적인
피복(아스팔트와 콘크리트 등)의 비율이 높고 고층 건물이 많다. 그래서 낮
동안 들어온 열을 방출하지 못하고 가지고 있다가 밤에 방출하니, 도

시는 낮과 밤의 온도 차이가 주변 지역보다 더 높다. 이것을 '도시 열섬 현상'이라고 한다. 여기에 기후 변화로 인한 폭염 증가, 여름철 기온 상승 등은 도시의 열 환경을 더욱 악화시키고 있다.

도시의 열 환경 악화는 적응 능력이 부족한 노인이나 야외에서 작업을 하는 직업을 가진 사람들에게 특히 악영향을 미친다. 예를 들어, 노인의 경우 높아진 체온을 떨어뜨리는 능력이 좋지 않고, 혼자 살거나 에어컨을 사용하지 못하는 상황인 경우가 많아서 더위에 쉽게 대응하기 어렵다. Park et al.(2021c)는 여름철에 열 환경이 좋지 않으며 노인(65세 이상) 인구가 많은 지역을 '핫스팟(hotspot)'으로 정의하고서, 핫스팟이 미래에 얼마나 많이 늘어날 것인가를 서울과 도쿄를 중심으로 확인했다. 현재의 핫스팟은 <그림 4.4>와 같다.

두 도시를 같은 기준으로 봤을 때 상위 10% 지역은 서울이 13평방킬로미터이며, 총 7만 4,000명의 노인들이 그 지역에서 사는 것으로 분석되었다. 도쿄는 100평방킬로미터로 34만 9,000명의 노인들이 그 지역에 사는 것으로 분석되었다. 그런데 2040~2090년에는 한국의 핫스팟 면적이 클 것으로 예측되었는바, 예를 들어 2040년에 서울의 핫스팟은 189−214평방킬로미터, 도쿄는 7−17평방킬로미터로 보인다. 그 이유는 기후 변화의 영향도 있지만, 서울의 노인 인구 증가율이 더 크기 때문이었다(그림 4.3).

연구의 결과는 서울에서 더운 여름을 보내야 하는 노인의 수가 증가한다는 것을 의미한다. 미래의 핫스팟의 증가를 막기 위해서는 노인의 수나 현열(顯熱)을 줄여야 하는데, 현실적으로 인구 구조든 열의 밀도든 어느 것이라도 변화시키는 것은 굉장히 어려운 문제다. 가능한 방법은 여름철 도시의 열 환경을 쾌적하게 변화시키는 것이다.

그중 첫 번째 방법은 기후 변화를 완화시켜서 여름철 온도 증가를 막는 것이다. Park et al.(2021c)에서 예측한 결과는 RCP8.5(지금과 같은 탄소 배출을 지속할 때)[8] 시나리오의 결과로, 만약 우리가 온실가스 배출을 줄여서 섭씨 1.5도 증가라는 목표를 달성한다면 RCP8.5와 같은 온도 증가를 막을 수 있을 것이다.

두 번째 방법은 도시 열섬 현상을 저감시키는 방법이다. 도시 열섬 현상은 도시에서 자연적인 피복이 없어지면서 생긴 문제이므로, 공원녹지와 같은 자연적인 피복을 다시 도시에 들여놓을 경우 그 문제가 해결될 수 있다. 도시 피복의 10%를 물이 있는 공간이나 산림, 초지 등으로 변화시킬 경우 도심 속 열량을 평방미터당 각각 25와트, 17와트, 10와트씩 줄일 수 있다고 한다.[9]

피복의 변화뿐만 아니라 도시의 구조적인 변화도 굉장히 중요하다. 연구 결과 서울은 도쿄보다 여름철 햇빛을 피할 수 있는 그림자가 부족한 것으로 나타났다. 여름철 낮에 땡볕에서 걷는 것은 굉장히 힘든 일임을 모두가 알 것이다. 그러다 나무 그림자 아래로 들어가면 확실히 시원해지는 것을 경험할 수 있다. 나무 그림자 안에는 직사광선이 들어오지 않고, 땡볕에 달아오른 바닥에서 나오는 열기도 없어서 시원한 것이다. 실제로 가로수가 없는 지역(성북구 장위동 장위로)을 대상으로 사람이 느끼는 열량을 14곳에서 측정한 결과 6월임에도 불구하고 열 온도가 섭씨 49도였으며, 위험 기준인 섭씨 55도를 넘는 지점도 5곳이나 있었다. 이 값은 2050년까지 기후 변화로 인해서 더 높아질 것으로 예측되었다. 만약 가로수가 심어진다면 그 그림자로 인

---

8 대표 농도 경로(Representative Concentration Pathway)는 8.5(W/m²)로 현재와 같은 이산화탄소 배출을 유지할 것을 가정한 시나리오이다. 2100년까지 섭씨 4도 이상의 지구 평균 온도 상승을 나타낸다.
9 Park et al., 2021a.

해서 RCP8.5 시나리오에서도 위험한 날을 모두 막을 수 있다고 분석
되었다.[10] 이것은 풀밭을 증가시키는 것이나 표면 알베도(Albedo, 햇빛을
반사하는 정도)를 바꾸는 것보다 더 큰 효과가 있었다. 가로수가 클수록
열 온도를 내리는 효과가 크기 때문에 플라타너스와 같이 크게 자라
는 수종이 여름철 열 환경 개선에 적합하다. 반면에 작은 가로수는
식재 간격을 좁힐수록 효과가 기하급수적으로 증가한다. 그러니 도
로의 방향과 규모에 따라 알맞은 식재 간격을 고려하는 것이 좋다.[11]

마지막으로 취약계층을 고려한 적응 대책이 있다. 예를 들어, 노
인을 취약계층으로 고려한 연구는 은평구나 노원구에 핫스팟 지역이
분포하는 것을 보여준다(그림 4.4). 따라서 이러한 지역에는 쿨링센터
(Cooling center)와 같이 노인계층에 초점을 맞춘 대책을 도시 열섬 저감
대책과 함께 마련해주어야 한다. 또한 야외에서 일을 하는 직업에 종
사하는 이들을 위해서, 기후 변화에 따라 위험한 시간에는 근무시간
을 유동적으로 피하게 하는 등의 대책이 필요하다.

이렇듯 우리는 여러 방면에서 기후 변화와 도시 열섬이 주는 복
합적인 위험을 고려해야 할 것이며, 이로 인해 인명 피해가 나지 않
도록 사전에 예방해야 할 것이다.

---

10 상동.
11 상동.

— 그림 4.4 현재 서울과 도쿄의 핫스팟 그래프(a, c)와 핫스팟 분포 (b,d).

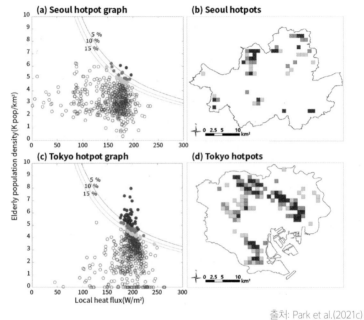

출처: Park et al.(2021c)

— 그림 4.5

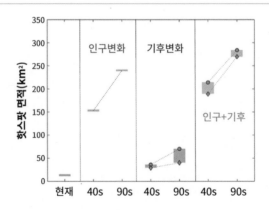

출처: Park et al.,(2021c)

적응 경로를 고려한 적응 대책

기후 위기에 대한 적응의 중요성이 부각됨에도 불구하고, 실제로 이행된 적응 정책은 상대적으로 적다. 이행 부족의 원인으로는 미래에 대한 예측이 어렵고, 이에 대비할 수 있는 최적의 대응책이 무엇인지를 판단하기 위한 정보가 부족하며, 명확하게 판단할 방법이 없다는 점 등을 들 수 있다. 또한 기후 변화에 대한 적응 정책의 특성상 다양한 이해관계자가 관여하고 있고, 비용도 막대하게 소요된다.

그럼에도 적응 계획을 수립할 때 다양한 이해관계자들을 설득하고 지지를 얻기 위해서는 합리적으로 판단할 수 있도록 도울 정책 평가 자료가 필요하다. 따라서 기후 변화에 대한 적응 정책을 효율적으로 이행하기 위해서는 정책에 대한 명확한 이해와 객관적인 평가를 기반으로 삼아야 한다. 하지만 정성적인 판단으로 정책을 수립하고 있을 뿐, 정책의 효과에 대한 정량적인 판단은 이루어지지 않고 있다.

기후 위기에 대한 적응은 미래에 가속화될 기후 변화에 대응하기 위해 다양한 시나리오에 따른 기후 영향을 현재 시점에서 분석하고, 잠재적인 적응 옵션을 확인하며, 정책 결정 과정에서 제기될 수 있는 의문들을 식별할 수 있어야 한다. 그리고 적응 대책들을 평가하여 어떤 대책이 이행되어야 할지를 확인하고 우선순위를 정하는 과정이 필요하다. 이에 필요한 평가를 위한 다양한 방법이 있는데, 가장 일반적으로 사용되는 기법은 경제학적 관점에서 비용 편익을 분석하거나 또는 다기준 분석 등이 있다.

이런 방법들은 대부분 적응 대책·기술들이 장기간의 수명을 가졌다고 가정하고서 한 시점에서 평가한다. 미래의 영향의 가변성, 피해 대상의 취약성 또는 임계치가 달라지기 때문에 적응 옵션 평가를 장기간에 걸쳐 적절하게 평가하고 계획할 수 있는 방식이 다양하게 제시되고 있다. 특히 적합한 투자 시점 평가를 위해 예측되는 미래에 따른 시나리오 설정에 따라 다양한 적응 전략들을 평가하게 된다. 하지만 예측된 미래의 불확실성이 크기 때문에 '예측 후 해결(Predict and plan)' 프레임워크에서 벗어나 IPCC에서 제안되고 있는 장기적인 '행동 후 학습(Learning by doing)'을 장려하는 정책 접근법 같은 적응 경로(Adaptation pathway)가 제시되고 있다.

적응 경로는 목표에 따른 세부적인 사업들의 조합으로 장기적인 적응 경로를 제시하며, 적응 계획에 반영 시에 의사결정자가 1) 적응 대책의 이행 가능성, 2) 최종 적응 목표 시점에서의 목표 달성도를 볼 수 있다. 적응 경로의 목적은 최적의 계획안 하나를 결과물로서 제공하는 것이 아니라, 경로안을 도출하는 과정에서 불확실성과 동태적 장기 계획으로 나타나는 의사 결정의 피드백 과정을 보여주기 위한 것이다.

적응 경로는 '무적응(No-action taken)' 경로와 적응의 최소한의 기준이 될 수 있는 안전값(Safety threshold)에 대비하여 그려질 수 있다. 원으로 표현된 적응 대책은 하나 또는 여러 개의 정책·기술일 수도 있고, 정책·기술의 도입 규모 또한 명시할 수 있으며, 적용 시점에 따른 영향 저감 효과를 알려줄 수도 있다. 물론 이렇게 표현된 여러 적응 경로를 비교·분석할 수 있다. 즉, 장기적인 계획을 위해서는 시기별로 변화하는 여건에 따라 가장 효과적인 적응 대책과 기술을 선택할 수 있어야 한다(그림 4.6).

—— 그림 4.6 적응 경로의 개념도

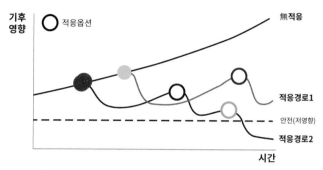

* x축은 시간, y축은 기후 변화의 영향(하나의 부문 혹은 여러 부문으로 인한 영향이다.)

출처: 현정희 외.(2019)

Hyun et al.(2021)에서는 2100년까지의 기후 변화의 영향에 대응할 수 있는 무수한 조합의 적응경로안을 생성하고, 의사결정자의 선호에 따라 계획안을 식별할 수 있는 탐색적 계획 모델을 개발하여 의사 결정 지원 도구로 제안하였다. 적응 경로는 5년 단위의 계획 기간으로 구성되며, 계획 기간별로 각각의 적응 기술 규모가 조정될 수 있다. 우수한 적응 경로는 미래의 기후 영향에 적응할 수 있거나, 적응 비용이 적은 경우에 선택되도록 모델을 설계하였다. 특히 의사결정자의 선호도(제약 조건 및 적응 목표)에 따라 도시에서의 폭염 관련 상병자를 줄이기 위해 직접적인 적응 효과(상병자 수 저감)와 간접적인 적응 대책(그린인프라를 통한 옥외 열 환경 개선)을 적용하여 RCP 4.5와 8.5 시나리오에서 최적의 적응 계획을 살펴보았다.

먼저, 예산이 높다고 해서 반드시 최적의 적응 계획으로 이어지지는 않았으며, 오히려 낮은 예산 조건에서 적응 목표 설정에 따라 비교적 더 효율적인 적응 계획이 도출되었다. RCP 8.5 시나리오에서는 현재의 적응 옵션 포트폴리오로는 2065년 이후의 기후 영향에는 완전히 적응하기가 어려운 것으로 분석되었다. 또한 기후 적응을 위한 행동을 10년 이상 지체하게 되면 이후에는 적응이 불가능하다. 마지막으로 그린인프라는 시간에 따라 적응 효과가 증폭되기에 증가하는 미래 기후 영향을 저감하는 데 효과적인 적응 기술임이 검증되었다.

적응 경로 모델을 사용하면 의사결정자의 선호도에 따라 언제 어떤 규모로 적응 대책·기술을 도입했을 때 적응 정도와 비용을 확인하여 적응 계획안을 탐색할 수 있는지 파악할 수 있다.

05

자원효율을 높이는 순환경제, 기후 위기 대응에 어떻게 도움이 될까?

박주영

고려대학교 에너지환경대학원 부교수

선형경제와 순환경제

우리가 행복하게 살아가려면 기본적인 의식주뿐만 아니라 자동차와 전자제품, 가구 등 여러 제품과 의료, 교육 등의 서비스가 필요하다. 이러한 제품과 서비스를 제공하기 위해서는 바이오매스, 화석연료, 금속 및 비금속 광물 등과 같은 물질적 자원이 필요하다. 특히 현대 사회의 경제 발전은 자원의 대량 소비에 기반하고 있다. 1970년부터 2017년 사이 전 세계의 GDP는 18.9조 달러(2010년 불변가격 기준)에서 76.5조 달러로 4배 증가하였고, 자원의 소비량은 270억 톤에서 920억 톤으로 3.4배 증가하였다.[1] 이는 1인당 12.2톤의 자원을 소비하는 수준이다.

현대 사회는 대량으로 자원을 소비할 뿐만 아니라 다양한 종류의 자원을 사용한다. 생명체가 주기율표의 25개 원소만을 주로 사용하는 데 반해, 복잡한 기능을 수행하는 의료기기나 전자제품은 60개 이상의 원소를 필요로 한다.[2] 19개국의 22개 화학물질 인벤토리(Inventory)에는 35만 개의 화학물질이 등록되어 있고,[3] 미국 화학회의 CAS(Chemical Abstract Service)에는 2억 5300만 개의 화학물질이 등록되어 있다. 이렇듯 많은 물질적 자원을 사용할수록 원자재의 공급 위험은 증가하고, 배출물의 관리도 더 어려워진다.

이렇게 많은 물질적 자원을 사용하여 제품을 생산하고 소비하는 과정에서, 이에 상당하는 양의 폐기물과 오염물질이 발생한다. 일부 폐기물은 재활용되기도 하지만, 대부분은 처리 과정을 거친 뒤 최종

---

1 International Resource Panel, 2019.
2 Johnson et al. 2007.
3 Wang et al. 2020.

적으로 대기 중이나 바다 등 자연으로 배출되거나 매립된다. 2020년 기준으로 전 세계적으로 생산에 투입된 물질적 자원의 8.6%는 재활용된 반면, 생산에서 발생한 부산물 및 소비 후 제품의 대부분은 폐기물 및 오염물질의 형태로 자연으로 배출된 것으로 추정된다.[4] 이렇듯 우리의 경제는 자원을 한 번 쓰고 버리는 선형적인 물질 흐름을 가지고 있다. 물질적 자원을 채굴하여 제품의 형태로 소비한 뒤, 사용 후 제품과 생산 과정에서 발생한 오염물질을 배출하는 경제, 생산 — 소비 — 폐기(Take-Make-Dispose)가 한 방향으로 향하는 물질 흐름을 가진 경제를 '선형경제(Linear economy)'라고 한다.

반면, '순환경제(Circular economy)'는 한 번 투입된 물질이 폐기되는 대신 유용한 자원으로 반복 사용되는, 순환적인 물질 흐름을 가진 시스템을 의미한다. '반복 사용된다'는 것은 자원의 가치가 더욱 오랫동안 경제계 내에서 활용된다는 의미이다. 그리고 자원이 더욱 많이 반복적으로 사용될수록, 새로운 원자재의 투입과 폐기물 배출을 줄일 수 있다. 즉, 순환경제는 경제 전반에 걸쳐 자원을 더욱 순환시켜 효율적으로 사용함으로써, 첫째, 제품과 서비스 공급 시 필요한 원자재의 소비를 최소화하여 원자재 공급 안정성을 높이고, 둘째, 경제 활동에 따른 배출물을 최소화 함으로써 환경오염을 줄일 수 있게 해준다.

원자재 공급은 자원 고갈이나 자원 수입 루트 차단과 같은, 자원 안보 차원의 여러 위험 요소를 가지고 있다. 그렇기 때문에 순환경제를 통해 우리 경제에 투입되는 수입 원자재에 대한 의존도를 줄이는 것은 전략적으로 중요하다. 자원은 그 매장량이 유한할 뿐 아니라, 매장량의 지역적 분포와 지정학적 요인에 따라 자원의 생산이 정치

---

4 Circle Economy, 2021.

적 영향을 받기도 한다. 전 세계 희토류 매장량의 37%, 생산량의 58%를 차지하는 중국이 희토류의 수출을 제한하고 무기화했던 사례를 보라. 그리고 일본이 한국에 대한 반도체 소재 수출을 규제했던 사례를 보라. 이들은 원자재 수입의 위험 요소를 보여주는 대표적인 사례이다. 또한 채굴이 오래 지속되어 광석의 품위가 떨어지게 되면 이를 제련하는 데 더 많은 에너지를 투입해야 하고, 채굴 · 제련 과정에서 환경오염이 증가할 수 있다.

이러한 이유로 EU(유럽연합)에서는 유럽 경제에서 많이 소비되는 자원별로 중요도(Criticality)를 평가함으로써, 어떠한 자원을 전략적으로 대체하거나 회수해야 하는지 파악하고 있다. 아울러 이에 맞춰 필요한 기술 지원도 진행하고 있다. 특히 정보 · 통신(IT) 관련 디지털 기술, 재생 에너지, 배터리, 연료전지, 드론, 로봇과 같은 신기술이 많은 자원을 필요로 하는바, 이에 따라 원자재 공급 부족의 위험이 높게 나타나기 때문에 4차 산업혁명과 에너지 전환을 위해서라도 순환경제는 더욱 중요하다.

자원을 효율적으로 사용해야 하는 또 다른 이유는 자원의 채굴 과정 및 오염물 배출로 인한 부정적인 환경 변화를 최소화하기 위함이다. 환경오염은 생산 활동 및 자원 소비의 결과로 배출되는 다양한 오염물질과 폐기물로 인해 나타난다. 지구온난화와 기후 변화는 화석연료 소비와 산업 공정에서 발생하는 온실가스로 인해 더욱 급격히 진행되고 있다. 해양 및 토양의 산성화는 대표적인 온실가스인 이산화탄소뿐 아니라 이산화황과 같은 산성화 물질의 배출에 의해 야기된다. 그 외에도 도시화 및 농업 · 산업 활동 등으로 인해 산림파괴와 생물 다양성 감소와 같은 문제가 나타나기도 한다.

환경 규제를 통해 이미 발생한 오염물질을 처리하거나 오염된 지역을 복원하는 활동을 촉진할 수도 있지만, 그 전에 생산과 소비방식의 변화를 통해 오염물 배출 자체를 원천적으로 줄일 수 있다면 더 효과적일 것이다. 이렇듯 순환경제는 인류의 생존과 번영을 위해 필요한 경제 발전은 추구하되, 자원의 소비는 최소화하여 그 결과로 나타나는 부정적인 환경오염을 줄이고자 하는 노력을 말한다.

순환경제는 재활용만을 의미하는 것이 아니다

자원을 더욱 효율적으로 사용할 수 있도록 도와주는 순환경제 전략으로는 어떤 것이 있을까? '순환경제' 하면 가장 먼저 강조되는 전략은 폐자원을 버리는 대신 유용한 자원으로 다시 사용하는 재활용이다. 재활용은 어떤 단계에서 어떠한 형태로 이루어지느냐에 따라 다양한 방식이 있다. 중고의류를 교환하여 다시 사용하는 것과 같이 사용 후 제품을 그대로 활용하는 것은 재사용(Reuse)에 해당하며, 산업기기나 전자제품의 부품을 교체하거나 다시 어느 정도 가공하여 사용하는 것은 재제조(Remanufacturing), 폐플라스틱을 섬유로 가공하여 카펫을 만들거나 연료로 재생산하는 것을 재활용(Recycling)이라고 한다. 어떠한 명칭으로 불리든, 재활용은 폐자원을 다시 유용한 자원으로 반복 사용함으로써 순환적인 물질 흐름을 만드는 활동을 의미한다.

하지만 재활용 이외에도 자원을 더욱 효율적으로 사용할 수 있도록 도와줌으로써 폐기물 발생을 줄이는 다양한 전략이 있다. 그중 재활용은 이미 제품이 사용된 후, 즉 폐기물이 발생된 후 적용되는 전략이다. 애초에 제품 생산 시 재생을 할 수 없는 자원 대신 재생이 가능한 자원을 사용하고, 유해물질의 사용은 되도록 피하며, 복합 소재 대신 단일 소재를 사용하고, 일체형 대신 분리가 쉬운 모듈 형태로 만들면 어떨까?

예를 들어, 동물의 가죽 대신 선인장의 가죽을 사용하여 제품을 만든다면 오염물이 많이 발생하는 태닝 공정을 거치지 않아도 되고, 선인장이 자라는 과정에서 온실가스를 흡수하므로 제품의 총 탄소 배출량도 줄일 수 있다. 소재별로 분리하기가 쉬운 모듈형 제품은 고장이 났을 때 부품을 쉽게 교체할 수 있고, 따라서 제품을 더 오래 사용할 수 있으며, 사용 후에는 소재별 분리배출을 통해 더 효과적으로 재활용 할 수 있다. 소재의 선택, 모듈형 설계, 제품 수명의 확대 같은 전략은 이미 제품의 디자인 단계에서부터 고려되어야 하는 전략으로, 이를 '지속 가능한 제품 설계(Design for Sustainability)'라고 한다.

같은 제품이라도 어떻게 생산하느냐에 따라 오염물 배출의 정도가 다르다. 생산 시 에너지 효율이 높은 기기를 사용하거나, 발생한 부산물을 자체적으로 재사용하거나, 불량률을 감소시키면 동일한 단위 제품 생산 시 발생하는 폐기물과 오염물을 줄일 수 있다. 이렇듯 생산 공정을 최적화 함으로써 사업장에서 배출하는 폐기물과 오염물을 최소화하는 노력을 '청정 생산(Cleaner production)'이라고 한다. 청정 생산을 포함한 친환경 전략을 같은 산업의 여러 기업과 공유함으로써 공동으로 경쟁력을 높일 수 있고, 혹은 공급망을 따라 더욱 강화된 환경성과 지속 가능성을 요구함으로써 공급망 전체의 성과까지 향상시킬 수도 있다. 이는 '지속 가능한 공급망 관리(Sustainable supply chain management)'에 해당한다. RE100 이니셔티브를 통해 재생 에너지 사용을 선도하고 있는 다국적 기업이 공급자에게도 100% 재생에너지 사용을 요구하는 것이 대표적인 예이다.

부산물을 자체적으로 재활용할 수 없는 경우, 이를 원료로 활용할 수 있는 다른 사업장에 제공하거나 판매할 수 있다. 기업 간 협력을 통해 부산물, 폐열, 폐수를 버리는 대신 재사용함으로써 폐기물 발생을 최소화하는 것을 산업공생(Industrial symbiosis)이라고 한다. 이를 통해 자원효율적이고 친환경적인 산업단지를 개발하는 것이 '생태산업 개발(Eco-industrial development)'이다. 국내에서는 노후 산업단지의 환경성을 개선하고 경쟁력을 높이기 위해 2005년부터 2016년까지 생태산업단지 개발 사업이 추진된바 있으며, UN 산업개발기구(UNIDO)와 세계은행(World Bank)에서 '생태산업단지 개발의 표준(International Eco-industrial Park Framework)'을 마련함으로써 신흥국에서의 생태산업단지 개발을 지원하고 있다.

더 나아가 가치를 생산하고 활용하는 근본적인 방식의 변화, 즉 비즈니스 모델의 혁신을 통해 자원 효율을 높일 수도 있다. 기존의 비즈니스 모델은 저렴한 비용으로 제품을 생산하여 더욱 많이 판매하는 것이다. 이러한 대량 생산 및 소비는 선형경제의 패러다임으로서 지금까지 자원의 소비 증가를 견인해왔다. 그러나 우리가 살아가는 데 필요한 것은 제품 자체가 아니라 제품이 제공하는 서비스이다. 우리가 자동차를 필요로 하는 근본적인 이유는 자동차 자체보다는 한 장소에서 다른 장소로 이동하기 위한 이동 서비스가 필요하기 때문이다. 사회적 지위 등 여러 이유로 많은 사람들이 차량을 소유하고 있지만, 놀랍게도 자동차를 이용하는 시간은 4%도 되지 않는다는 조사 결과가 있다.[5] 나머지 96%의 시간 중 80%의 시간 동안에는 자택

---

5 Bates and Leibling, 2012.

에, 16%의 시간 동안에는 외부 주차장에 자동차를 주차한다는 것이다.

그렇다면 자동차를 판매하는 대신 이동 서비스를 판매하고, 자동차 한 대를 여러 소비자와 공유하면 어떨까? 쏘카나 그린카와 같은 차량 공유 서비스가 바로 그러한 모델의 예이다. 소비자는 차량을 구매하여 소유하는 대신, 이용 시간에 따라 비용을 지불한다. 소비자 여러 명이서 자동차 한 대를 공유하므로 이동 서비스에 대한 수요 대비 필요한 자동차의 대수와 자동차를 생산하기 위한 자원의 소비량은 줄어들 것이다. 또한 서비스 제공업체가 자동차를 소유하므로, 기호라든가 그 밖의 심리적 이유로 자동차를 교체하기보다는 가급적 오랫동안 잘 관리함으로써 비용을 최소화하고자 할 것이다. 이러한 비즈니스 모델을 '제품의 서비스화(Product-as-a-Service)'라고 한다.

자동차뿐만 아니라 전등, 가구, 카펫, 장난감, 의류 같은 제품들에 대해서도 이러한 서비스화가 이루어지기 시작했다. 또한 플라스틱에 의한 환경 문제가 주목을 받으면서 '포장재 없는 쇼핑모델(Packaging-as-a-Service)'도 늘어나고 있다. UNIDO에서는 2004년부터 '화학물질 임대 사업(Chemical leasing)'이라는 프로그램을 추진하고 있는데, 이는 기업이 필요한 화학물질을 직접 구매하여 사용하는 대신, 화학물질이 필요한 서비스 단위로 구매하는 방식을 말한다. 이 외에도 '환경성적표지(Eco-label)', 정부의 '친환경 공공 조달(Green public procurement)'과 같은 지속 가능한 소비도 순환경제에 해당한다.

이와 같이 순환경제는 생산－소비－폐기의 모든 단계에서 바이오매스와 같은 재생자원으로의 대체, 제품의 반복 사용, 폐기물 재활용 등을 통해 자원을 더욱 효율적으로 사용하기 위한 다양한 전략을 포괄한다(그림 5.1). 따라서 순환경제는 폐기물 재활용의 다른 이름이 아니라 경제 전반의 구조적 변화를 추구하는 더욱 포괄적인 개념이라고 할 수 있다.

　이러한 순환경제 전략을 1) 제품 공유 및 임대 모델 그리고 제품 경량화 등을 통해 자원의 소비를 감소하는 소비감소 전략(Use less), 2) 제품의 내구성 증대와 재제조 등을 통해 제품의 사용 연한을 증대시키는 슬로우 전략(Use longer), 3) 재생이 어려운 자원을 재생이 가능한 자원으로 대체하는 재생 전략(Make clean), 그리고 4) 분리수거와 재활용을 위한 제품 디자인 등 재활용을 촉진하는 순환 전략(Use again) 등 네 가지로 구분하기도 한다.[6]

── 그림 5.1 순환경제 전략

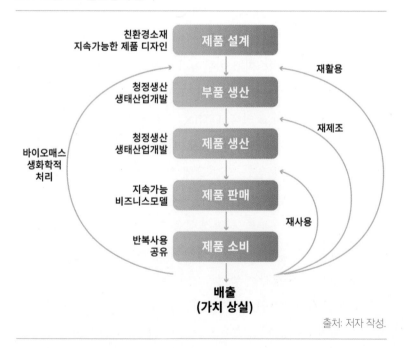

출처: 저자 작성.

---

6 Circle Economy, 2021.

순환경제의 두 가지 관점, 시스템적 사고와 제품 중심 접근법

순환경제의 기본 개념은 오래 전부터 찾아볼 수 있지만, 지금의 순환경제에 관한 논의는 두 가지 관점을 기반으로 하고 있다.

첫째는 통합적인 시스템적 사고이다. 순환경제는 폐기물의 안전한 처리와 단순한 재활용을 넘어서 생산─소비─폐기의 전 과정(Life cycle)에서 자원을 효율적으로 사용하기 위한 다양한 전략과 그 효과를 검토한다. 그러니까 재활용률을 높이는 것에서 더 나아가 어떤 방식의 재활용을 하는 것이 좋은지, 제품을 설계하는 과정에서 제품이 분리·분해가 잘되는 소재를 사용하는 것이 더 좋은지, 애당초 폐기물 발생을 줄일 수 있는 방안은 무엇인지 등을 고민하고, 그들의 우선순위를 비교·검토하는 것이다.

둘째는 제품을 중심으로 한 접근법이다. 기존의 환경 정책이 대기·수질·토양 매체별 오염물 농도를 제한하는 명령─통제 같은 규제적 접근을 해왔다면, 순환경제는 제품의 디자인, 생산, 소비, 폐기 같은 일련의 과정에서 자원을 효율적으로 활용함으로써 환경오염을 원천적으로 줄이는 방안과 정책을 제안한다. 유럽 순환경제 액션 플랜(Circular Economy Action Plan)은 지속 가능한 제품 정책 프레임워크(Sustainable Product Policy Framework)를 골자로 하여 전자·통신, 수송, 포장재, 플라스틱, 건설, 농·식품 부문의 주요 제품에 대한 순환경제 전략을 제시하고 있다.

이렇듯 제품 중심 접근이 중요한 이유는 이를 통해 생산과 소비를 연계할 수 있으며, 물질적 자원의 소비와 사회적 수요를 연계할 수 있기 때문이다. 예를 들어, 생산 관점에서는 온실가스 배출의 상당 부분이 전력 생산 및 산업용 연료 소비와 같은 에너지 생산과정에서 발생한다. 하지만 소비 관점에서는 이 에너지 생산과 온실가스 배출이 건물, 수송, 식품, 통신 등 어느 부문의 수요를 충족하기 위한 것인지 분석할 수 있다. 이를 통해 소비자의 행동 변화 및 제품 효율 제고 등 온실가스 감축을 위한 수요 관리 방안을 검토할 수 있다.

순환경제는 지속 가능한가?

순환경제는 경제 전반에서 자원을 효율적으로 이용함으로써 폐기물 및 오염물 배출을 최소화하기에 환경에 미치는 부정적 영향도 줄일 수 있다. 그렇다면 자원을 효율적으로 사용하는 순환경제의 다양한 전략은 어떻게, 어느 정도로 환경에 대한 부정적 영향을 저감할 수 있을까? 아울러 환경적 측면뿐 아니라 경제적·사회적으로는 어떠한 영향이 있고, 지속 가능한 발전에는 어떻게 기여할 수 있을까?

순환경제를 통해 폐기물 및 오염물 배출이 감소하게 되면, 그만큼 매립하는 폐기물의 양과 오염물의 처리량이 감소하게 된다. 특히 한국과 같이 매립용 부지가 부족한 국가에서는 매립해야 하는 폐기물의 양 감소에 기여할 수 있는 순환경제 전략이 매우 효과적일 수 있다. 그러나 순환경제의 효과는 이러한 배출량 감소를 넘어선다. 기업이 지속적인 청정 생산을 통해 생산 공정에서 자원을 효율적으로 활용하게 되면 원자재 구입에 드는 비용과 오염물·폐기물 처리 비용 등을 절감할 수 있을 뿐 아니라, 더 나아가 나날이 강화되는 환경 규제에 따른 위험에 대응하고, 브랜드의 이미지도 제고하는 등 간접적인 경제적 효과도 창출할 수 있다.

원자재 가격이 불안정하게 변하거나 장기적으로 상승하는 경향을 고려한다면 자원을 비효율적으로 사용하여 낭비하는 것은 생산 비용의 증가와 그에 따른 기업 경쟁력 약화를 의미한다. 생태 산업 개발 또한 물질적 자원의 기업 간 공유를 통해 환경적·경제적·사회적 효과를 창출할 수 있다. 한국의 생태 산업단지 개발 사업의 경우, 12년간의 사업 수행을 통해 24억 달러의 비용 절감 및 수익 창출, 7억 6천만 달러의 투자 유치, 8500만 톤의 온실가스 배출 저감 및 일자리 992개 창출과 같은 성과를 거둔 것으로 알려져 있다.

재활용의 경우는 어떨까? 재활용을 하는 것이 사회 전체적으로 더 이득일까? 재활용의 긍정적 효과는 재활용 덕분에 동일한 제품을 추가 생산하는 경우를 회피하게 해줌으로써 생산 전체에 따르는 환경 비용이 감소한다는 것이다. 예컨대 철 스크랩(Scrap, 고철)을 재활용하여 철강 제품을 생산하게 되면, 철광석을 채굴하여 제련하는 등의 새로운 생산 과정을 거치지 않아도 되기에, 이로 인해 환경에 미치는 영향을 방지할 수 있다.

반면, 재활용을 위해서는 추가적인 공정이 필요하다. 예를 들어, 폐페트병을 재활용하기 위해서는 먼저 폐페트병을 분리수거하거나 선별해 수집하여 처리장까지 운반한 뒤, 라벨을 제거하고 세척·건조·파쇄하여 섬유를 뽑아낸 후, 이로부터 재생제품을 생산하는 일련의 과정을 거쳐야 한다. 이러한 과정에서 자원의 추가적인 소비 및 폐기물 배출이 발생한다. 이러한 추가적인 공정과 환경에 미치는 영향 등을 고려하여 재활용이 전체적으로 순(順)편익을 발생하는지에 대해 기술별·제품별·지역별 상황을 고려한 검토가 필요하다.

여러 연구 결과를 종합해보면, 대체적으로 제품 생산 시 환경에 미치는 영향이 재활용의 추가 공정이 환경에 미치는 영향보다 훨씬 크다고 한다. 그러니 제품 생산이나 소비를 회피할 수 있는 재활용은 사회적으로 순편익을 발생시킬 가능성이 크다. 재활용을 위해 장거리 운반이 필요한 경우도 비슷하다. 하와이에서 발생한 폐페트병을 중국까지 운송하더라도 적절한 물질 재활용이 이루어지는 경우에는 사회적으로 이득이 발생하는 것으로 나타났다.[7] 재활용의 효과는 재활용을 통해 더욱 자원집약적인 제품을 대체할수록, 그리고 고부가가치 재활용이 이루어질수록 커질 것으로 예상할 수 있다. 예를 들어, 폐페트병을 이용하여 장식용품을 제작하는 등 추가적으로 활용하는 것도 재활용 문화를 확산한다는 측면에서 긍정적이다. 하지만 이보다는 다시 페트병으로 재활용하거나 다른 제품을 생산하는 것이 더 큰 효과를 볼 수 있다.

제품 디자인 혁신은 생산·소비·폐기 단계에서 자원을 효율적으로 사용하는 데 영향을 미칠 수 있어 더욱 큰 효과를 기대할 수 있다. 예를 들어, 코카콜라는 금속으로 된 캔의 아랫부분을 아치형으로 만들고 윗부분의 지름을 더욱 줄임으로써 캔 생산으로 소비되는 알루미늄의 양을 줄였다. 건물, 자동차, TV, 냉장고와 같이 사용 과정에서 에너지 소비가 크고 환경에도 많은 영향을 미치는 제품의 경우, 제품 자체의 에너지 효율을 높이거나 에너지원 자체를 바꾸는 것이 중요하다. 전기 자동차는 기존의 내연기관 자동차와는 달리 화석연료 대신 전기를 사용한다. 그러니 전력망 자체에서의 온실가스 배출이 줄어들수록 전기 자동차도 운행 중 온실가스 배출을 줄일 수 있다. 모

---

7 Park and Gupta, 2015.

듈형 디자인은 의자와 카펫뿐만 아니라 건물에도 적용되고 있는데, 이를 통해 생산성을 높이거나 제품 사용 연한을 늘릴 수 있을 뿐만 아니라 폐기 단계에서도 분리배출과 재활용을 촉진할 수 있다.

폐기물이나 오염물질이 발생한 후 처리에 초점을 맞춘 사후 처리 방식에 비해, 폐기물의 발생 자체를 원천적으로 저감할 수 있는 청정 생산 전략이 더욱 효과적이라고 볼 수 있다. 하지만 더 효율적인 산업기기를 도입하거나 생산 공정을 최적화하는 것의 효과는 한 사업장에 국한된 데 반해, 제품 디자인의 혁신에 따른 효과는 생산뿐 아니라 소비·폐기 단계에 이르기까지 더 광범위하게 미친다. 아울러 제품의 혁신에서 더 나아가 기업이 가치를 생산하는 방식, 소비자에게 필요한 서비스를 제공하되 자원의 소비를 최소화 할 수 있다면 혁신의 효과는 더욱 커질 것이다.

이렇듯 순환경제는 경제 전반에서 자원을 효율적으로 활용하는 전략을 통해 환경적·경제적·사회적으로 긍정적인 순(順)효과를 창출함으로써 지속 가능한 발전에도 기여할 수 있다. 이에 따라 EU에서는 순환경제를 경쟁력 있는 신산업 경제 구축의 동력으로 보고, 2015년부터 순환경제 액션 플랜을 추진하고 있으며, 2020년 3월에는 그린딜 달성을 위한 신순환경제 액션 플랜(New Circular Economy Action Plan)을 발표하였다. 유럽에서는 순환경제를 통해 2030년까지 GDP를 0.5% 증가시키고, 일자리 70만여 개를 창출할 것으로 예상된다.[8]

또한 순환경제는 UN의 '지속 가능 발전 목표(Sustainable Development Goals)' 달성에도 기여할 수 있다. 17가지에 달하는 지속 가능 발전 목표 중 목표 6, 7, 13번 등은 순환경제와 연관이 있으며, 특히 목표 12

---

8 European Commission, 2020.

번은 지속 가능한 소비와 생산[9] 과정에서 자원을 효율적으로 활용한다는 목표를 직접적으로 다루고 있다.[10] 예를 들어, 목표 12.2에서는 '국가별 물질 발자국(Material footprint)' 및 '국내 소비(Domestic material consumption)'에 대한 자원의 효율적 사용에 관한 목표치를 설정하도록 하고 있으며, 목표 12.3에서는 농·식품 공급망 전반에 걸쳐 발생하는 농업·음식물류 폐기물을 2030년까지 전 세계적으로 50% 줄일 것을 목표로 제시하고 있다.

순환경제는 기후 위기 대응에 어떻게 기여할 수 있을까?

기후 위기에 대한 인식이 고조되고, 이에 따라 여러 국가가 '2050년 탄소 중립'을 목표로 선언하면서, 특히 순환경제가 온실가스 저감과 기후 위기 대응에 어떻게 그리고 어느 정도 기여할 수 있을지가 주목을 받고 있다. 사실, 지금까지의 온실가스 저감에 관한 논의는 탈화석연료 및 재생 에너지 증가를 골자로 하는 에너지 공급 부문의 전환, 수송 부문에서 전기 자동차 및 수소 자동차 보급 확대, 건물 및 산업 부문의 에너지 효율 제고와 같은 에너지 전략에 주로 초점을 두고 있다.

하지만 온실가스 배출량의 45~50%, 생물 다양성 파괴와 수자원

---

9 '지속 가능 소비 및 생산(Sustainable Consumption and Production)'은 제품의 생산·소비·폐기 등 모든 단계에서 자원의 효율적인 사용을 통해 인류의 복지(Welfare)를 추구하고 삶의 질도 향상시키되, 환경오염은 줄이는 노력, 즉 "더욱 많은 것을 더욱 적은 것으로(doing more and better with less)"를 의미한다 (UNEP, 2010).

10 이 외에도 지속 가능 소비 및 생산에 대한 10개년 프로그램 실행(목표 12.1), 유해 화학물질 배출(목표 12.4), 폐기물 관리 및 재활용(12.5), 기업의 지속 가능성 관련 정보 공개(12.6), 공공 조달(12.7), 지속 가능한 소비에 대한 교육(12.8), 개발도상국에 대한 기술 개발 역량 지원(12.a), 관광산업의 지속 가능성에 대한 모니터링(12.b), 화석연료에 대한 보조금(12.c)에 대한 목표 등도 다루고 있다.

사용의 90%는 자원의 채굴과 제품 생산으로부터 비롯되는 것으로 추정되고 있다.[11] 2그램짜리인 32메가바이트 D램(RAM) 칩을 생산하기 위해서는 화석연료 1,600그램과 화학물질 72그램이 투입되어야 하는 것처럼,[12] 제품의 생산에는 많은 물질적 자원이 투입되어야 하고, 이러한 과정에서 온실가스를 비롯한 오염물질이 배출된다. 이를 제품의 '물질 발자국(Material footprint)' 및 '탄소 발자국(Carbon footprint)'이라고 한다. 즉, 제품은 물질적 자원의 집합체이며 동시에 에너지 및 탄소이다. 자원 및 탄소의 집약체인 제품을 효율적으로 사용하게 되면, 온실가스 배출을 비롯하여 환경에 미치는 영향을 줄일 수 있게 되는 것이다.

순환경제와 기후 변화의 상관관계를 더욱 구체적으로 이해하기 위해 자원의 소비와 온실가스 배출의 연계를 살펴볼 필요가 있다. <그림 5.2>는 글로벌 경제에서 자원의 소비에 따른 탄소(온실가스 배출)의 흐름을 자원 채굴·가공·생산·소비 단계 등 전 과정에 걸쳐 나타낸 것이다. 2019년, 전 세계는 59.1기가톤(Gt)의 온실가스를 배출하였는데, 채굴 단계에서 배출한 온실가스의 65%(38.4기가톤)는 화석연료에 의한 것이며, 26%(16.0기가톤)는 바이오매스와 관련된 것이다. 가공 단계에서는 온실가스 배출량 중 70%가 석유, 가스, 석탄 등의 에너지원으로부터 기인한 반면, 나머지 30%는 식품과 같은 제품 생산으로부터 기인하였다. 생산 단계에서는 에너지와 제품으로부터 기인한 온실가스 배출이 각각 51%와 49%로 나타난 반면, 제품/서비스 공급 단계에서는 이 비중이 30%와 70%로 나타났다.

---

[11] Ellen MacArthur Foundation, 2019; European Commission, 2020.
[12] Williams et al. 2002.

— 그림 5.2 글로벌 경제의 2019년 탄소 흐름

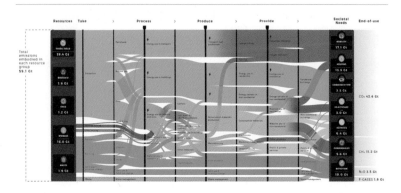

결국, 공급망의 후단으로 이동할수록 초반에 투입된 에너지가 점차 제품에 내재되고, 그리하여 제품/서비스 공급 단계에서는 온실가스 배출량 중 대부분(70%)이 에너지를 직접 사용해서라기보다는 제품의 사용으로부터 야기된다는 것이다. 온실가스 배출량 중 70%는 주거(23%), 수송(29%), 음식(17%)에 대한 수요에서 기인하고 있고, 나머지 30%는 소비재, 정보통신(IT), 의료 및 서비스에 대한 수요에서 기인하고 있다. 이를 통해 온실가스의 배출은 에너지뿐만 아니라 제품/물질적 자원의 소비와 밀접하게 연계되어 있으며, 결국 이를 줄이기 위해서는 화석연료를 저탄소 에너지원으로 대체하는 것뿐 아니라 제품 소비 자체를 줄이고, 또한 제품 생산 과정에서 온실가스 배출을 줄이는 노력 또한 중요하다는 것을 알 수 있다.

온실가스 배출량 중 대부분(70%)이 제품의 공급망에서 기인하는 만큼, 순환경제 전략의 탄소 저감 기여도를 파악할 필요가 있다. 위에 언급한 연구에서 6가지 사회적 수요와 관련한 21가지 순환경제 전략[13]의 탄소 저감 기여도를 분석하였는데, 이 전략을 모두 실행하게 되면 순환율은 기존의 8.6%에서 17%까지 증가하게 되며, 이에 따라 2044년까지 탄소 중립을 달성할 수 있는 것으로 나타났다. 현재와 같은 정책하에서 2030년 탄소 배출량은 600억 톤으로 추정되는데, 이 배출량은 NDCs(National Determined Contributions)를 실행할 경우 560억 톤으로, 여기에 21개 순환경제 전략을 모두 추진할 경우 332억 톤까지 줄어드는 것으로 나타났다. 2030년 저감 잠재량 기준으로 순환경제의 기여도는 2019년 배출량 대비 38%이고,[14] NDCs가 총 저감량의 15%를 기여할 수 있는 반면, 순환경제 전략의 기여도는 85%로 나타났다. 이를 통해 기후 위기 대응에 있어 적극적인 순환경제 전략 도입이 중요함을 알 수 있다.

---

13 여기에서 고려된 순환경제 전략은 다음과 같다. 주거 부문에서는 건물의 에너지 효율 향상이나 재생 에너지 활용 이외에도 목재와 같은 저탄소 건축자재를 사용하는 것, 건설 폐기물을 재활용하는 비율을 높이는 것, 모듈식 건축공법 혹은 건물의 해체와 재활용이 용이하도록 건축물을 설계하는 것, 건축물을 더 오래 사용하고 덜 짓는 것, 공유주거(Co-housing) 및 다기능 공간 활용 등을 통해 1인당 주거 면적을 줄이는 것, 버려진 건물을 활용하고 오래된 건물을 재건축하는 전략이 포함된다. 수송 부문에서는 재택근무, 공유·가상오피스 등을 통해 이동 자체를 줄이는 것, 공유서비스(Car-sharing, Ride-sharing)나 대중교통을 통해 차량의 이용률을 높이는 것, 물류 공급망을 최적화하여 수송 인프라와 화물 운송을 줄이는 것, 차량의 경량화·소형화를 통해 생산 시에는 자원의 소비를, 운송 시에는 에너지 소비를 줄이는 것, 자동차의 내구성을 증진시키거나 부품 교체·분해·재활용 비율을 높이는 전략이 포함된다. 식품 부문에서는 1인당 영양 섭취를 3,000칼로리 이하로 줄이고, 채식 및 신선식품 위주의 식단으로 전환하는 것, 폐기되는 음식물의 발생을 줄이고, 발생된 폐음식물은 사료·비료 등으로 재활용하는 것, 청정연료 및 재생 에너지를 사용하는 요리 기구의 도입, 식품포장재를 줄이는 것 등이 포함된다.

14 UN 환경 계획 산하 국제 자원 패널의 연구(International Resource Panel, 2020)에서도 G7 국가(미국, 일본, 독일, 영국, 프랑스, 캐나다, 이탈리아)의 건물 및 수송 부문에서 순환경제 전략을 도입할 경우, 2050년까지 온실가스 배출량 중 각각 35% 및 30%를 추가적으로 감축할 수 있을 것으로 추정하였다.

순환경제로의 이행을 위한 우리의 역할

앞서 언급한 순환경제 전략으로 2050년 이전에 탄소 중립을 달성할 수 있다는 연구 결과는 고무적이다. 그러나 2050년은 지금으로부터 고작 30년 후이며, 기후 위기를 포함한 글로벌 환경 변화가 빠르게 진행되고 있는 것을 고려할 때 순환경제 전략은 가급적 빨리 실행되어야 한다. 아직도 인류 중 9%는 극심한 빈곤에 처해 있고, 13%는 전기가 필요한 상황에서, 우리는 소비를 얼마나 줄이고 재활용을 얼마나 늘려야 할까? 개개인이 꼭 필요하지 않은 소비는 줄이고, 그에 따라 폐기물 배출도 최소화하면서 재활용을 늘릴 수 있도록 분리배출도 해야 한다. 하지만 소비자들의 자발적인 실천에만 의존한다면 기후 위기 문제 및 탄소 중립 달성 문제의 해결이 어려울 수 있다.

결국, 소비자가 가정에서 에너지를 낭비하지 않도록 자발적으로 행동하는 것도 중요하지만, 애초에 에너지 효율이 높은 제품을 저탄소 소재로 만드는 것이 더 중요하다. 소비자가 포장재를 분리배출함으로써 재활용하게 하는 것보다 애초에 포장재가 필요 없는 쇼핑 방식을 제공하는 것이 효과적일 것이다. 이는 기업이 할 수 있는 일이다. 기업이 제품에 어떤 소재를 사용하고 제품을 어떻게 설계하느냐에 따라 생산 비용뿐만 아니라 생산·소비·폐기 단계에서 환경에 미치는 영향의 대부분이 이미 결정되기 때문이다.

같은 제품이라도 어떤 방식으로 생산하느냐, 어떤 중간제품 공급자와 계약을 하느냐, 제품을 어떻게 운송하여 소비자에게 전달하느냐에 따라 결과도 달라진다. 그래서 더욱 많은 기업이 사용 후 제품의 폐기에 대해서도 재정적·행정적 책임을 지고서 관련 인프라를 구축하거나 재활용률을 높여가고 있다. 더 나아가 어떤 비즈니스 모델을 활용하느냐에 따라 소비자의 수요를 충족시키면서 가치는 창출하되 자원의 소비를 늘리거나 줄일 수도 있다. 이를 위해서는 기술적인 혁신뿐만 아니라 가치를 창출하는 방식과 태도의 혁신도 필요하다.

자원의 소비 규모와 탄소 저감 잠재량을 고려할 때, 도시 인프라의 구축과 관리에 대한 전략은 특히 중요하다. 건물과 수송 체계는 거주민들이 커뮤니티를 형성하고 이동하는 방식에 영향을 미치는 도시의 뼈대다. 에너지 시스템은 전력 믹스에 따라 모든 전기 소비 활동의 온실가스 배출을 결정한다. 이러한 인프라는 한 번 건설하면 오래 사용되기에 빨리 변화하도록 유도하기가 어렵다. 그렇기 때문에 건설 단계에서부터 신중한 고려가 필요하다. 빠르게 성장하는 개발도상국에서 특히 '지속 가능한 도시'의 설계가 중요한 이유다. 예를 들어, 자원을 효율적으로 활용하면서 인프라를 구축하고 관리하기 위해서는 저탄소 자재의 활용 및 자원 회수 기술 개발, 건물의 에너지 효율 개선 등에 관한 성과 기준 마련, 공유경제를 활성화하기 위한 인센티브 제공, 세금 및 배출권 거래제와 같은 시장 기반 도구를 활용한 정책 마련 등에 정부가 지원을 해주어야 한다.

지역 및 국가의 상황에 맞는 순환경제 전략을 적극적으로 탐색하고, 효과가 큰 전략을 우선적으로 발굴해나가기 위해서는 제품과 서비스를 생산하고 제공하는 과정에서 자원의 소비에 대한 많은 정보가 필요하다. 하지만 생산 부문의 원자재 소비와 배출물에 대한 정보는 내부 정보라서 이 전부를 구체적으로 공유하기가 어렵고, 공공기관에서 취합하는 데이터마저도 분절적으로 존재한다. 그렇기 때문에 생산 – 소비 – 폐기라는 일련의 과정에서 자원의 정확한 소비 패턴을 파악하기는 매우 어려운 것이 현실이다. 이러한 어려움을 극복하기 위해 EU에서는 제품의 생산지, 내구성, 조성, 재활용 가능성 및 폐기에 관한 정보를 제공하는 디지털 '제품 여권(Product passport)'의 도입을 추진하고 있다.[15] 즉, 디지털 기술의 혁신과 순환경제 혁신의 상생을 모색하는 것이다. 우리나라에서도 순환경제의 중요성에 대한 인식이 높아지고 있는바, 이를 효과적으로 이행하기 위해 소비자, 기업, 정부 등 다양한 이해관계자의 적극적인 행동이 이루어지기를 기대한다.

---

15 European Commission, 2020b.

06

기후 위기 대응, 좌초 산업을 어떻게 할 것인가?

강성진

고려대학교 경제학과 교수

들어가며

2021년 7월 14일 EU 집행위원회가 발표한 '핏 포 55(Fit for 55)'는 에너지 다소비 업종을 중심으로 경제 성장을 달성한 우리나라의 입장에서 매우 우려할 만한 정책이다. 이 정책의 핵심은 2030년까지 온실가스 순배출량을 1990년 대비 최소 55%나 감축하겠다는 것이다. 핵심 수단으로 제시되고 있는 것 중 하나는 2023년부터 EU의 역내로 수입되는 제품 중에서 자국 제품에 비해 탄소 배출량이 많은 제품을 '탄소 국경 조정 제도(Carbon Border Adjustment Mechanism, CBAM)'로 규제한다는 것이다. 일종의 '탄소국경세'인 셈인데, 탄소 배출량이 많은 철강, 시멘트, 비료, 알루미늄 등을 시작으로 점차 확대해나갈 예정이다. 미국의 조 바이든 행정부 또한 이미 재생 에너지 사용 확대 및 에너지 효율 개선을 위한 탄소국경세 도입을 강조하기도 하였다.

한국도 녹색 성장과 그린뉴딜 정책을 통하여 기후 위기 대응에 대한 세계적 흐름에 적극적으로 동참하고 있다. 또한 우리 정부는 이러한 정책들을 실현하기 위하여 신재생 에너지 및 녹색 산업에 막대한 자금을 투자하고 있다. 즉, 친환경 산업으로의 산업 전환 정책을 적극적으로 시행하고 있는 것이다. 이러한 정책은 당장에는 막대한 비용이 소요되지만, 장기적으로는 수출을 증대시켜 우리나라의 경제 성장에 도움이 된다고 하니, 말하자면 장기적 성장 전략인 셈이다. 그리고 미래의 불확실성과 투자 위험 때문에 민간기업이 투자하기를 머뭇거리는 상황에서 정부가 먼저 투자하는 것은, 많은 국가들이 새로운 산업을 육성하기 위한 정책의 일환으로서 적극적으로 활용하고 있다.

문제는 정부나 민간이 새로운 산업에 적극적으로 투자하는 동안, 에너지 다소비 혹은 온실가스 다배출 산업이 좌초 산업(Stranded industry)화 된다는 것이다. 석탄 산업은 예외이지만, 좌초 산업으로 분류된 산업은 경제 발전 과정에서 탈산업화가 진행되면서 상대적으로 경쟁력을 잃어가는 사양 산업(Decaying industry)과는 다르다. 좌초 산업은 국제경쟁력을 유지하고 있는 것과는 별도로 동일한 산업에는 국적과 상관없이 동일하게 적용된다. 반면에 사양 산업은 높아진 국내 인건비와 그에 반비례하여 낮아진 생산성이 다른 국가의 동종 산업과의 국제경쟁력이 떨어져 몰락하는 산업을 의미한다.

좌초 산업에 대한 부담은 세계 모든 국가에 공통적으로 적용되며, 이러한 좌초 산업들 간의 경쟁은 경제 발전에 중요한 문제가 된다. 예를 들어, EU가 탄소국경세를 부과하는 경우 동일한 유럽 제품에 비해 탄소 배출이 많은 국가의 산업은 상대적으로 높은 세금을 부과 받게 된다. 같은 철강 산업이라도 우리 제품의 생산성이 높고 탄소 배출이 상대적으로 적으면 이 산업은 사양 산업이 되는 것이 아니라 오히려 높은 국제경쟁력을 가져서 수출이 확대될 수도 있다.

대표적인 좌초 산업은 석탄 산업이다. 선진국들에서는 이미 1960년대부터 매장된 석탄이 고갈됨에 따라 석탄 산업이 축소되었다. 그러나 석탄 매장량이 충분하더라도 에너지 전환 과정에서의 국제적 투자 축소로 석탄 산업 자체가 신재생 에너지 관련 산업으로 전환되면서 좌초 산업이 되기도 한다. 그러므로 이러한 전환 과정에서 실직한 노동자들 및 산업 쇠퇴로 경제가 침체된 지역 등에 대한 정부 차원의 대응 정책 수립이 필요하다. 따라서 본 장에서는 에너지 전환 과정에서 나타나는 좌초 산업에 대한 주요국의 대응 정책을 살펴보

고, 이에 대한 한국의 대응 방향에 대해서 정책적 시사점을 제시하고
자 한다.

기후 산업과 경제적 파급 효과

기후 위기 대응 정책이 나올 때마다 각각의 산업들은 희비가 엇
갈린다. 전통 제조 산업은 경제 성장에 기여했지만 생산 과정에서 탄
소 배출이 많은 산업으로 분류되면서 좌초 산업으로, 미래가 불확실
한 산업으로 분류된다. 반면에 신재생 에너지 산업 등 '기후 산업'으
로 분류되는 산업들은 새로운 투자 기회를 획득하게 됨과 동시에 미
래의 신성장 산업으로 분류된다.

이러한 맥락에서 국가의 미래 성장 산업에 대한 지원과 계획을
수립하는 데 있어 기존 산업을 기준에 따라 기후 산업으로 정의하여
분류하는 것은 매우 중요하다. 일단 기존 분류에서는 기후 산업이라
기보다는 '녹색 산업(Green industry)'이라는 표현을 많이 쓰며, 이는 기
준 없이 전문가들이 자의적인 분류한 것으로 정책적 함축성을 이끌
어내기에 한계가 있다. 이에 대한 대안으로 Kang(2011)은 '녹색기술
(Green technology)'을 정의하고, 이에 대응하는 특허 등록 수와 해당 특허
의 인용(Citation) 수, 그리고 특정 산업과의 연관성을 파악하여 이 산업
을 '녹색 산업(Green industry)' 혹은 '녹색 성장 산업(Green growth industry)'으
로 분류하였다.

본 장에서는 기존 분류 방법을 참고하여 기후 산업을 정의해보고
자 한다. 이를 위해 기존에 이루어진 녹색 산업의 정의와 달리 '기후
기술(Climate technology)'의 정의를 산업 코드와 연계(Concordance)하는 방

법을 사용하였다.[1] 그 과정은 다음과 같다. 기후 변화 완화 기술과 관련된 산업을 정의하기 위하여 OECD의 '환경 관련 기술(Environment-related technologies, ENV-TECH)' 분류를 사용한다. ENV-TECH 분류에서 그룹 4-9에 해당하는 '기후 변화 완화(Climate change mitigation)'에 제시된 '협력적 특허 분류(Cooperative Patent Classification, CPC)'를 사용한다.[2,3] 이를 'HS 코드(Harmonized System code)'와 연계하고, 한국은행의 산업연관표 코드와도 연계하여 산업연관표상의 기후 변화 산업(이하 '기후 산업')을 정의한다.[4] 산업연관표의 기본 부문에 연계되는 HS 코드의 개수에 따라 시나리오 2개를 설정하였다. 산업연관표에 연계된 기후 기술 관련 HS 코드가 1개 이상인 경우를 '시나리오1', 그리고 2개 이상인 경우를 '시나리오2'라고 정의하였다.

<표 6.1>은 본 연구에서 사용하는 기후 산업의 분류를 정리하고, 이를 기존 연구인 정태용 외(2015)와 비교한 것이다. 이는 기후 변화에 대한 대응과 관련한 산업 측면의 부가가치 창출 가능성을 고려하여 기후 산업을 전문가들의 의견을 반영하여 임의로 정의한 것이다. 따라서 이 분류는 기후 변화에 대한 적응(Adaptation) 혹은 온실가스 감축(Mitigation)을 중심으로 기후 산업을 정의한 기존 연구와는 차별화된다.

두 연구의 분류를 비교하면 기술에 의한 분류는 상대적으로 농림어업 같은 산업이 기후 산업에 덜 포함된다는 한계가 있다. 이는 해당 부문에서의 기술이 많이 사용되지 않기 때문에 그렇게 분류된 것

---

1 그 외에도 산업의 온실가스 배출 정도를 가지고서 기후 산업을 정의할 수 있다. 이에 대한 자세한 내용과 경제적 파급 효과에 대한 결과는 강성진 외(2021)를 참조하라.
2 Haščič & Migotto, 2015.
3 자세한 분류 과정은 강성진 외(2021)를 참고하라.
4 Goldschlag et al., 2020; 한국은행, 2019; UN Comtrade.

으로 볼 수 있다. 반면에 전문가들의 임의적인 분류에 의하면 농림어업의 기후 산업적 성격이 많이 반영되었다. 그리고 제조업 부문도 상대적으로 많이 포함되어 있다. 반면에 기술 분류에 의하면 상대적으로 서비스 부문 산업이 많이 포함된다. 예를 들어, 본 연구의 '시나리오1'에 의하면 전체 서비스 산업 84개 부문 중 79개가 포함되고, 정태용 외(2015)의 '시나리오1'에는 10개만 포함되어 대조적이다.

—— 표 6.1 기후 산업 분류 비교

산업 구분	전체 산업수	본 연구		정태용 외(2015)	
		시나리오1	시나리오2	시나리오1	시나리오2
농림어업	25	1	0	24	24
광업	9	4	3	6	6
제조업	234	57	24	78	50
전력 · 가스 · 수도 및 폐기물	13	12	0	8	8
건설업	15	15	0	12	0
서비스업	84	79	0	10	6
기타	1	0	0	0	0
합계	381	168	27	138	94

출처: 정태용 외(2015), 한국은행(2019), Goldschlag et al.(2020), Haščič & Migotto(2015), UN comtrade를 기반으로 저자 작성

위의 기후 산업 분류를 이용하여 산업연관표의 수요유도형 모형을 통해 기후 변화 산업의 생산, 부가가치, 취업 · 고용 유발 효과를 분석한다. <표 6.2>는 분석 결과를 요약한 것이다.[5] 부가가치 유발 효과는 비(非)기후 산업에 비해 크게 나타났다. 반면 취업 유발 효과를 보면 '시나리오1'에서는 비(非)기후 산업이 작으나, '시나리오2'에

---

5 각종 파급 효과에 대한 도출 과정과 의미에 대해서는 한국은행(2019)을 참조하라.

서는 반대 결과를 보여준다.

본 연구의 결과와 정태용 외[2015]의 기후 산업[시나리오1, 시나리오2]의 결과를 비교하면 다음과 같이 요약할 수 있다. 첫째, 본 연구의 결과 값은 정태용 외[2015]의 생산 유발 효과[1.259원, 1,342원] 및 고용 유발 효과[4.694명, 4.669명]와 유사하거나 더 크다. 둘째, 본 연구의 부가가치 유발 효과[0.831원, 0.994원]는 정태용 외[2015]의 결과[0.433원, 0.480원]보다 더 높다. 셋째, 취업 유발 효과는 본 연구의 결과가 정태용 외[11.361명, 13.949명]보다 더 작다.

—— 표 6.2 기후 산업의 경제적 파급 효과

[단위: 원, 명/10억 원]

		시나리오1				시나리오2			
		생산 유발 효과	부가가치 유발 효과	취업 유발 효과	고용 유발 효과	생산 유발 효과	부가가치 유발 효과	취업 유발 효과	고용 유발 효과
기후 변화 산업	간접	0.189	0.060	2.145	1.188	0.991	0.356	10.897	8.158
	직접	1.000	0.771	6.972	5.331	1.000	0.639	2.484	2.267
	합계	1.189	0.831	9.117	6.519	1.991	0.994	13.382	10.425
비[非] 기후 변화 산업	간접	0.314	0.141	4.288	3.116	0.015	0.004	0.086	0.077
	직접	1.000	0.650	5.525	2.445	1.000	0.708	6.444	3.829
	합계	1.314	0.791	9.813	5.562	1.015	0.712	6.530	3.906

출처: 한국은행(2019), Goldschlag et al.(2019), Haščič & Migotto(2015), UN comtrade를 기반으로 저자 작성

좌초 산업의 현황

　한국의 에너지 전환 정책은 국제적인 요구 수준에 비해 아직 미흡하다. 이는 관련 산업 및 일자리 변화에 대한 정책 마련과 대응을 늦어지게 한다. 따라서 현재 이러한 대응에 많이 앞서 있는 선진국들의 대응 방안을 검토하고 정책에 반영하면 좋을 것이다. 한국은 2017년 총 배출량 기준 세계 11위, OECD 회원국 중 5위에 해당하는 온실가스 다(多)배출 국가이며, 배출량의 86.9%(2018년 기준)가 에너지 부문에서 배출되고 있어서 에너지 전환이 절실히 요구된다.[6]

　기후 변화에 대응하는 과정에서 좌초 산업은 온실가스 배출량이 많은 산업이다. <표 6.3>은 산업통상자원부와 한국에너지공단(2020)이 발표한 2019년 기준 산업 부문 온실가스 배출량 현황을 보여준다. 세부 업종별로 보면 제1차 금속 산업, 정유 산업, 화학 산업의 온실가스 배출 비중이 높아 에너지 전환에 따른 영향을 크게 받을 것으로 예상된다. 이들은 대표적인 좌초 산업이라고 정의될 수 있다.[7]

　2019년 기준 산업 부문에서 온실가스 총량은 약 3억 5천만 톤에 이르는데, 그중 제조업 비중이 99.8%이다. 비중이 높은 산업은 제1차 금속 산업(38.3%), 화학 산업(20.0%), 그 다음으로 정유 산업(10.8%)으로 나타나 이러한 산업들에서의 온실가스 감축이 필수적임을 알 수 있다. 부가가치 당 온실가스 배출량 문제 이전에 이러한 산업들에서의 온실가스 감축 없이는 국가 전체의 온실가스 감축이 어렵다는 사실을 의미하는 것이다. 따라서 이러한 산업들에서의 온실가스 감축 노력이 국가 전체적으로 이루어져야 한다.

---

6 정훈, 2021.
7 물론 더 정확히는 각 산업의 매출액 당 온실가스 배출량(원 단위 배출량)을 보는 것이 더욱 정확할 것이다.

—— 표 6.3 산업 부문 업종별 온실가스 배출 현황

단위: 천tCO₂eq. %

구분	계	석탄	석유	도시가스	기타 연료	열 에너지	전력
산업 부문 전체	346,540.6 (100.0)	115,190.2 (100.0)	65,629.1 (100.0)	21,077.6 (100.0)	5,347.1 (100.0)	10,879.0 (100.0)	128,417.6 (100.0)
광업	653.5 (0.2)	93.0 (0.1)	24.4 (0.0)	3.0 (0.0)	0.1 (0.0)	–	533.0 (0.4)
제조업	345,887.1 (99.8)	115,097.2 (99.9)	65,604.7 (100.0)	21,074.6 (100.0)	5,347.0 (100.0)	10,879.0 (100.0)	127,884.6 (99.6)
음·식료업	9,200.6 (2.7)	114.9 (0.1)	275.8 (0.4)	1,770.8 (8.4)	188.0 (3.5)	650.5 (6.0)	6,200.6 (4.8)
섬유제품업	4,426.6 (1.3)	1.8 (0.0)	47.9 (0.1)	336.0 (1.6)	62.9 (1.2)	475.7 (4.4)	3,502.2 (2.7)
펄프, 종이	10,362.4 (3.0)	10.1 (0.0)	955.9 (1.5)	642.1 (3.0)	2,003.2 (37.5)	1,205.6 (11.1)	5,545.5 (4.3)
정유	37,414.7 (10.8)	0.7 (0.0)	29,530.7 (45.0)	1,381.2 (6.6)	99.1 (1.9)	753.5 (6.9)	5,649.4 (4.4)
화학	69,470.2 (20.0)	1,431.0 (1.2)	27,295.2 (41.6)	4,747.2 (22.5)	565.2 (10.6)	6,607.1 (60.7)	28,824.4 (22.4)
비금속 광물제품	24,465.1 (7.1)	9,112.4 (7.9)	5,460.2 (8.3)	1,355.6 (6.4)	2,049.7 (38.3)	103.0 (0.9)	6,384.1 (5.0)
제1차 금속 산업	132,632.2 (38.3)	104,413.2 (90.6)	1,468.6 (2.2)	5,420.6 (25.7)	281.7 (5.3)	496.8 (4.6)	20,551.2 (16.0)
전자장비 제조업	25,986.5 (7.5)	–	7.6 (0.0)	2,363.2 (11.2)	10.0 (0.2)	454.5 (4.2)	23,151.2 (18.0)
자동차 제조업	8,218.5 (2.4)	–	163.5 (0.2)	1,471.8 (7.0)	–	16.3 (0.2)	6,566.9 (5.1)
그외 기타 제조업	23,710.4 (6.8)	13.0 (0.0)	399.2 (0.6)	1,586.1 (7.5)	87.1 (1.6)	116.0 (1.1)	21,509.0 (16.7)

주: 1) 수송용 에너지 사용에 의한 온실가스 배출량은 제외했다. 2) ( )는 비중을 의미한다.
   3) 기타 연료는 폐타이어 및 폐합성수지 등이다.
출처: 산업통상자원부·한국에너지공단(2020), p.74.

문제는 좌초 산업으로 분류되는 온실가스 배출이 많은 산업에서 온실가스 감축 노력을 하는 경우 해당 산업에서의 생산 및 이러한 업무에 종사하는 노동자들이 영향을 받을 수 있다는 점이다. <표 6.4>는 온실가스 다배출 업종, 즉 좌초 산업으로 분류될 수 있는 철강, 석유화학, 정유, 시멘트 등 주력 수출 산업에 종사하는 노동자의 수를 보여준다. 2019년 제조업 전체 노동자 412만 명 중 탄소 중립에 따른 좌초 산업으로 분류되는 석유화학, 자동차, 석유정제, 플라스틱, 시멘트, 철강, 조선 관련 노동자는 92만 9천 명으로 전체 산업 종사자의 4.1%이고, 제조업 전체의 약 23%를 차지한다. 그리고 광업에 종사하는 노동자 수는 약 1만 5천 명이다.[8]

—— 표 6.4 산업별 종업원 수 추이

단위: 천 명, %

	2015년	2016년	2017년	2018년	2019년
전산업	20,889	21,259	21,627	22,234	22,723
광업	16(0.07)	16(0.07)	15(0.07)	15(0.07)	15(0.07)
제조업	4,043(19.4)	4,097(19.3)	4,104(19.0)	4,106(18.5)	4,123(18.2)
석유화학	67(0.3)	67(0.3))	67(0.3)	70(0.3)	72(0.3)
자동차	368(1.8)	357(1.7)	352(1.6)	349(1.6)	345(1.5)
석유정제	12(0.1)	12(0.1)	12(0.1)	13(0.1)	13(0.1)
플라스틱	234(1.1)	244(1.2)	241(1.1)	242(1.1)	236(1.0)
시멘트	45(0.2)	48(0.2)	49(0.2)	51(0.2)	51(0.2)
철강	104(0.5)	105(0.5)	105(0.5)	105(0.5)	106(0.5)
조선	155(0.7)	132(0.6)	121(0.6)	107(0.5)	106(0.5)

주: ( ) 안은 전체 산업 노동자 대비 관련 산업 노동자 비중(%)이다.
출처: 산업연구원 ISTANS, 종업원 수(산업별, 광업제조업조사), https://www.istans.or.kr/, 자료 검색일: 2021.7.20.

---

[8] 또한 2019년 원자력 산업 종사자는 3만 5,469명이며, 석탄 화력 발전 산업 종사자 수는 1만 5,485명이다 (과학기술정보통신부, 2021; 기획재정부 경영공시).

정의로운 전환

'정의로운 전환(Just transition)'은 1970년대 미국의 석유·화학·원 자력 노동조합(Oil, Chemical and Atomic Workers, OCAW)을 대표하는 토니 마조 치가 처음으로 제시한 것이다. 마조치는 지속 가능한 경제 체제에서 일자리를 잃는 노동자들에게 보상·교육·재훈련의 기회를 지원하 는 '노동자를 위한 슈퍼펀드(Superfund for Workers)'를 제안하였다.[9] 이후 1999년 캐나다 노동조합연맹(Canadian Labours Congress, CLC)이 몇 가지 요소를 추가하여 '정의로운 전환' 정책을 통과시키면서 구체적으로 논의되기 시작하였다. <표 6.5>는 캐나다 노동조합연맹에서 제 안한 정의로운 전환의 5개 원칙을 설명한 것이다. 이들은 공정함

—— 표 6.5 캐나다 노동조합연맹의 정의로운 전환 원칙

원칙	설명
공정함	정의로운 전환이란 어떠한 이유에서든지 고용주가 공장(산업) 문을 닫을 때 노동자와 그 산업에 의존하고 있던 공동체를 정당(공정)하게 처우하는 것을 말한다. 이것은 도덕적·정치적으로 필수적이다.
재고용 또는 대체 고용	정의로운 전환의 주요 목표는 임금, 혜택, 노동기간의 손실 없이 고용이 지속되는 것을 의미한다. 일자리는 최소한 보전할 가치가 있는 일이어야 한다.
보상	고용의 지속성이 불가능한 상황에서 정당한 보상은 대체수단이다.
지속 가능한 생산	정의로운 전환의 핵심은 더 지속 가능한 생산수단과 그것을 지지할 수 있는 서비스 부문으로의 이동(전환)이 전제되어야 한다.
프로그램	정의로운 전환은 사안에 따라서 다양한 방법으로 표현될 수 있다. 그러나 반드시 발생하는 환경 변화에 대처하는데 적합한 프로그램을 포함하여야 한다.

출처: 한국노동사회연구소(2013.05.29.)

9 한국노동사회연구소, 2013.05.29.

(Fairness), 재고용 또는 대체고용(Re-employment or alternative employment), 보상(Compensation), 지속 가능한 생산(Sustainable production), 프로그램 (Program) 등으로 구성되어 있다.

2000년대 중반 이후 정의로운 전환의 개념은 2015년 파리 기후 변화 협약에 주안점을 두고 기후 변화 담론에 적응하면서 그 초점이 화석연료 산업 관련 노동자와 그들이 사는 지역사회뿐만 아니라 기후·환경·에너지의 정의 모두를 대상으로 확대되었다.[10] 유럽 부흥 개발 은행(EBRD)은 정의로운 전환이란 녹색 경제로의 전환 과정에서 발생하게 될 이익을 공유하는 동시에 경제적으로 손실을 입은 사람들(국가, 지역, 산업, 커뮤니티, 노동자 또는 소비자)을 지원하는 것이라고 정의하였다.[11] 정의로운 전환 연맹(Just Transition Alliance)은 정의로운 전환이란 경제와 환경이 공존할 수 있다는 원칙 아래에서 녹색 경제로의 전환 과정에서 드는 비용이 노동자 및 지역 주민의 건강, 환경, 직업, 경제적 자산에 전가되지 아니함을 의미한다고 하였다.[12]

2015년 UN 기후 변화 협약(UNFCCC)은 파리 기후 변화 협약에서 '정의로운 전환'이라는 문구를 합의문 전문에 공식적으로 포함하였고, 2017년 UN 기후 변화 회의에서는 노동자의 정의로운 전환 및 일자리 창출의 중요성을 강조하였다. 국제 노동 기구(ILO)나 국제 노총 (ICTU)은 정의로운 전환의 원칙과 그 방향으로 사회적 대화 추진, 전환 기금 조성, 취약 집단 지원과 좋은 일자리 투자·창출, 산업의 저탄소 전환 계획 등을 제시하였다[13]

---

10 KEITI, 2020.

11 EBRD, What is a Just Transition?, https://www.ebrd.com/what-we-do/just-transition, 검색일: 2021. 07.25.

12 Just Transition Alliance, What is Just Transition?, http://jtalliance.org/what-is-just-transition/, 검색일: 2021.07.25.

EU는 2016년부터 본격적으로 정의로운 전환 프로그램에 대해 논의하기 시작하였다.[14] 그 일환으로 2020 그린딜의 목표 중 하나로 모두를 위한 정의로운 전환을 내세웠다. 또한 '정의로운 전환 메커니즘(Just Transition Mechanism, JTM)'을 추진하여 2021~2027년에 이루어질 녹색 전환 과정에서 가장 영향을 받는 석탄·광산 산업 등과 관련된 지역들에 670~750억 유로를 투입하여 사회경제적 영향을 완화하고자 하고 있다.[15]

탈석탄 정책과 정의로운 전환

탈석탄 정책 추진 및 좌초 산업 합리화 방안을 위해 여러 선진국들은 정의로운 전환을 중요한 수단으로 삼고서 노동자와 지역 공동체가 주체가 되어 녹색 전환에 동참할 수 있도록 권고하고 있다. <표 6.6>은 주요국의 정의로운 전환 정책을 정리한 것이다. 미국의 경우 애팔래치아 지역과 같은 석탄에 의존하는 지역사회에 폐광 매립과 관련하여 광부 및 그들의 가족에 대한 건강·은퇴 보장을 제공하였다.

미국 콜로라도 주도 매우 체계적으로 정의로운 전환 정책을 시행하는 지역이다. 2020년 정의로운 전환 정책 계획을 채택한 뒤, 2021년부터 시행되었다. <표 6.7>은 주요 내용을 정리한 것이다. 해고되거나 해고 예정인 석탄 산업 종사자들에게 일자리 및 훈련 기회, 주 및 연방의 자원, 양질의 일자리 등을 지원하는 것이 포함되었다.

13 ILO, 2017; 한국노동사회연구소, 2021.07.05.
14 Foundation Robert Schuman, 2020.07.13.
15 Happaerts, 2021.04.29.

──── 표 6.6 주요국의 정의로운 전환 관련 정책

국가	이니셔티브	연도	정책 내용
미국	일자리 기회 확대와 경제 활성화를 위한 파트너십 프로그램 (POWER)	2015	- 석탄 감소에 직면하여 어려움을 겪는 애팔래치아와 같은 석탄에 의존하는 지역사회를 지원하기 위한 자금을 지원한다. - 석탄에 의존하는 지역사회 및 그 노동자들을 대상으로 하는 경제·인력 개발, 폐광 매립 및 개발, 광부 및 그들의 가족을 위한 건강·은퇴 보장을 지원한다.
	2050 장기 저탄소 발전 전략	2016	- 2015년 파리 기후 변화 협약을 이행하기 위한 탈탄소화 전략을 추진한다. - "모든 미국인이 저탄소 에너지로의 전환에 따른 혜택을 누릴 수 있도록 하기 위한 목표에 대한 지원을 확대"에 대해 언급했다.
캐나다	석탄 인력 전환 프로그램 (CWTP)	2017	- 4천만 달러를 투입하여 석탄 산업 노동자에게 소득 지원, 직업 전환 지원 및 컨설팅, 재교육 및 기타 지원을 제공하여 해당 노동자가 새로운 일자리를 찾을 수 있도록 지원한다.
	캐나다 석탄 전력 노동자 및 커뮤니티를 위한 정의로운 전환에 관한 대책 본부	2018	- 석탄 생산 폐지에 따라 영향을 받는 사람들과 협력하여, 캐나다 석탄 전력 노동자와 지역사회를 위한 공정하고 정의로운 전환을 지원한다. - 5년 동안 3,500만 달러를 투입하여 기술 개발 및 경제 다각화 활동을 지원하여 노동자와 지역사회가 저탄소 경제로의 전환에 대응할 수 있도록 지원한다.
독일	석탄 위원회	2018	- 석탄 에너지 사용의 단계적 폐지 및 정의로운 전환 과정을 촉구하기 위해 설립하였다. - 20년 동안 광산 지역의 전환 조치에 400억 유로를 투자하며, 석탄 에너지 사용의 폐지로 인한 에너지 가격 상승에 대해서는, 소비자(민간 및 산업)에게 연간 최대 20억 유로를 보상하고, 석탄 화력 발전소 운영자에게도 보상을 하는 등 방안을 제시했다.

출처: The Scottish Government(2020).

— 표 6.7 콜로라도 주의 정의로운 전환 정책 전략

전략	내용
1	주 및 연방 프로그램을 조정하여 지역 전환 전략 지원
2	창업, 확장, 유지 및 유치의 초기 성공 목표
3	지역사회에 자원을 제공하여 경제 전환 주도
4	지역 및 지역 전환 전략을 지원하기 위해 인프라 투자 조정
5	필요한 투자를 촉진하기 위해 주·지역 및 지역 기관 식별 및 지원
6	지역 경제 성장을 위한 보조금 및 투자 유치

출처: Colorado Department of Labor and Employment(2020).

또한 은퇴를 원하는 고령 노동자의 안전한 퇴직 지원 및 지역 전환 전략을 지원하기 위한 인프라 투자 등을 시행하였다.[16]

중국은 2017~2022년 발전 계획의 주요 우선순위 중 하나로 녹색·청정 발전을 채택하였으며, 이에 따라 녹색 전환 정책을 시행하기 시작하였다. 예를 들어, 중국 정부는 온실가스 감축 및 공급 과잉 문제 해결을 위해 2016년과 2017년에 몇몇 탄광·야금 산업 및 전기 회사의 폐업을 명령하였다. 그로 인해 해당 산업에 고용된 최소 180만 명의 노동자가 일자리를 잃었으며, 소비자 수요 감소로 인해 주변 지역 경제에 부정적인 영향을 끼쳤다.[17]

이러한 문제를 해결하기 위해 중국 정부는 재취업 훈련 보조금, 창업 보조금, 취업 박람회 등을 포함한 공공 고용 서비스 강화, 은퇴 연령으로부터 5년 미만인 노동자를 위한 조기 '내부' 퇴직 시행(해당 기간 동안 기업은 노동자의 '생존'에 대한 책임을 유지한다), 폐업 기업의 직원을 위한 사회보장, 의료·연금 혜택 제공, 노동자의 재취업을 돕기 위한 공공 고용

16 Colorado Department of Labor and Employment, 2020.
17 ILO, 2017; Ree, 2019.

프로젝트[급여 보조금, 사회 복지 보조금 등 지원] 등을 시행하였다. 또한 중국 정부는 기업에 우대 정책 및 세금 인센티브를 제공하여 기업이 신기술을 활용하면서 기업 내부의 서비스 부문에 집중하도록 유도하고, 해고된 노동자를 흡수하는 것을 의무화하였다. 기업 기반 HRD[인적 지원 개발] 부서는 개인이 기업과 공식적인 노사 관계를 유지하면서 자신의 기업을 시작할 수 있도록 돕는 등 적극적인 노동시장 조정을 수행해야 했으며, 중국 정부는 신생 기업에는 스타트업 보조금을 제공하였다.

이러한 정책들을 시행하기 위해 중국 정부는 2017년 6월까지 100억 위안[15억 달러]을 들여 지방정부의 예산을 늘렸다. 그리고 2016년에 조치가 시행된 이후 총 72만 6,000명의 노동자가 28개 성 및 2,000개 기업에 재취업하거나 그 밖의 방식으로 지원을 받았다. 또 다른 사례로, 허베이 성 우한 시의 철강 산업과 저장 성 항저우 시의 철강 산업은 노동자의 계약을 해지하기 전에 노동자의 재취업 계획을 논의하고 합의한 좋은 사례이다.[18]

네덜란드는 림뷔르흐 지역의 광산을 폐쇄하기 전에 광부들에게 미리 정보를 알려주어 직업 전환에 대해 고려할 수 있게 하였다. 물론 이는 탈석탄 정책에 의한 것이 아니라 매장량 고갈에 의한 산업 구조 조정 과정에서 나온 정책이다. 이렇듯 네덜란드 정부는 여러 단계의 구조 조정 과정을 20년 동안 실시하면서 노동자 약 10만 명이 직업 전환을 할 수 있도록 재교육 및 훈련, 석탄 채굴에 장기간 노출되어 규폐증 및 기타 질병에 시달리는 노동자를 위한 기금 마련, 청년 창업 및 고용을 위한 전담 기관 설립, 중소기업을 고려한 장기적인 다각화 전략 수립, 정부기관의 일부 이전 등을 시행하였다.[19]

---

18 ILO, 2017; Ree, 2019.
19 ECDPM, 2019.

좌초 산업에 의한 공업도시의 지역 재생 정책

단순히 석탄 화력 발전소를 전환하는 것이 아니라 환경 복구, 일자리 창출, 관광 자원 개발 및 주거 개선에 초점을 둔 지역 경제 회복을 위한 지역 특성에 맞는 도시 재생 사업을 시행해야 한다. 예를 들어, 독일에서는 제2차 세계대전 이후 석탄 산업이 지역 경제를 주도하였으나, 탈석탄 기조가 강화되면서 지역 재생에 대한 다양한 정책이 시행되었다.[20] 특히, 1960년대에 시작된 탈공업화 정책으로 인해 1970년부터 석탄·광업과 제철 공업이 쇠퇴하면서 많은 공업용지가 유휴화되고, 실업자가 크게 늘어났다. 이에 따라 독일 연방정부는 폐쇄한 광산이 있는 루르 지역의 17개 도시·주정부와 공동으로 'IBA 엠셔 파크(Internationale Bauausstellung Emscher Park)'라는 기구를 설립하여 파괴된 환경을 복구하고, 산업용 건축물들을 새로운 용도에 맞춰 전환하는 등 도시 재생 사업을 시행하였다. 그리하여 루르 지역은 2010년에 EU가 선정한 '유럽 문화 수도'로 선정되기도 하였다.[21]

루르 지역의 중심 공업도시인 도르트문트 시는 도시의 장기적인 발전을 위하여 2000년부터 '도르트문트 프로젝트(Dortmund Project)'라는 사업을 추진하였다. 이는 방치된 공장 지구를 정화하여 주택 공간, 여가 공간, 신산업 공간 등으로 개발하는 것이다. 루르 지역의 공업도시인 오버하우젠 시는 대규모 제철공장 부지를 정화하여 거대한 쇼핑몰과 여가 산업 지구를 조성하였다. 겔젠키르헨 시는 석탄·광업 지구를 정화하여 태양광 산업을 중심으로 하는 신재생 에너지 산

---

20 신동호, 2014, 2015.
21 홍종열·박치완, 2014; 신명훈, 2015.

업 단지와 친환경 주택 단지를 조성하였다. 루르 지역의 지역 재생 정책은 지역의 정체성을 담고 있는 역사적·문화적 자산을 보존하면서도 오염된 환경을 정화하는 한편 친환경 주거 및 여가 공간을 개발하는 사업이기에 지역 재생 정책의 모델로 평가받고 있다.[22]

독일 함부르크 시 주재 대한민국 총영사관은 북부 독일 지역의 그린수소 산업 동향을 보고하면서 다음과 같은 소식을 알렸다. 즉, 스웨덴의 국영 기업 바텐팔(Vattenfall)이 2015년 함부르크 시의 무어부르크(Moorburg) 가스 발전소를 인수한 뒤 석탄 화력 발전소로 운영하였으나, 2020년에 시행된 독일의 탈석탄법에 따라 발전소 운영을 중단하였다. 아울러 2021년에는 함부르크 주정부 공사와 3개 기업이 컨소시엄을 구성하여 무어부르크 발전소를 수소 발전소로 전환하고, 그 일대를 함부르크 그린수소 허브로 육성하기로 하였다. 더 나아가 함부르크 시 전체를 수소 경제의 중심 도시로 육성하기 위해 총 16개 기업이 수소 연합을 설립하였다. 수소 연합은 기업 주도로 재생전기와 수소 생산 시설, 인프라와 공급, 중공업 및 도로, 철도·수도·항공 교통 등의 9개 프로젝트를 통해 함부르크 지역의 수소 경제를 구축할 계획이다.[23]

정책 제언

지금까지 에너지 전환이 이루어지는 경우 좌초 산업의 현황 및 각국에서의 대응 정책에 대하여 살펴보았다. 이를 근거로 앞으로 더

---

22 신동호, 2015.
23 한경 BUSINESS, 2021.06.09.

욱더 강화될 에너지 전환 과정에서 좌초 산업 관련 정책에 대한 시사점을 다음과 같이 몇 가지로 요약할 수 있다.

첫째, 좌초 산업이 에너지 전환 과정에 자발적으로 참여할 수 있도록 유도하는 정의로운 전환이 필요하다. 예를 들어, 에너지 전환 과정에서 석탄 화력 발전 과정에서 나오는 폐열을 이용하는 열병합 발전과 같은 재생 에너지 발전을 도입하도록 촉진하기 위한 유인 체계 마련·적용을 통하여 산업의 자발적인 참여를 유도할 필요가 있다. 예를 들어, 화석연료 보조금 제한, 석탄 화력 발전소 폐쇄, 탄소세 부과, 석탄 산업 투자 기준 강화 등의 규제를 마련할 필요가 있다. 동시에 신재생 에너지 발전 설비 확대, 친환경 재생 에너지 기술 혁신 및 투자 확대, 녹색 금융 활성화 등의 에너지 전환 유인 정책을 시행하여 재생 에너지의 효율성 및 경쟁력을 향상시킴으로써 산업계의 자발적 참여 및 전환을 유도할 필요가 있다.

정부 차원에서는 녹색 인프라 구축 및 구체적인 에너지 전환 로드맵 구축 등이 필요하다. 현재 그린뉴딜에는 도시·공간 생활 인프라의 녹색 전환, 저탄소 분산형 에너지 확산, 녹색 산업 혁신 생태계 구축 등의 내용이 포함되어 있으나, 탈석탄 전환 및 혁신에 대한 구체적 내용이 결여되어 있다.[24] 탄소 중립 과정에서 지역 발전소 및 에너지 생산 기업이 겪을 재정 위기도 파악하여야 한다. 또한 전력 공급 비용 축소에 대한 보조금을 지급하고, 온실가스 수익 연계를 통해 전력 가격의 안정성 유지를 위한 보장 조치도 강구하여야 한다.[25]

---

24 KEI, 2020.
25 KEA, 2020.09.07.

둘째, 산업 전환에 따른 재취업 교육이 필요하다. 예를 들어, 탈석탄 정책으로 석탄 화력 발전소가 폐쇄되면서 발생하는 고용 불안이 사회적 문제가 되고 있으며, 이로 인해 해당 산업의 노동자가 지역을 이탈함에 따라 지역 경제도 타격을 받는다. 따라서 에너지 전환이 경제 및 환경에 영향을 미칠 수 있으므로 전환 속도를 고려한 노동 정책이 필요하다. 즉, 해당 산업의 노동자가 타 산업으로 이전할 수 있도록 교육 및 재취업을 도울 수 있는 환경이 필요하다.

노동시장 정책은 크게 적극적 노동시장 정책과 소극적 노동시장 정책으로 나뉠 수 있는데, 녹색 전환을 위해서는 적극적 노동시장 정책의 역할이 중요하다. 적극적 노동시장 정책에는 구직 지원, 훈련, 공공 부문 일자리 창출 및 민간부문의 고용보조금 등이 포함된다. 반면, 소극적 노동시장 정책은 실업수당 및 관련 복지 혜택에 대한 지출을 포함한다. 정부는 적극적인 노동시장 정책을 시행함으로써 경제의 녹색화로 초래된 변화에 노동자와 기업이 신속하게 적응할 수 있도록 보장해야 한다. OECD(2017, 2020)는 원활한 녹색 전환 및 실직 노동자의 재통합을 위해서는 유연한 노동시장 및 미래 노동 수요에 맞춰 실직한 노동자를 다시 준비시키는 교육·훈련 시스템이 중요하다고 강조하였다. 특히 '갈색(Brown, 환경 부정적)' 부문의 노동자 교육·훈련 시스템의 필요성을 강조하였다.

셋째, 도시 재생 사업을 통한 산업 및 지역 생태계 육성이 필요하다. 더군다나 탄소 중립 산업으로의 전환을 위해서는 큰 비용이 소요되고, 무리한 탈탄소화 정책은 산업 및 지역 생태계와 고용에도 악영향을 끼칠 수 있기 때문이다. 따라서 좌초 산업에 종사하는 노동자가 신재생 에너지 등 성장 산업으로 전직할 수 있도록 산업 생태계 육성을 위한 노력이 필요하다. 이승원(2020)은 정부가 저탄소 발전 전략을 실행할 경우 산업계에서는 철강·석유화학·시멘트 등 3개 업종에서만 최소 400조 원이 넘는 전환 비용이 필요할 것이라고 지적하고 있다. 그리고 수명이 남은 기존 설비의 매몰 비용까지 고려한다면 전환 비용은 훨씬 증가할 것이라고 언급한다.

넷째, 원자력 발전소의 안전한 운영 및 생태계 육성이 필요하다. 탄소 중립 과정에서 전력의 수급이 어려울 수 있으므로 탈원전 정책에서 벗어날 필요가 있기 때문이다. 즉, 에너지 전환의 속도에 맞춰 에너지원을 유연하게 운영하여야 한다. 특히, 이미 세계 최고 수준의 원자력 발전소 건설·운영·보수 능력을 갖춘 한국도 원자력 발전소를 폐쇄하기 전에 추가 심사를 통하여 원자력 발전소의 수명을 연장하는 방안을 검토할 필요가 있다. 미국, 프랑스 등은 과학기술의 발달로 원자력 발전소의 유지·보수 관리 및 운전 상태 심사를 통하여 원자력 발전소의 기존 수명(40년)에 추가 수명을 허가해주는 인허가 제도를 운영하고 있다.[26]

더군다나 소형 원자력 발전소는 대형 원자력 발전소에 비해 안전성과 경제성이 높고, 유연한 입지 확보 및 출력으로 재생 에너지의 불안정한 출력을 보완할 수 있다는 점에서 차세대 에너지원으로 급부상하고 있다. 그러므로 연구·설계 및 혁신 기술 개발을 통한 수출 경쟁력 강화를 위해 정부 차원에서의 지원이 필요하다.[27]

미국은 소형 원자력 발전소의 건설비가 대형 원자력 발전소 건설비보다 훨씬 저렴하고, 방사선 누출 등의 사고 발생 확률도 적다는

---

26 원자력안전정보공개센터, 설계수명 만료 원전의 안전 관리(https://nsic.nssc.go.kr/intrst/view.do?ppleIntrstInfoSn=22, 검색일: 2021.06.19.)

27 전국경제인연합회, 2021; 정태용, 2021.

점에 주목하여 2013년부터 뉴스케일파워(NuScale Power) 사의 소형 원자력 발전소 사업을 지원하고 있다. 아울러 원자력 발전을 활용한 수소 생산 투자 및 산업 성장은 탈탄소 경제에서 지속 가능한 고용 및 성장 기회를 제공할 수 있다.[28]

---

28 김민환 · 이태훈, 2019.

07

기후 위기,
돈으로 막을 수 있을까?

차현진

한국은행 자문역

기후 위기에 대한 각성은 영국에서 시작

지금은 유럽 대륙을 넘어서 전 세계로 확산

그러나 여전히 립 서비스 수준

유럽중앙은행과 일본은행의 움직임에 주목해야

중앙은행의 기후 변화에 대한 대응은 결국 가치론의 문제

기후 변화에 대한 한국은행의 태도는 매우 소극적

기후 변화에 대한 대응, 세계는 넓고 할 일은 많다

기후 위기는 인류 전체의 문제다. 그것을 억제하는 데 정부와 자본가, 기술자, 그리고 환경 전문가 등이 해야 할 일들은 분명하다(그분야에 관해서는 이 책의 다른 장에서 다룬다). 반면, 중앙은행이나 금융감독 당국, 그리고 개별 금융기관들이 해야 할 일은 상대적으로 뚜렷하게 떠오르지 않는다. 특히 금융당국은 기후 문제나 환경 문제에서 한 발 물러나 있는 것이 오히려 바람직하다고 보는 견해도 있다. 도널드 트럼프 행정부 시절의 미국이 그러했고, 지금도 독일에서 그런 견해가 상대적으로 강하다. 대부분의 주류 경제학자들도 아직은 시큰둥한 것이 사실이다.

하지만 기후 위기가 농업, 관광, 에너지, 보건 등 거의 모든 산업에 걸쳐 광범위한 영향을 미칠 것이라고 예상되는 상황에서 금융당국만 뒷짐을 지고 있는 것은 무책임하다. 각 산업의 생산 시설과 생산 활동, 그리고 판매망이 지장을 받으면 금융기관의 재무건전성과 수익성도 큰 타격을 입으리라는 것은 명약관화하기 때문이다. 중앙은행이 중시하는 물가안정과 성장, 고용도 영향을 받는다. 그래서 영국을 시작으로 상당수 유럽 국가에서는 금융당국과 금융기관들이 기후 위기에 비상한 관심을 보이면서 각자의 기여 방안을 찾고 있다.

그런데 우리나라 금융당국과 금융기관들은 기여 방안을 찾기는커녕 해외 동향을 파악하는 데도 느린 감이 있다. 그래서 이 글에서는 기후 위기와 관련하여 우리나라 금융당국과 금융기관들이 해야 할 일을 촉구하고자 한다. 환경 문제와 기후 위기를 해결하는데 금융계의 역할이 당연히 있다. 고(故) 김우중 회장의 말처럼 '세계는 넓고, 할 일은 많다'.

기후 위기에 대한 각성은 영국에서 시작

미국 경제학자 리처드 머스그레이브는 경제 정책의 목표를 희소 자원의 배분, 소득의 재분배, 그리고 균형 유지로 구분했다(Musgrave, 1959). 희소자원의 배분과 소득의 재분배 과정에서는 사회구성원들의 합의가 중요하므로 선거를 통해 구성되는 행정부(대통령과 내각)가 담당 해야 한다. 반면 물가안정이나 금융안정과 같은 균형의 유지는 방송 이나 선거 관리의 공정성 유지와 마찬가지로 높은 수준의 정치적 중 립이 요구된다. 그러므로 중앙은행처럼 행정부에서 독립된 기구가 담당하는 것이 바람직하다.

머스그레이브의 생각이 지금까지 주류 경제학을 지배해왔다. 그 래서 대부분의 나라에서는 희소자원의 배분과 관련된 기후 위기 대 응은 행정부의 일이며, 중앙은행은 물가안정에만 매진해야 한다고 생각한다. 만일 행정부가 중앙은행에 기후 위기 대응에 동참하도록 압력을 넣는다면, 그것이야말로 민주주의의 위기라고 본다. 입법부 (국회)가 승인한 예산으로 집행해야 하는 정책들을 중앙은행에 슬쩍 미루는 것은 입법부와 행정부 사이의 견제와 균형을 깨뜨리기 때문 이다(Tucker, 2018).

한편, 상당수 국가에서는 중앙은행이 금융감독 기능을 수행하고 있다. 이는 금융감독이 희소자원의 배분이나 소득의 재분배와는 구 별되는, 기능적 문제이기 때문이다. 즉 금융감독은 정치적 판단에서 자유로운 중앙은행에 맡기는 것이 더 합리적이라고 본다. 그런데 감 독 당국인 중앙은행이 기후 위기 대응에서 벗어나 있으므로 감독을 받는 금융기관들도 기후 위기 대응에 적극적일 이유가 없다. 즉, 기후 변화는 금융권 밖에서 정부가 대학들, 연구소들, 그리고 기업들을 이끌고 대응해야 하는 문제라고 인식되어 왔다.

이런 분위기는 2013년에 마크 카니가 영란은행 총재로 취임하면서 크게 바뀌었다. 골드만삭스 사에서 잔뼈가 굵은 민간 금융인이었던 카니는, 2008년 글로벌 금융위기 당시 캐나다 중앙은행의 총재로 일하면서 자신의 존재감을 전 세계에 과시했다. 영국의 캐머런 총리는 카니의 명성을 듣고 2013년 7월 그를 영란은행 총재로 임명하였던 것이다.[1] 물론 300년 이상의 전통을 가진 중앙은행을 40대 후반의 외국인이 통솔하려면 신선한 파격이 필요했다. 취임 3년 차이던 2015년에 카니는 기후 변화를 금융안정 문제와 연결시키면서 영국 금융계의 각성을 촉구하였다.[2] 그리고 그 해 12월 영란은행 안에 '기후 관련 금융 정보 공개 TF[Taskforce on Climate-related Financial Disclosures]'를 구성했다. 기업들, 은행들, 투자자들의 구체적 행동 강령들을 마련하는 것이 목표였다.

그런데 2016년 국민투표를 통해 브렉시트[Brexit], 즉 영국의 유럽연합[EU] 탈퇴가 결정되었다. 브렉시트 이후 자본 유출로 인해 런던의 금융시장이 쇠락할 가능성까지 예견됨에 따라 영란은행을 비롯한 영국 금융기관들이 크게 긴장했다. 그리고 대응 방안들을 다각적으로 모색했다. 그중 하나가 기후 변화에 관한 보험 상품을 취급하는 것이

---

1 2008년 글로벌 금융위기 당시 런던 정경대학을 방문한 엘리자베스 2세 여왕이 경제학자들에게 "왜 금융 위기가 오는지를 아무도 몰랐습니까?" 하고 질책했다. 그런 분위기에서 영국 정부는 영란은행 총재를 영국 금융계 밖에서 찾은 것이다.

2 "Breaking the Tragedy of the Horizon-climate change and financial stability", 영국 금융계 초청 만찬 연설, 2015년 9월 29일. 물론 영국은 그 전에도 환경과 기후 변화에 대한 대응에 상당히 적극적이었다. 2008년 기후 변화법을 제정하고, '기후 변화 위원회(CCC, Climate Change Committee)'라는 범정부 자문 기구를 발족시켜 저탄소사회로 가기 위한 다양한 목표와 방법들을 제시해왔다.

었다. 1666년 런던 대화재를 계기로 영국이 화재 보험 분야의 종주국이 된 것처럼, 기후 변화라는 어젠다(agenda)를 영국이 주도하여 런던을 '기후 금융'의 중심지로 키우겠다는 생각이었다.

2016년 미국에서는 2015년에 체결한 '파리 기후 변화 협약'에서 탈퇴하겠다는 공약을 내세운 도널드 트럼프 후보가 대통령에 당선되었다. 영란은행은 거기에 맞서 2017년 12월 10여 개 국가의 중앙은행들과 함께 '녹색 금융 협의체(Network for Greening the Financial System, NGFS)'를 결성했다. 이 모임은 기후 및 환경과 관련한 금융 위험 관리를 위해 모범적인 관행을 공유하는 협의체인데, 이로써 '지속 가능한 경제로의 이행 지원'이 국제 사회에서 중앙은행의 주요한 과제로 부상했다. 이 협의체에는 현재 80여 개 중앙은행과 금융감독 기구가 참여하고 있으며, 2020년 말에는 미국 연방준비제도(Federal Reserve System)도 가입했다.

지금은 유럽 대륙을 넘어서 전 세계로 확산

한편, 2019년 7월 독일 국방장관을 역임했던 우르술라 폰 데어 라이엔이 유럽 집행 위원회(EC)의 위원장으로 당선되었다. 국제사회에서 인지도가 적은 폰 데어 라이엔이 위원장 선거에 나설 때는 당선 가능성이 낮았다. 그런데 기후 변화에 대한 대응을 공약으로 삼은 덕분에 프랑스가 폰 데어 라이엔을 적극 지지해서 당선되었다. 트럼프 대통령이 '파리 기후 변화 협약' 탈퇴를 선언한 이후 프랑스는 기후 변화 문제로 반미(反美)의 중심이 되기를 바랐는데, 폰 데어 라이엔이 그러한 분위기를 읽은 것이다.[3]

---

3 2019년 여름 스웨덴의 10대 환경운동가 그레타 툰베리의 활동상이 주목을 받기 시작했다. 아울러 2019년

폰 데어 라이엔은 취임 직후 2030년까지 탄소 배출량을 1990년의 절반 수준 이하로[55% 이상] 줄이고, 이를 위해 3,500억 유로[4,170억 미국 달러]의 예산을 투입한다는 '유럽 그린 딜[European Green Deal] 계획'을 발표했다. 이에 호응하여 유럽 투자은행[EIB]도 2030년까지 총 1조 유로[1.2조 미국 달러]를 친환경 분야에 투자한다는 계획을 발표하였다. 세상이 이렇게 흘러가자 기후 변화 문제를 드러내놓고 논의하기를 주저하던 국제 금융계도 변하기 시작했다.

유럽중앙은행[ECB]과 국제 통화 기금[IMF]은 금융안정 보고서를 통해 기후 변화가 금융시장에 미치는 영향을 중요한 아이템으로 다루기 시작했다. 2020년 1월에는 국제 결제은행[BIS]과 프랑스 중앙은행이 '그린 스완'이라는 보고서를 발표하고, 동일한 이름의 국제 컨퍼런스도 개최했다[Bolton et al., 2020]. 이 콘퍼런스의 목표는 각국 정부, 중앙은행, 금융감독 당국의 관심과 적극적인 행동을 촉구하는 것이었다.

2021년부터는 미국도 달라졌다. 조 바이든 대통령은 취임 직후 행정명령을 내려 트럼프 전 대통령의 '파리 기후 변화 협약' 탈퇴 결정을 번복했다. 아울러 기후 변화와 탄소 배출 표준 등에 초점을 맞추면서 관용차 64만 5천 대를 전기 자동차로 대체하는 행정명령에도 서명했다. 이에 여당인 민주당도 전기 자동차 구매 시 보조금을 확대[최대 7천 달러]하는 '그린법[GREEN Act]'을 제정함으로써 화답했다. 또한 4월에는 세계 40개국 정상들과 함께 기후 변화를 주제로 영상회의[Leaders Summit on Climate]를 개최하고, 11월에 영국 글래스고에서 열리는 UN 기후 변화 협약 총회[COP26]에서 다시 만나기로 약속했다. 바이

9월 뉴욕에서 개최된 UN 총회에서 트럼프 대통령과 툰베리가 당돌하게 입씨름하는 광경이 전 세계에 톱뉴스로 전파되었다. 그래서 기후 변화에 대한 대응은 유럽과 미국을 가르는 분수령이 되었다.

든 대통령은 기후 변화 문제가 각국 정상들이 매달려야 할 중요한 문제라는 점을 밝힘으로써 트럼프 전 대통령과 철저하게 차별화하려는 전략을 세운 것이다.

미국 행정부가 이렇게 변하자, 미국 연방준비위원회도 태도를 바꿨다. 2021년 초 대통령 선거 전까지만 해도 파월 연방준비위원회 의장은 "기후 변화는 우리의 고려 사항이 아니다"라는 점을 분명히 했다.4 그러나 바이든 행정부가 출범하자 친[親]여당 성향의 라엘 브레이너드를 위원장으로 하는 '기후 감독 위원회(SCC, Supervision Climate Committee)'와 '금융안정 기후 위원회(FSCC, Financial Stability Climate Committee)'를 구성했다. 기후 변화 문제를 적극 챙기겠다는 신호탄인 것이다. 다만 아직까지는 통화 정책보다 미시·거시 감독 정책(microprudential & macroprudential work) 차원에서 접근하는 것이 특징이다(Brainard, 2021). 직접 돈을 풀기보다는 금융기관들을 설득하고 규제하는, 비금전적 방식에 의존하는 것이다.

그러나 여전히 립 서비스 수준

중앙은행이 하는 일은 다양하다. 여·수신 활동을 통해 통화량을 조절하고, 외환 보유액을 관리[해외 투자]하며, 실물 경제나 금융 시스템의 안정성을 조사·분석·예측한다. 앞에서 설명한 것처럼 상당수 국가에서는 중앙은행이 금융감독 업무를 수행하기도 한다. 따라서 기후 변화에 대한 대응을 목표로 중앙은행이 할 수 있는 일들도 아주 많다. 그중 기후 위기와 관련하여 할 수 있는 가장 낮은 단계의 일은

---

4 2021년 1월 국제 결제은행(BIS) 주최 그린스완 콘퍼런스 연설.

'책상에 앉아서 펜대 굴리기'이다. 즉, 경제 예측 모형을 통해 기후 변화가 초래할 수 있는 직·간접적인 영향을 평가하고, 이를 금융기관에 알려 경각심을 가지도록 만드는 일이다. 또한 개별 금융기관의 재무 건전성을 평가할 때 환경적 요소를 감안할 수도 있다. 하지만 이러한 정도의 일이라면 민간 금융기관을 향해 "너나 잘 하세요!"라고 타박하는 것과 다르지 않다. 돈은 중앙은행이 발행하는데, 중앙은행이 한 푼도 보태지 않기 때문이다.

—— 표 7.1 기후 위기와 관련한 금융기관의 역할에 대한 제안들과 계획들

태도	머리와 입으로	돈으로	
자격	책상에서 정책 당국으로서	멀리서 투자자로서	현장에서 대출자로서
제안자	BIS,[5] 영란은행,[6] NGFS, 미국 FSCC, 한국은행, 볼스턴(Bolston) 등[7]	유럽 투자은행(EDB)[8]	일본은행, Barry Eichengreen,[9] Megan Greene,[10] Eric Monnet,[11] Jens van 't Klooster 등[12]
제안 내용	- 시나리오 작성 및 스트레스 테스트 실시 - 거시건전성 감독 강화 - 재정 정책과의 조화 도모 - 민간 금융기관과 협업 증진, 국제 공조 강화	- 친환경 분야에 대한 투자 확대 - 환경에 해로운 갈색 산업에 대한 투자 중단	- 통화 정책 목표에 '기후 변화에 대한 대응' 추가 - 친환경 분야에 대한 대출 확대 및 대출 프로그램 신설 - 대출 정책의 전문성과 중립성을 위한 위원회 신설

---

5 Bolton et al.(2020)

6 "Recent economic and financial developments: Markets and operations", Quarterly Bulletin 2017:2

7 Bolton et al.(2020)

8 European Investment Bank(2020)

9 Eichengreen(2021)

10 Greene(2021)

11 Monnet(2018)

12 Klooster & Tilburg(2020)

그 다음 단계는 '폼 잡고 (멀리서) 돈 풀기'다. 즉, 중앙은행이 외환 보유액을 운용할 때 친환경 분야를 선별하여 투자함으로써 기후 위기 대응에 간접적으로 기여하는 것이다. 이러한 활동은 민간 기업인 구글, 아마존, 마이크로소프트, 페이스북, 맥도날드 등이 재생 에너지만 쓰기 위해서 유럽의 풍력 발전소와 태양광 발전소를 인수하는 것과 비슷하다. 친환경 분야에 투자가 집중되고, 화석연료를 많이 사용하여 환경을 오염시키는 갈색 산업에 대한 자금 공급이 줄어들면, 금융 자산의 가격 변동과 함께 최종적으로 생산·건설·운송·소비 활동도 달라진다. 다시 말해서, 중앙은행이 가격 수용자(price taker)가 아니라 가격 결정자(price maker)가 되는 것이다. 즉, 지금까지의 금기를 깨고 중앙은행이 자원 배분에 영향을 미치는 일이 실현되는 것이다. 그럼에도 불구하고 중앙은행의 '폼 잡고 (멀리서) 돈 풀기'는 한계가 있다. 중앙은행의 역할이 해외 투자자로 국한되어 있어 정작 자국의 산업 구조 조정에는 도움이 안 되는 것이다.

가장 높은 단계는 '현장에서 돈 풀기'이다. 달리 표현하면 '선별 대출(selective lending)'이다. 이는 사회주의 국가에서 정부가 투자의 우선순위를 결정하고 자금을 배분하는 것과 원칙적으로 동일하다. 한국은행도 1990년대 이전에는 산업구조 개편을 위해서 선별대출을 했다. 하지만 중앙은행이 기후 위기 대응에 깊숙이 간여하는 것은, 정부가 할 일을 중앙은행이 떠맡는 '준재정 활동(quasi-fiscal activities)'에 해당할 수 있다. 그래서 국민들이 허락하지 않으면 용납되기 어렵고, 나아가 중앙은행의 독립성까지 위협한다.

그런 이유 때문에 미국 연방준비제도와 한국은행을 포함한 대부분의 중앙은행들은 아직까지 가장 낮은 수준, 즉 책상머리에서 펜대 굴리는 수준에 머물고 있다. 금리 결정에 관한 의결 내용을 언론에 발표하는 것처럼 기후 변화에 따른 스트레스 테스트 결과를 발표하고 경고하는 식이다. 그것이 일종의 유행으로 자리를 잡았다. 그러나 정부의 시장 개입을 매우 부정적으로 보는 시카고학파는 그 정도의 간섭과 규제마저도 적절치 않다고 본다.[13]

각국 중앙은행들이 행동전환에 매우 느린 것과는 달리 주요 공적 투자기관들은 기후 위기 대응에 상대적으로 적극적이다. EU 집행부의 지휘를 받는 유럽투자은행(EIB)이 그러하고, 우리나라의 국민연금과 사학연금, 그리고 한국투자공사(KIC) 등도 비슷한 노력을 하고 있다. 해외 투자 결정 시 ESG 차원에서 기후와 환경을 상당히 의식한다. 이런 노력은 책임 있는 투자자로서의 평판을 지키기 위한 제스처로 보이기도 한다. 그러나 장기적으로는 그런 움직임이 계속 확산될 것이다. 고탄소 배출 산업의 위험에 대한 인식 수준이 높아질수록(이행 위험) 중앙은행들과 민간 투자기관들은 투자수익률을 높이기 위해서라도 친환경 산업에 대한 투자를 확대해야 하기 때문이다.

물론 이러한 움직임에 대해 저항이 없는 것은 아니다. 2021년 3월 노르웨이 정부는 자국의 국부펀드(GPFG)가 투자할 때 기후 변화 위험을 감안하도록 요구했다. 하지만 독립성을 가진 국부펀드는 그 요구를 공식적으로 거절했다(국부 펀드의 실질적 관리 주체는 노르웨이 중앙은행이다). 기후 위험의 개념이 모호하고 측정이 어렵다는 것이 이유였다.[14]

---

13 시카고 대학교의 존 코크레인 교수는 "홍수와 산불이 위험하다면, 저지대와 산악 지대에 대한 투자와 개발부터 중지하는 것이 금융기관이 할 일이다"라고 비판한다. 그는 중앙은행과 금융감독 당국이 기후 변화에 대한 대응을 강조하는 것이 정치적 위험을 키운다고 우려한다.

14 다만 노르웨이 국부 펀드는 2021년 네덜란드 풍력 발전소에 13.7조 유로를 투자했다. 이른바 '녹색 금융'으로 알려진 이 투자 결정은 일회성 결정이라는 것이 노르웨이 국부 펀드의 입장이다.

한편, 학계의 일부 진보적 학자들은 해외 투자뿐만 아니라 국내 대출 활동에서도 중앙은행이 기후 위기 대응에 적극 나서야 한다고 주장하며 다양한 제안들을 내놓고 있다. 지금까지 제기된 제안 중에는 통화정책의 목표에 기후 변화에 대한 대응을 추가하거나, 새로운 대출 프로그램을 신설하거나, 미국의 연방공개시장위원회[FOMC]와 유사한 대출 위원회를 중앙은행 안에 설치하여 중립성과 전문성을 높이는 방안 등이 있다[Monnet, 2018; Eichengreen, 2021; Greene, 2021]. 소위 '녹색 금융[green finance]'의 핵심 이슈 중 하나는 이러한 제안들이 얼마나 빨리 현실화될 수 있느냐이다.

유럽중앙은행과 일본은행의 움직임에 주목해야

단언컨대 2021년 7월은 기후 변화에 대한 대응과 중앙은행의 역사에서 일대 전환점으로 기록될 것이다. 중앙은행들이 기후 변화에 대응하기 위한 구체적인 행동에 나섰기 때문이다. 유럽중앙은행[ECB]과 일본은행이 그 선두에 있다.

지배구조 차원에서 볼 때 ECB는 전형적인 주식회사다. 국제연합[UN]의 경우 회원국들의 예산분담금과 수혜가 독립적이지만, ECB은 대출과 채권 매입 등 모든 금융활동이 철저히 회원국들의 지분에 비례한다.[15] ECB의 자금 공급은 독일[21.4%], 프랑스[16.6%], 이탈리아[13.8%]에 집중되며, 그래서 독일이 반대하면 되는 일이 없다. 이러한

---

15 이 원칙을 흔히 '자본 중심[capital key]'이라고 불린다. 컴퓨터 키보드의 대문자[capital key]와 동음이의어다. 15세기부터 20세기 초반까지 온 유럽을 쥐락펴락하기도 했던 합스부르크 가문의 모토가 "A,E,I,O,U.('오스트리아가 전 세계의 통치자다'의 약어)"였던 것처럼, 유럽 언어에서는 대문자[capital key]가 중요한 메시지를 함축하는데, ECB의 운영도 그러하다는 것을 의미한다.

원칙은 2008년 글로벌 금융위기 이후 두 차례의 남유럽 재정위기 때 그리스(2.0%), 스페인(9.7%), 포르투갈(1.9%)에 자금이 투입되는 것을 지체시켰다. 결국 대륙 밖의 국제통화기금(IMF)이 개입해서 문제가 풀렸다. 덕분에 글로벌 금융위기를 계기로 미국 연방준비위원회와 IMF의 위상은 크게 높아졌지만, ECB는 상대적으로 위축되었다. 그 당시 IMF 총재였던 크리스틴 라가르드는 누구보다도 그런 속사정을 잘 안다. 그래서 라가르드는 ECB 총재가 된 이후 지분 비례 원칙에서 예외를 만들려고 노력하고 있다. 라가르드가 의도하는 것은, 지금까지 영국이 주도권을 잡고 있는 기후 변화 문제에서 유로 지역과 프랑스의 입지를 강화시키는 것이다. 또한 ECB 안에서 독일의 입김을 줄이고 총재의 역할을 확대하려고 한다(라가르드의 국적은 프랑스다).

현재 유럽의 여론은 라가르드에게 기울어 있다. 남유럽 재정위기 당시 ECB가 그리스, 이탈리아, 스페인 등에 긴급자금을 투입하려고 도입한 대출 프로그램(PSPP, PEPP)이 지분 비례의 원칙을 정한 ECB의 정관에 위배된다면서 독일 우파가 제기했던 두 차례의 소송16에서 ECB가 모두 승소했기 때문이다. 그 결과에 고무된 라가르드는 이제 ECB 대출 프로그램의 근간까지 건드리려고 시도한다. 예를 들어, 기후 변화에 보다 능동적으로 대응하기 위해서 시장 중립성(market neutrality)의 원칙을 깨고 ECB가 시장 가격에 영향을 미치는 것까지 고려하고 있다.

최근 ECB는 특별 보고서를 통해서 기후 위기로 인한 피해가 ECB의 지분율에 비례하지 않는다는 점을 강조했다(ECB, 2021). 그 보고서의 핵심 메시지는, 기후 변화에 대한 대응을 위한 ECB의 자금 투입이 반

---

16 2018년 유럽연합법원(CJEU), 2020년 독일 헌법재판소(GCC) 앞 소송.

드시 지분율에 구속될 필요가 없다는 것이다. 아울러 "ECB는 물가안
정을 지키는 가운데 EU의 일반적 경제정책을 지원해야 한다"는 정
신이 EU 협정문(제127조)에 명시되어 있음을 강조한다. ECB 총재인 라
가르드가 새로운 대출 프로그램을 만듦으로써 기후 변화에 대한 대
응 과정에서 재량권을 쥐겠다는 의도가 담겨 있는 것이다.

이런 움직임에 대해 독일은 일단 완강하게 반대한다. ECB의 통
화 정책의 골격을 설계한 독일의 오트마 이싱(전 ECB 수석 이코노미스트)은
"중앙은행의 역할은 물가안정에 국한해야 한다"면서 ECB가 오지랖
을 넓히려는 것을 공개적으로 비판한다. 영향력 있는 학자인 대니얼
그로스도 "녹색 통화정책(green monetary policy)은 ECB를 정치 기구로 만
든다"는 반론을 제기한다. 원자력 발전소가 친환경적인지 아닌지조
차 불투명하여 정치적 쟁점으로 남아 있는 상황에서 중앙은행이 그
런 문제에 뛰어들면 유럽이 쪼개진다는 점도 지적하고 있다. 반면 같
은 독일 사람인 이사벨 슈나벨(ECB 자문위원)은 라가르드의 'ECB 역할
확대론'에 어느 정도 동조한다. 기후 위기 문제를 영국과 프랑스가
주도하는 것을 독일이 계속 지켜보는 것이 불편하기 때문이다. 한마
디로 말해서, 녹색 통화정책을 향한 ECB의 시도가 향후 어떤 방향으
로 타협을 이룰지 그 귀추가 주목된다.

ECB에 비하면 일본은행의 움직임은 훨씬 조용하고 신속하다.
2021년 6월 일본은행은 금융정책 결정회의를 마친 뒤 기후 변화에
대응한 새로운 대출 프로그램을 7월에 도입하겠다고 예고했다. 마치
영화를 다 찍어놓고 예고편을 공개하는 것과 비슷했다. 세계 최초로
기후 변화에 대응한 대출 프로그램을 시도하기에 앞서 국내외 여론
을 떠본 것이다. 그리고 7월 16일 마침내 새로운 대출 프로그램을 공

개했다. 9인의 정책위원들이 만장일치로 채택한 성명서17에 따르면, 금융기관이 취급한 기후 변화 관련 여신(그린 파이낸스)의 실적만큼 일본은행이 금리 0%로 해당 은행에 자금을 무제한 지원한다는 것이다. 일종의 기후 변동 관련 양적완화다.

이 대출 프로그램의 적용 대상은 ① 상업은행들이 취급한 '그린 대출·본드', ② 지속 가능성 연계 대출·채권, ③ '트랜지션 파이낸스(transition finance)'18 관련 투자와 융자다. 범위가 상당히 모호하고 느슨하여 코에 걸면 코걸이, 귀에 걸면 귀걸이식이 되기 쉽다. 일본은행이 산업정책의 한 축을 맡아 특정 산업이나 기업에 보조금을 지급하는 기관이 될 수 있다는 말이다. 주류 경제학의 시각으로 보면, 분명히 일본은행의 독립성이 크게 후퇴하게 된다.

일본은 지금도 경기회복을 위해 주식(ETF)이나 부동산(J-REIT) 등도 매입한다. 그러니 '기후 변화에 대한 대응'을 명분으로 새로운 대출 프로그램을 추가한들 일본 내부에서는 아무도 관심을 두지 않는다. 그런데 탄소를 많이 배출하는 중국, 인도, 그리고 동유럽의 신흥시장국 중앙은행들은 일본은행식 대출 프로그램에 관심을 가질 수밖에 없다. 즉 일본은행 식의 은밀한 산업보조금 지급이 장차 신흥시장국들의 모델이 되기 쉽다. 탄소를 많이 배출하는 나라의 중앙은행들이 이런 움직임을 보일 때 주요국 중앙은행들이 어떤 반응을 보일지 귀추가 주목된다. 과거 한국은행이 선별금융의 하나로서 무역금융 제도라는 것을 운용했을 때 미국 정부가 이를 불공정 경쟁행위로 몰아

---

17 「気候変動に関する日本銀行の取り組み方針について」.

18 트랜지션 파이낸스란, 기업이 탈탄소사회 실현을 위해 장기적인 전략하에 온실가스 감축 활동을 실시하는 경우 금융기관이 해당 기업에 자금을 지원하는 것으로서, 상세한 방법과 범위는 경제산업성(経済産業省)이 지정한다.

붙였는데, 가국 중앙은행들이 일본은행 식의 대출 프로그램을 시도
한다면 비슷한 시비가 생길 수 있다. 그렇게 되면 향후 국제사회에서
중앙은행이 할 수 있는 일과 없는 일에 관한 이념논쟁이 전개될 것이
다(제1차 세계대전 직후 국제연맹(League of Nations) 안에서 비슷한 이념논쟁이 있었다).

중앙은행의 기후 변화에 대한 대응은 결국 가치론의 문제

잘 알려진 것처럼 오늘날 대부분의 중앙은행들은 공개시장조작
(채권 매매)을 주된 정책수단으로 활용하고 있다. 불특정 다수와 채권을
매매하는 것은, 특정 기관에게 대출하는 것에 비해서 소득 재배분 효
과가 작고, 금융시장에 정책의도가 빠르게 전파된다는 장점이 있기
때문이다. 하지만 더 큰 이유는 여러 차례 전쟁을 겪으면서 국채 발
행이 급증한 미국의 영향 때문이다.

잘 알려진 것처럼 미국은 19세기 중반 남북전쟁이 시작되면서 금
본위 제도를 이탈했다. 그때 에이브러햄 링컨 대통령은 급격하게 늘
어나는 국채를 화폐 발행의 근거로 삼았다(당시 미국에는 중앙은행이 없었다.
그래서 링컨 대통령은 금을 주고 국채를 인수한 은행들이 대출을 통해 같은 양의 화폐를 발행할
수 있도록 했다. 은행 입장에서는 국채 투자와 대출을 통해 이중으로 이자수입을 얻었다). 이
러한 경험은 1929년에 시작된 경제 대공황과 뒤이은 제2차 세계대전
때에도 이어지면서 국채 매입이 미국식 통화정책의 특징으로 자리를
잡게 만들었다. 거기에 더하여 통화주의자들은 국채 매입을 통한 화
폐 공급이야말로 가장 우월한 정책 수단이라면서 "대출을 없애고 공
개시장조작만 남겨두자"고 주장하기도 했다(Friedman, 1960; Schwartz, 1992).
하지만 통화주의가 퇴조하면서 국채 매입 중심의 공개시장조작

이 반드시 바람직하지는 않다는 반론이 제기되었다. 우선 공개시장
조작은 금융시장이 자원을 가장 효율적으로 배분한다는 믿음을 전제
로 한다[그런 점에서 통화주의는 1980년대 이후 미국 사회에 퍼진 신자유주의와 일맥상통한
다]. 하지만 글로벌 금융위기나 우리나라에서 1997년에 발발한 외환
위기 때처럼 금융시장의 기능이 크게 위축된다면, 그 시장을 활용한
공개시장조작은 무의미하다. 이번 COVID-19 위기 때에도 대부분
의 중앙은행들은 공개시장조작보다 직접적인 대출을 통해 화폐를 긴
급하게 공급했다. 마찬가지로 기후 위기에 대한 금융시장 참가자들
의 인식이 정확하지 않으면, 금융시장의 자원배분 기능은 비효율적
일 수 있다. 그렇다면 미국식 공개시장조작보다 일본식 대출이 자원
배분에 더 효율적일 수도 있다.

한편, 애덤 스미스 이래 유럽의 전통적인 경제철학에서는 정부가
아닌 민간의 경제 활동이 부의 원천이고 화폐 공급의 기준이다. 그래
서 생산·상거래 과정에서 민간 기업이 발행하는 어음[상업어음]을 은
행이 할인하고, 그것을 중앙은행이 다시 할인함으로써 화폐 공급과
실물 경제를 연결시키는 선순환 구조가 서양 금융 시스템의 기본이
되어 왔다[이것을 '진성어음주의'라고 부른다].

그런데 미국의 영향으로 이제는 상당수 국가에서 국채를 중심으
로 한 공개시장조작이 통화정책의 주축을 이루고 있다. 국채는 가장
안전하고 유동성이 높다는 것을 이유로 든다. 금본위 제도 하에서는
금이 가장 안전하고 유동성이 높다는 이유로 중앙은행이 금에 투자
했던 것과 다르지 않다. 즉 미국식 통화정책은 국채를 발행하는 정부
를 은연 중에 금을 만든 조물주와 동격으로 삼고 있는 셈이다. 따라서
국채 매입 중심의 공개시장조작은 중앙은행의 독립성이 사실상 후퇴

하는 가운데 금융 시스템을 정부에 예속시키는 결과를 초래한다.[19]

한마디로 말해서 중앙은행이 금융시장에서 국채를 매입하여 화폐를 공급하는 활동은 조달비용(국채 발행 금리)을 낮춰주는 눈속임에 가깝다(중앙은행이 국채 투자를 통해 얻는 이자수입은 다시 정부에 귀속되어 재정수지가 개선된다). 결국 국채 매입을 화폐 공급의 원천으로 삼더라도 중앙은행은 정부의 소득 재배분 활동에 간접적으로 기여한다는 뜻이다. 중앙은행이 정부의 보조자가 되어 그런 식으로 돈을 푸느니, 차라리 대출을 통해 민간 부문에 직접 돈을 푸는 것이 훨씬 당당하다. 중앙은행이 대출을 통해 민간의 경제활동을 돕는 것이야말로 통화정책과 실물경제의 연관성을 높이는, 바람직한 활동이다. 결국 기후 변화와 관련하여 각국 중앙은행들은 "화폐 공급과 부의 원천이 민간이냐, 정부냐?"라는 궁극적 질문과 마주한다.

2020년 초 COVID−19 위기 사태가 발발한 이후 주요국 중앙은행들의 긴급 조치들은 놀라울 정도로 파격적이다. 미국 연방준비위원회는 중소기업들의 고용 회복을 지원하기 위해서 교회와 학교에까지 대출을 했다. 중앙은행이 고용안정과 사회적 불평등 해소의 책무까지 떠맡은 것이다. 그렇다면 인류의 미래가 달린 기후 변화 문제도 중앙은행이 외면할 수는 없다.

지금 친환경·저탄소사회로의 이행을 위한 대출 실행에서 일본은행이 맨 앞에 있고, ECB와 영란은행이 그 뒤를 좇으려고 벼르고 있다. 프랑스와 BIS 등이 그 대열의 중간쯤에 있으며, 미국과 독일이 맨 뒤에 있는 형국이다. 그렇다면 한국은 어디쯤 있을까?

---

19 따라서 자유주의자인 F. A. 하이에크는 공개시장조작을 옹호하는 밀턴 프리드먼과 통화주의자들을 '얼치기 시장주의자'라고 부르면서 맹렬하게 비판한다. 겉으로는 시장을 중시하는 것 같지만, 사실 정부의 힘에 철저하게 의존한다는 이유를 들고 있다.

기후 변화에 대한 한국은행의 태도는 매우 소극적

국제사회와 중앙은행계의 움직임에 따라 한국은행도 몇 년 전부터 기후 변화에 대한 대응에 상당한 관심을 기울이고 있다. 중앙은행과 금융감독 당국의 모임인 '녹색 금융 협의체(Network for Greening the Financial System, NGFS)'에 2019년 가입했고, 기후 변화가 우리 경제에 미칠 영향과 복원력 등에 대한 실증 분석에도 게으르지 않다. 그러나 딱 거기까지다. 금융통화위원회 차원에서 기후 변화를 논의하거나 통화 정책을 점검하지는 않았다. 미국, 영국, 일본, 프랑스 등 주요국 중앙은행들에 비해서 확실히 소극적이다.

그나마 기후 변화에 대한 고민이 다소 피상적이다. 예를 들어, 2021년 6월에 발표된 금융안정 보고서에서 한국은행은 "온실가스 배출 감축 노력은 … 이행 위험을 증대시킨다"고 주장하면서 "산업구조 조정 등을 통해 경제 내 고탄소 산업 의존도를 점진적으로 축소할 것"을 권고했다. 이는 선진국 중앙은행들의 생각과 크게 다르다. 예를 들어, 프랑스중앙은행은 뒤늦게 산업구조를 전환(sudden transition)하기보다는 미리미리 계획을 세워 전환(orderly transition)하는 것이 이행 위험을 줄인다고 본다(Banque De France, 2021).

한국은행의 생각은 "현재의 산업구조를 최대한 그대로 유지하자"는 트럼프 전 미국 대통령의 생각과 다르지 않다. 그렇지만 금융안정 보고서의 결론 부분에서는 "기후 변화 이행 위험에 선제적으로 대응해나가야 할 것"을 제안하기도 한다. 한마디로 말해서 한국은행의 생각이 무엇인지 도무지 알기 힘들다. 경영진이 철학과 방침을 결정하지 않은 데서 생기는 혼선이다.

— 그림 7.1 기후 변화 관련 프랑스 은행들의 이행 위험

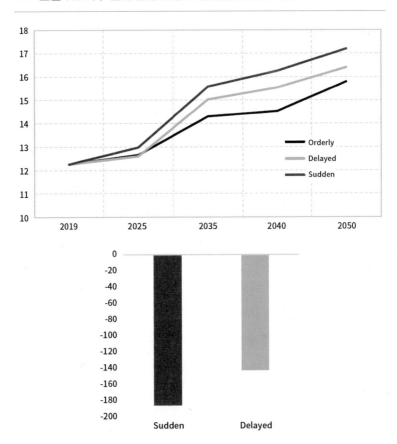

* 영업 이익 대비 대출 손실(단위: 베이시스포인트) 시장 위험(단위: 100만 유로)
출처: 프랑스중앙은행, "A first assessment of financial risks stemming from climate change: The main results of the 2020 climate pilot exercise", 2021.

    한편, 현재의 여건에서는 한국은행이 일본은행이나 ECB처럼 적극적으로 행동하는 것을 기대하기 어렵다. 신용정책(credit policy)에 대한 거부감이 뿌리 깊기 때문이다. 신용정책이란 대출 자격과 수혜 대상, 만기, 금리 등을 조정하여 실물 경제에 영향을 미치는 통화정책

의 한 유형을 말한다. 그런데 신용정책은 미시적 성격이 강해서 산업 정책으로 이용되기 쉽다. 실제로 1990년대 초까지 한국은행의 대출 프로그램에는 산업정책적 요소가 강했다. 즉 정부가 지정한 특정 산업을 지원해주거나 또는 구조조정을 위해 한국은행은 저금리로 상당한 자금을 공급했고, 그로 인해 물가안정 기반이 흔들리기도 했다. 이는, 금융통화위원회 의장이 재무부장관이었던 시절의 일이다. 그때의 나쁜 기억 때문에 한국은행의 실무자들은 신용정책 자체를 부정적으로 보는 시각이 대단히 강하다.[20] 미국에서도 통화주의가 사라진 상황에서 한국은행은 신용정책에 관한 인식을 바꿀 필요가 있다.

다른 나라의 중앙은행법과 달리 한국은행법에는 '통화정책(monetary policy)' 대신 '통화용정책(monetary and credit policy)'이라는 표현이 사용된다. 신용정책을 그만큼 중시하는 것이다. 그렇다면 일본은행처럼 신용정책을 통한 기후 변화 대응을 마다할 이유가 없다. 한국은행 총재가 금융통화위원회 의장인 이상, 신용정책이 한국은행의 독립성을 낮춘다고 걱정할 필요가 없다. 한편, 신용정책은 지금처럼 금융통화위원회가 매달 그 한도를 정하는 것만이 아니다. 그 효과를 점검한뒤 대출 조건(금리와 수혜 자격)과 규모를 다시 조절하는 피드백을 거쳐야제대로 작동한다. 1929년의 경제 대공황 이전에는 모든 중앙은행들이 그런 방식으로 돈줄을 다스렸다.

---

20 예를 들어 한국은행의 실무자들은 현재의 대출 프로그램을 "순수 유동성 조절 기능을 발휘하는 대출 제도로 가는 과도기적 형태"라고 평가한다(『우리나라의 통화 정책(2005년)』, 100쪽). 신용정책의 순기능을 인정하지 않으려는, 통화주의적인 시각이다.

기후 변화에 대한 대응, 세계는 넓고 할 일은 많다

　잘 알려진 것처럼 2021년 7월 기록적인 폭우가 쏟아져 서유럽에서 200명 이상이 사망했다. 그때 독일의 희생자가 150명을 넘어서 독일 내부에서도 기후 위기에 대한 경각심이 크게 고조되었다. 이런 일이 계속된다면 지금까지 영국과 프랑스가 주도권을 쥐려고 경쟁하고 있는 기후 변화 문제에 독일도 적극 뛰어들 것으로 전망된다.[21] 다만 독일은 ECB 안에서 지분율을 앞세워 녹색 통화 정책에서도 독일의 수혜 규모가 가장 크도록 만들기 위해서 노력할 것으로 보인다.

　한편, 중국, 인도, 체코 등 탄소 배출량이 많은 제조업 중심 국가들은 일본처럼 통화정책을 산업구조 전환의 지렛대로 활용하려고 시도할 가능성이 아주 크다. 앞으로 저탄소사회로 가기 위해 정부가 개입하여 산업구조를 적극적으로 전환하다보면, 국가채무비율이 상당히 높아질 수밖에 없기 때문이다. 그렇게 되면 기후 변화 대응에서 중앙은행의 기여를 요구하는 정치권과 여론의 압박은 커질 수밖에 없다. 그 요구와 압박에 이끌려 중앙은행이 단순히 환경 보조금을 지급하는 데 그친다면, 세계무역기구(WTO)로부터 제재받기 쉽다. 이미 일부 국가에서는 EU의 '탄소 국경조정세(carbon border-adjustment tax)'가 새로운 무역 장벽이라며 비판하고 있다.

　따라서 기후 변화에 대한 대응을 위한 중앙은행의 적극적 활동이 수출 촉진이나 수입 제한의 수단이 아니라는 점을 분명하게 만들어야 한다. 그런 점에서 일본은행의 전략은 상당한 시사점을 갖는다.

---

21 9월초에는 허리케인 아이다의 영향으로 미국 뉴욕 시가 물바다가 되었다. 이에 바이든 대통령이 "기후 위기가 현실임을 다시 한 번 상기시켰다"며 비상사태를 선포했다. 2021년 11월 개최되는 UN 기후 변화 협약 총회(COP26)는 기후 위기에 대한 공포감이 크게 고조된 속에서 논의가 급진전 할 수 있다.

일본은행은 2021년 7월 16일 새로운 대출 프로그램을 도입하면서 이름조차 붙이지 않았다. 주요국 중앙은행들이 '마이너스 금리 정책'이니, '양적완화'니, '포워드 가이던스(forward guidance)'니 하면서 정책 결정 사항에 이름 붙이기를 좋아하는 것과 크게 대비된다. 일본은행이 새로운 대출 프로그램에 이름 붙이기를 생략한 것은, 일본은행이 정부를 대신해서 특정 산업이나 수출 기업에 보조금을 지급한다는 지적을 피하려는 의도로 보인다. 이 대출 프로그램의 시한도 2030년 말까지로 한정했다.

결국 한국은행을 포함한 다른 중앙은행들이 기후 변화 문제에 적극적으로 대응하려면, '수출 경쟁력 제고' 정도의 즉물적 목표를 버리고 '저탄소사회로의 전환'이라는 형이상학적 목표로 무장해야 한다. 필자는 이를 '녹색 어음주의(green bills doctrine)'라고 부를 것을 제안한다. 국부의 기반은 농업에 있다고 본 18세기 후반의 '중농주의(physiocracy)'라든가 실물 경제에 대한 지원을 화폐 공급의 원천으로 삼았던 19세기의 '진성어음주의(real bills doctrine)'에 상대되는 개념이다.

녹색 어음주의는 환경 개선을 위한 경제적 노력 자체를 부(富)와 화폐 공급의 원천으로 삼는다. 그것은 신용정책을 통해 실행된다. 이미 구축된 금융시장에서 국채라는 기성품(국채)을 매매하는 것이 아니라, 개척 단계인 저탄소·친환경 분야에 선별적으로 자금을 공급하는 것이다. 기후, 환경, 대기, 수자원 등은 대표적인 공공재인데, 시장 메커니즘을 통해서는 공공재의 생산과 배분이 효율적으로 조정되지 않는다는 것은 잘 알려진 사실이다. 결국 중앙은행이 신용정책을 통해 산업구조 전환의 한 축을 맡을 수밖에 없다.

한편, 한국은행은 기후 변화에 대한 대응에 특화된 대출 프로그램을 통해 자금 공급을 늘릴 경우 거시경제적으로는 대외자산이 축소되는 결과를 가져온다. 대출을 통해 국내 수요가 늘어나는 만큼 경상수지 흑자 폭은 줄어들기 때문이다. 이것을 걱정할 필요는 없다. 환경이 개선되는 만큼 국내의 무형 자산이 늘어나고 우리 국민들의 후생수준이 높아지기 때문이다. 지금처럼 국민연금, 사학연금, 한국투자공사(KIC) 등이 해외에서 투자할 때만 기후와 환경을 고려하는 것은 결국 우리의 돈으로 외국인들이 쾌적한 환경을 누리도록 돕는 일에 불과하다.[22] 우리 국민들이 쾌적한 환경과 지속 가능한 성장을 누려야 한다면, 대외 자산이 감소하더라도 한국은행이 대출 프로그램을 통해 국내 산업구조를 개선할 필요가 있다.[23]

금융감독 당국이 할 일도 있다. 예를 들어, 금융기관의 재무건전성을 평가할 때 환경적 요소를 적극 감안하는 것이다. BIS 자기자본비율과 위험자산을 평가할 때 시장위험과 신용위험을 측정하는 것처럼 기후 변화에 대한 이행 위험을 측정함으로써 민간 금융기관들의 행태를 변화시켜야 한다. 그렇게 되면 탄소 배출이 많은 회사들의 주가와 신용 등급은 자연히 낮아지고, 친환경 분야에 대한 투자와 포트폴리오 배분이 늘어날 것이다.

끝으로 정치적 독립이 필요한 통화정책이나 금융감독정책이 재정정책의 성격을 띠는 것에 대한 대책도 필요하다. 이를 위해서는 여

---

22 빌 게이츠가 이러한 문제를 꼬집었다(『기후재앙을 피하는 법』). 한국은 중국과 더불어 탄소 배출량이 많은 나라인데, 국민연금 등이 외국에 투자할 때는 친환경 투자를 강조한다. 자기 나라보다 외국의 환경을 더 생각하는 이러한 모습을 보고 "박애정신이 넘친다"고 꼬집었다.

23 2018년 기후 변화의 경제적 효과를 연구한 공로로 노벨 경제학상을 받은 윌리엄 노드하우스는 신간 '녹색정신(The Spirit of Green)'에서 기술발전을 통한 탄소배출 절감효과를 감안할 경우 지난 50년 동안 미국의 경제성장률은 공식 통계보다 0.26퍼센트 포인트 높아진다고 분석했다. 친환경 산업구조로 전환하기 위한 노력이 생각보다 비용은 적고, 편익은 크다는 것을 시사한다.

러 기관이 참여하는 별도의 협의체를 정부 밖에 두는 방법을 고려해 볼 수 있다. 미국은 공개시장조작만을 위해서 미국 연방준비제도 안에 FOMC(Federal Open Market Committee)라는 의결기구를 두고 있다. 글로벌 금융위기 이후에는 거시건전성 정책을 조율하기 위해 정부부처 간 협의체인 FSOC(Financial Stability Oversight Council)을 재무부 안에 설치했다. 그렇다면 한국은행과 금융위원회의 차원을 넘어 환경 전문가까지 참여하는, 제3의 별도 위원회를 설치하는 것도 고려할 만하다. 이 위원회가 수렴하여 권고하는 기후 변화 대응 방안들을 통화정책과 금융감독정책에 반영할 경우 해당 기관의 정치적 중립성은 크게 훼손되지 않으면서 기후 변화 대응의 전문성이 높아질 것으로 기대된다.

08

기후 기술은 기후 위기 탈출을 위한 구원자가 될 수 있을 것인가?

김형주

녹색기술센터 선임부장

기후 위기와 기후 기술

우리는 지금 대량 생산과 대량 소비, 이에 따른 무분별한 자원의 채취, 에너지와 자원의 낭비를 조장하는 시대에서 살아오고 있다. 그리고 지금과 같은 추세대로 인구 폭발, 자원의 소비 (낭비), 오염이 지속된다면 인류 존립의 근거를 상실할 위험에 처할 수밖에 없다. 특히 전 세계가 기후 위기의 위협을 당하고 있는 현재, 우리나라를 비롯한 전 세계 주요국들은 탄소 중립을 선언하고 경제·사회·산업 전반의 대전환을 모색하고 있다. 그리하여 탄소 중립은 돌이킬 수 없는 국제질서로서 자리매김하게 될 것이며, 이에 따라 글로벌 경제 환경도 변화하리라 예견하고 있다. 우리나라의 경제 구조는 높은 석탄 화력 발전 비중과 철강, 석유화학, 시멘트 등과 같은 에너지 다배출 산업(2019년 기준 미국은 3.7%, EU는 5.0%인 반면 우리나라는 8.4%)이 많고, 대외 의존도도 높다.

이러한 글로벌 환경 변화에 능동적으로 대응하기 위해서는 우리 산업 구조의 탈탄소로의 전환이 필수적이며, 그 열쇠는 기술 혁신이 쥐고 있다. 이러한 환경 변화에 따른 산업과 기술 선점을 위해 미국, EU, 일본 등 선진국들은 관련 기술에 대한 투자를 대폭 확대하고 있다(표 8.1). 우리도 에너지 생산 − 가공·유통 − 소비의 전(全) 단계에서 부문별 탄소 배출량을 획기적으로 감축할 혁신적 기술을 개발·상용화하기 위한 노력을 경주하고 있다.

각국 정부뿐만 아니라 글로벌 투자사/금융사/구매사 및 소비자, 시민사회가 탄소 중립을 이루어낸 사회로의 대전환을 위해 산업계의 동참을 요구하고 있는 상황이 포착되고 있다. 규모가 우리 돈 8900조

원에 달하는 세계 최대 자산 운용사인 블랙록(BlackRock)은, 기후 변화 이슈를 자사의 비즈니스나 공시 자료에 활용하지 않은 244개사를 대상으로 적극적인 주주 권리를 행사하겠다고 밝혔다. ING 및 JP모건 등 글로벌 주요 금융사 역시 탈석탄·저탄소 기술 투자를 선언한바 있다. 아울러 애플, 구글, BMW 등 글로벌 주요 대기업 280개사가 가입한 RE100 이니셔티브에서는 반도체와 2차 전지 등의 자국 내 주요 공급사들을 대상으로 재생 에너지를 사용한 제품의 공급을 요구하고 있는 것으로 알려졌다.

이러한 기후 위기 대응 및 탄소 중립이라는 거대한 물결에 대응하기 위해, 화석연료에서 재생 에너지 중심의 발전원 확대, 에너지 다소비 산업의 전환 등을 효율적으로 지원하여 온실가스 감축 역량을 확보하고 산업 혁신을 견인할 수 있는 혁신적인 기술의 개발이 시급하다. 무엇보다도 이렇게 개발한 혁신적인 기술을 현장에 실제로 적용하는 데 있어서 지금의 한계를 뛰어넘는 성과를 창출해야 한다. 지난 10여 년을 뒤돌아보면 '녹색 성장'을 국가의 최우선 어젠다로 놓은 적도 있었고, '창조경제'라는 기치 하에 국가 혁신 시스템을 제고하려고 노력했던 적도 있다. 이러한 노력에도 불구하고, 대부분의 우리 기술은 — 일부 기술을 제외하곤 — 세계 정상권 대비 아직 80% 선에 머무르고 있는 실정이다[표 8.2].

우리 정부가 여러 차례 제시한 종합적인 계획에도 불구하고 기초·원천 연구의 결과가 응용·상업화 연구로 자연스럽게 흘러가는 성공적인 사례 확보가 미흡했다. 특히 기술의 사업화 위협 단계(일명 '데스밸리(Death Valley)')는 모든 기술 개발에 공통적으로 나타나는 현상이긴 하나, 특히 기후 관련 기술의 경제성 확보가 어렵고, 정책 및 규제와 연계되는 특성으로 인해 더욱 큰 어려움을 겪어왔다. 이를 극복하기 위한 실증 지원 및 사업화 연계, 해외 진출 지원 등 기술의 확산 전략도 부족했다.

현재의 많은 기후 기술은 생애주기[Life cycle] 초반에 위치하고 있다. 그래서 자생[自生]을 위해서는 정책적 · 제도적인 뒷받침이 필수적이다. 그럼에도 마땅한 금융 지원, 규제 완화, 세제 혜택 등의 초기 지원이 부족했다. 환경 문제가 심화되고 국민들이 체감하는 정도라든가 인식이 제고되면서 시민사회의 요구는 높아지고 다양해졌으나, 기술 개발은 이와 같은 사회의 요구에 부합하는 돌파구를 제시하지를 못했다. 이제는 좀 더 체계적이고 통합적인 계획하에서의 지속적인 기술 개발 · 확산을 위한 사고의 전환이 필요하다.

―― 표 8.1 주요국 탄소 중립 주요 어젠다 및 중점 연구 · 개발 투자 영역

국가	선언 연도	주요 어젠다	중점 연구 · 개발 투자 영역
미국	-	• 조 바이든 대통령은 선거 공약으로 2050년 탄소 중립을 이룬다는 목표 제시 • 파리 기후 변화 협약 재가입 및 기후 정상 회의 추진 등 글로벌 기후 리더십 회복 및 국제 협력 의지 표명 • 'Made in All of America[미국 내에서 제조]'라는 이니셔티브의 일환으로 미국 국내 제조업 경쟁력 향상을 위해 4년 동안 연구 · 개발에 3000억 달러 투자 • 기후 변화 관련 첨단 연구 프로젝트인 ARPA-C[the Advanced Research Projects Agency for Climate] 설립을 통해 주요 청정에너지 기술 연구 · 개발 방향 제시	• [Made in All of America] 배터리, 인공지능[AI], 바이오 기술, 청정에너지, 5G 통신, 첨단 재료, 보건 등 • [ARPA-C] 리튬이온 배터리의 10분의 1 가격 수준의 전력 저장 장치, 소형 원자로, 그린 냉매, 탄소 중립 건물, 그린 수소, 산업에서 발생하는 열의 탈탄소화, 농업 탈탄소화, 이산화탄소[CO_2] 포집 · 저장 기술

국가	선언 연도	주요 어젠다	중점 연구·개발 투자 영역
EU	2019	▪ 2019년 12월 '2050년 탄소 중립'을 목표로 하는 유럽 그린딜을 발표 ▪ '혁신 펀드(Innovation Fund)'를 통해 기술 실증 및 스케일업(scale-up)에 2020년부터 2030년까지 100억 유로 투자 ▪ 2021년부터 2027년까지 지속될 호라이즌 유럽(Horizon Europe) 프로그램에서는 총 955억 유로의 연구·개발 예산 중 35%인 334억 유로를 기후 변화 대응 관련 프로그램에 투자할 예정	▪ (혁신 펀드) 산업 효율화, CCU, CCS, 재생 에너지 발전, 에너지 저장 ▪ (Horizon Europe) 암, 기후 변화에 적응하는 회복력 있는 사회 전환, 해양·수자원 보호, 기후 중립 도시, 토양 보호 및 지속 가능 농업
독일	2019	▪ 탄소를 2030년까지 1990년 대비 최소 40% 이상 감축 및 2050년 탄소 중립 달성 목표 제시 및 법제화 ▪ 기후 보호 프로그램(Klimaschutzprogramm) 2030(2019년 9월 채택)에 따라 2030년까지 500억 유로(약 55조 원) 투자	▪ (기후보호프로그램) 그린 정보통신(IT), 수소, 배터리셀, 이산화탄소 저장 및 활용 등
일본	2020	▪ 2020년 스가 요시히데 총리의 첫 임시 국회 연설에서 탄소 중립을 선언 ▪ 기후·환경 이노베이션 전략(2020년 1월 채택)은 39개 에너지·환경 관련 기술에 2030년까지 30조 엔(약 319조 원)을 투자 ▪ 2050년 탄소 중립 달성에 따른 녹색 성장 전략을 통해 14개 핵심 기술을 선정하고, 이에 대한 기업의 기술 개발 및 실증·사업화를 위해 2030년까지 총 2조 엔(약 21조 원)의 투자 기금 조성	▪ (2050년 탄소 중립 달성에 따른 녹색 성장 전략) 해상 풍력, 원자력, 연료암모니아, 수소, 자동차·축전지, 반도체·정보통신(IT), 선박, 물류·인류·토목 인프라, 식료·농림수산업, 항공기, 탄소 리사이클(recycle), 주택·건축물, 자원 순환, 라이프스타일(life style)

출처: 이구용·이민아, 2021, "주요국 탄소 중립 기술 정책 동향", 녹색기술센터, 『GTC Focus 2021』, 2021 Vol.2 No.1.

국내 기후 기술 수준과 대응 현황

탄소 중립 분야에서 최고 기술 보유국은 미국 및 EU이며, 한국의 기술 수준은 80%, 기술 격차는 약 3.0년으로 조사되었다. 기술 수준 상위 분야는 전기지능화 기기, 태양광 및 연료전지 분야이고, 하위 분야는 지열, 수소 저장 및 탄소 포집·저장·활용(CCUS) 분야이다. <표 8.2>에 국내 탄소 중립 기술 연구·개발 수준 상·하위 3개 분야를 정리하였다.

한편 주요 분야별 기술 수준을 구체적으로 살펴보면, 먼저 우리나라의 태양광 발전 기술은 세계적 수준이나, 풍력 발전 기술은 경쟁국 대비 기술 격차가 크다. 연료전지는 비교적 높은 경쟁력을 가지고 있으나, 수소의 생산·저장·운송 등과 관련된 기술은 열세에 있다. 소형 기기, 센서, 관리 등과 같은 개별 기술은 일부 경쟁력을 확보하고 있으나, 국내의 에너지 다소비 산업 여건상 공정 중심의 저탄소화

—— 표 8.2 국내 탄소 중립 기술 연구·개발 수준 상·하위 3개 분야

상위	분야	최고 기술 보유국	기술 수준 [%]	기술 격차(년)	하위	분야	최고 기술 보유국	기술 수준 [%]	기술 격차(년)
1	전기 지능화 기기	미국, EU	89.0	1.5	1	지열	미국, EU	75.0	5.0
2	태양광	미국	88.0	1.5	2	수소 저장	미국	76.5	3.0
3	연료전지	미국	85.0	2.0	3	CCUS	미국	78.0	5.0

출처: 관계 부처 합동, 2021.03, "2050 탄소 중립 실현을 위한 탄소 중립 연구·개발 투자 전략(안)".

기술은 그렇지 못한 상황이다. 아울러 각국의 탄소 중립 선언으로 빠른 성장이 예상되는 CCUS 기술의 경우 이산화탄소(CO₂) 포집ㆍ저장 기술은 대규모 실증 프로젝트 추진과 저장소 확보가 필요하고, 활용 기술은 상용화를 위한 기술의 진보가 필요한 상황이다.

2019년 기후 기술 국가 연구ㆍ개발은 2.6조 원 규모로, 전체 연구ㆍ개발(20조 6,254억 원) 대비 12.9%이다. 기술 분야별로 살펴보면 수송(2,695억 원), 산업(1,987억 원), 태양광(1,606억 원), 수소(1,367억 원), 디지털화(1,088억 원), 건물(896억 원), 풍력(655억 원), CCUS(631억 원), 바이오(588억 원) 순이다. 2019년도 기후 기술 연구ㆍ개발 투자 비중을 살펴보면, 감축 영역에 66.9%인 1.78조 원, 적응 영역에 28.8%인 7600억 원, 융ㆍ복합 영역에 4.3%인 1131억 원이 투자되었다. <그림 8.1>에서 나타난 바와 같이 기후 기술 연구ㆍ개발 투자는 연평균 1.3%라는 미미한 정도의 증가율을 보이고 있다.

현재 우리나라에서 정부 연구ㆍ개발의 주요 수혜 대상은 정부 출연 연구소와 대학인데, 국내 연구ㆍ개발 사업화율은 영국 71%, 미국 69% 대비 20% 수준에 그치고 있어 산업 견인형 기후 기술 개발로의 전환이 시급하다. 아울러 중소기업에도 적지 않은 연구ㆍ개발 자금이 투자되고 있으나, 중소기업 기술 및 제품의 주요 수요처인 대기업과의 괴리된 연구ㆍ개발, 그리고 일부 정부 연구ㆍ개발 출연금에 기생하는 한계 중소기업 등으로 인해 정부 연구ㆍ개발은 저효율의 늪에 빠져 있다. 무엇보다도 복잡한 경제ㆍ사회ㆍ환경의 이슈를 다루는 기후 위기 대응 연구는 그 어느 영역보다도 여러 기술들을 종합적으로 고려한 융ㆍ복합적인 접근이 필요함에도 불구하고, 정부 부처의 연구ㆍ개발 지원 프로그램들은 불명확한 R&R(역할ㆍ책임)과 함께 과거

—— **그림 8.1 기후 기술 국가 연구·개발 사업 투자 현황**

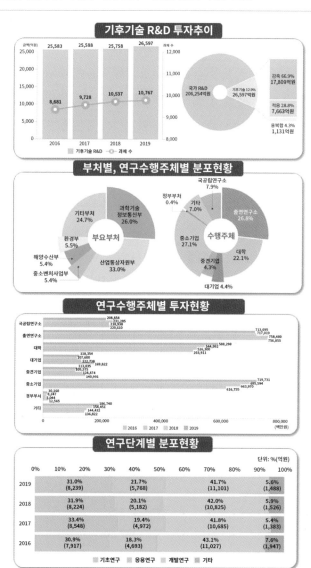

출처: 녹색기술센터, 2020, "2019 기후 기술 국가 연구·개발 사업 조사 분석 보고서", 녹색기술센터.

의 칸막이식 구조와도 크게 달라지지 않은 것 같다.

2021년 3월에 발표된 우리 정부의 탄소 중립 연구·개발 투자 전략에서는 단기적으로는 실리콘 태양전지 기반의 고효율 모듈 개발, 재생 에너지 연계 대용량 고압 모듈형 ESS(Energy Storage System) 실증 등 스케일업과 실증을 통해 단기간 내 상용화가 가능하면서 산업 현장에 신속히 적용시켜야 하는 기술을 단기적으로 집중 지원하며, 중기적 측면에서는 재생 에너지, 수소, 전기 자동차와 수소 자동차, 산업공정 개선 분야 등 거대한 친환경 신시장을 선점할 수 있도록 대형 프로젝트 등을 기획·추진하며, 장기적 측면에서는 소재·부품 등 미래핵심 요소 기술 확보를 통해 기술 경쟁력을 강화하고, 탈탄소 게임 체인저(Game changer)형 기술 개발로 신시장을 선도하려는 계획이다.

최근 다시 주목받고 있는 수소나 CCUS기술을 보면 우리나라가 10여 년 전, 이 기술들의 가능성을 읽었을 당시부터 지금까지 지속적으로 투자를 계속해 왔어야 한다는 아쉬움이 있다. 특히 수소의 경우, 수소차는 국내 자동차 제조기업인 H를 중심으로 지난 20여 년간 민관이 수소연료전지 자동차에 지속적으로 투자해 온 결과, 생산규모나 기술수준이 앞서 있던 글로벌 선진국들을 제치고 세계 정상권의 수소차 제조기술을 확보해 나가고 있다. 이런 움직임에 발맞추어 수소 제조, 수송, 저장 등과 같은 인프라성 기술들을 적기에 연구개발했었어야 했다.

기후 기술의 확산

기술의 확산을 여러 다양한 차원에서 논의할 수는 있겠으나, 여기에서는 기술의 글로벌 확산에 집중해서 논의해보고자 한다. 이유는 다음과 같다.

첫째, 기후 위기의 문제는 기본적으로 글로벌 차원의 문제이다. 우리나라를 포함한 선진 몇 개국이 아무리 탄소 중립을 달성하더라도 대다수의 [개발도상] 국가들이 동참하지 않는다면 기후 위기의 문제는 해결될 수 없다.

둘째, 우리나라는 최근 높아진 국가적 위상에 비례하여 G7 회의, P4G 정상 회의 등을 통해 글로벌 녹색 전환을 위한 논의에 주도적으로 참여하고 있으며, 향후 전체 ODA의 20% 이상을 녹색분야에 지원하기로 하여, 국내 그린뉴딜 성과의 대외 확산이 필요한 시점에 이르렀다.

셋째, 우리나라는 내수시장이 좁고 전통적으로 수출을 통해 국가의 부를 쌓아왔다. 그 일환으로 기후 변화에 대한 대응과 탄소 중립이라는 대전환의 도전을 우리 기술의 해외 확산이라는 기회로 승화시켜나갈 필요가 있다.

기후 기술 확산을 위한 해외 실증의 중요성

기후 기술의 해외 확산, 특히 신기술의 확산을 위해서는 [해외] 실증이 중요하다. 실증은 사업화를 목적으로 실제 환경에서 일정 기간 이상의 운전을 통해 시제품의 성능을 평가·개선하는 활동을 의미한다. 에너지 기술의 경우, 전체 연구 예산의 약 10% 정도가 실증에 투입되고 있는 것으로 알려져 있으며, 이는 앞으로도 지속적으로 확대될 필요가 있다. 특히 아직까지는 개발도상국의 수요에 맞춘 기술 개발이라든가 해외 실증이 부족한 형편이다.

과학기술 계열의 정부 출연 연구소를 대상으로 실시한 설문조사에 따르면, 정부 출연 연구소의 해외 사업화는 기후기술의 성숙도 (TRL) 7단계 이후에서 가장 많이 추진되는 것으로 조사되었다. 글로벌 협력 유경험자들에 따르면, 기술 협력에서 가장 중요한 성공 요인을 '높은 TRL 단계 기술'과 '단계적인 실증 체계 확립'으로 인식하는 것으로 조사되었다. 아울러 연구자들은 '현지 정보 부족'과 '재원 확보의 어려움'을 기술 확산을 가로막는 가장 큰 장애 요인으로 인식하고 있다.

이러한 실증·확산을 가로막는 기술적·산업적·정책적 측면의 주요 장애 요인을 구체적으로 살펴보면, 먼저 기술적 측면에서는 국내 연구소들이 일부 에너지 기술에 편중되어 있다는 점, 기초 원천 연구에 집중한 결과 대상 기술들의 성숙도가 낮다는 점, 그리고 시스템 및 통합 기술보다는 단위 요소 기술에 치중함으로써 확산 단계에서 어려움에 봉착한다는 점 등을 들 수 있다. 산업적 측면에서는 통합 설계 및 엔지니어링 역량을 갖춘 전문 인력, 해외 실적 및 입찰·수주 노하우 등 기술과 연계되어 있는 전체적인 사업 역량이 선진국에 비해 부족하고, 특히 기후 관련 기술이 자체적으로 가지고 있는 높은 초기 투자 비용 및 긴 비용 회수 기간 등으로 인해 어려움을 겪고 있다. 아울러 정책적 측면에서는 기술 발굴·구현을 담아내는 지원 프로그램의 부족, 실험실(Lab) 스케일의 기술이 상업화 단계까지 올라가기 위한 재정 지원(특히 실증 지원) 미흡, 온실가스 감축과 국제사회에 대한 공헌과 기후 산업 육성 등의 목적에 따른 기술별 적용 전략의 부재, 해외 탄소 배출권 확보를 위한 감축 잠재량 분석, 온실가스 MRV[Measuring, Reporting, Verifying], 배출권 확보 등에 관한 전문가의 기획 단계 참여 미흡 등을 들 수 있다.

　기후 기술의 실증 및 확산을 활성화하려면 어떠한 체계적·단계적 방안이 필요할까? 먼저 사업화 계획 단계에서는 수요를 명확하게 분석하고, 상업화 기술 대상 패키징[packaging] 및 추가 연구·개발의 요소를 파악하는 것이 중요하다. 실증 단계에서는 수요에 부합하는 기술, 실증에 대한 동기 부여, 실증 사업 기획, 평가 및 선정과 함께 실증 과제를 통한 검증·인증·표준화와 관련된 이슈들을 해결해야 한다. 사업 실행 단계에서는 해당 신기술의 적용 및 확산에 따른 법·제도 및 정책적 기반을 확보해야 한다. 아울러 운영 및 사후 관리 단계에서는 기술 적용 및 확산 시에 도출된 여러 가지 문제점들에 대한 평가·반성을 통한 성과 환류가 꼭 필요하다.

　기술 실증 및 확산을 위해서는 정부 및 공공 기관을 중심으로 하

—— 그림 8.2 기술 성숙도(TRL)에서의 실증 영역

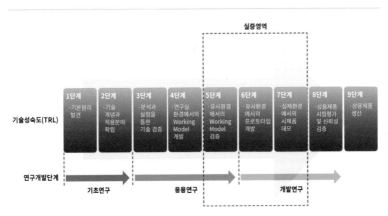

출처: 김형주, 김기만, 김민철, 이천환, 2020.01, "에너지 기술 국가 실증 연구 단지 타당성 조사 최종 보고서", 한국 에너지 기술 평가원 용역 보고서.

—— 그림 8.3 해외 수요맞춤형 기술개발사업 추진 프로세스

출처: 김형주, 염성찬, 이구용, 이민아, 성민규, 2018.12, "해외 수요 맞춤형 기후 기술 연구·개
발 방안 연구 최종 보고서", 한국연구재단.

는 지원 체계 마련도 중요하다. 사업화 주기에 따른 산·학·연의 이
해 관계자들의 역할 분담 측면에서는 사업 기획 및 초기 단계의 기술
지원과 역량 강화 등을 공공/연구 기관이 주도하고, 본 사업의 통합
설계와 엔지니어링 등은 프로젝트 관리 역량 등을 보유한 민간 기업이
주도하며, 정책 및 금융 연계 측면에서는 정부 및 공공 기관의 적극
적인 역할이 필요하다. 아울러 사업 개발을 지원하기 위한 데이터·정
보 지원 체계도 중요한데, 현재 이러한 정보들이 분절·산재해 있어
실무적으로 어려움이 따르고 있기에 관련 법·제도 및 사업 환경 정
보, 기술 수요－공급 정보, 국내외 재원 정보 및 사업화 현황 정보 등
을 체계적으로 관리하고 이해 관계자들과 소통하는 통합화된 정보
시스템이 요구된다.

국제 협력 플랫폼을 활용한 기후 기술의 확산

글로벌 온실가스의 감축과 기후 변화에 대한 적응을 위해 선·개

도국 간의 유기적인 협력과 지원이 필요하다는 것은 주지의 사실이다. 이를 위해 기술 이전 및 개발과 재원의 지원이 최우선 과제임을 확인하였으며, 이에 따라 UN 기후 변화 협약에서는 기술과 재원의 효과적 지원을 담당하는 이행 기구인 CTCN(Climate Technology Center&Network)과 GCF(Green Climate Fund)를 각각 설립하였다. 여기에서는 CTCN과 GCF를 활용한 기후 기술 프로젝트 개발 사례를 살펴보도록 한다. 아울러 기후 변화 협약 바깥에서 최근 주목받고 있는 국제 이니셔티브 중의 하나인 P4G와 앞으로 국제 탄소시장의 설립 및 이의 활용에 대비한 기후 기술 기반의 배출권 확보 사례를 검토한다.

1) CTCN을 활용한 기후 기술 프로젝트

CTCN은 2010년에 UN 기후 변화 협약에서 선·개도국 기술 협력 이행을 담당하기 위해 설립되었다. 특히 기술 지원(Technical Assistance, TA), 지식 공유(Knowledge sharing), 협력 및 네트워킹을 지원하고 있다.

특히 TA 사업이 흥미롭다. 이는 개도국이 자국의 기술 수요를 반영하여 요청하고, CTCN은 글로벌 관점에서 기술 우선순위를 고려하여 전 세계 600여 개 이상의 CTCN 회원 기관을 대상으로 TA 사업을 공고하면서 국제 입찰을 통해 발주하는 방식이다. 이러한 이유로 CTCN의 TA를 기반으로 한 사업은 국가의 우선순위 사업으로, 즉 대형화한 본 사업 형태로 발전시킬 수 있다는 장점이 있다.

우리나라는 과학기술정보통신부가 정부 차원의 창구를 맡고 있고, CTCN의 회원 기관이면서 정부 출연 연구소인 녹색기술센터가 전반적인 대(對)CTCN 협력 전략 수립 및 우리나라의 80여 개 CTCN

가입 기관들을 대상으로 하는 지원을 수행 중이다.

기존의 TA 사업을 분석해보면 신재생 에너지 및 에너지 효율화 관련 프로젝트가 많고, 농업에서의 감축 및 적응 그리고 기후 변화 예측 및 모니터링 분야에 대한 요청도 많은 편이다.

2) GCF 연계 기후 기술 프로젝트

GCF는 개발도상국의 기후 변화에 대한 대응 프로젝트/프로그램을 지원하기 위해 2010년에 설립되었다. GCF는 프로젝트의 규모에 맞춰서 개도국의 기후 변화에 대한 대응 프로젝트/프로그램의 규모에 따라 재원을 지원하고 있다. 지원 규모는 마이크로(최대 1000만 달러), 소규모(1000만 달러에서 5,000만 달러), 중규모(5000만 달러에서 2억 5000만 달러), 대

CTCN 활용 사례: 케냐의 지속 가능 상수 공급 서비스 모델 개발 사업

본 사례는 동아프리카에 위치한 케냐의 기후 변화에 따른 심각한 물 부족 문제 해결을 위해 지속 가능한 상수 공급 서비스 모델을 개발하는 사업이다. 녹색기술센터와 CTCN의 컨소시엄 기관인 UNEP-DTU 파트너십 주관으로 국내 신재생 에너지 및 수자원 공급 관련 공공 기관과의 협조하에 태양광·풍력 등 신재생 에너지 기반 지하수 펌핑(pumping) 시스템을 적용한 상수 공급 기술의 타당성 조사 결과를 바탕으로 민·관 협력 사업 가능성을 분석하였으며, 민·관 협력을 위한 케냐의 법제 및 정책 현황을 분석하여 지속 가능한 민·관 협력을 위한 제언과 민·관 협력 사업 모델을 마련하였다. 이후 케냐 정부 기관과의 지속적 논의와 교류를 통해 케냐 재무부로부터 1.5억 달러의 차관 사업 추진 승인을 얻고, GCF 1억 달러 및 GCF 인증 기구인 아프리카 개발은행의 공동 출자(0.5억 달러)의 GCF 본 사업화를 추진 중이다.

출처: H.-J. Kim, J.H. Son, K. Taylor, R.W. Yang, 2017, "Catalyzing Low Cost Green Technologies for Sustainable Water Service Delivery (Kenya)" https://www.ctc-n.org/news/workshop-kenya-catalyzing-low-cost-green-technologies-sustainable-water-service-delivery)

규모(2억 5000만 달러 이상)로 구성된다.

GCF는 개도국 지원 사업 파이프라인 개발을 위해 두 가지 지원 프로그램을 제공하고 있다. 첫 번째로 능력 배양(Readiness) 프로그램을 통해 개도국 정부의 역량을 강화, 기후 변화에 대응하기 위한 전략 수립, 사업 개발 등을 지원하고, 두 번째로 프로젝트 준비 기금(PPF) 프로그램을 통해 프로젝트/프로그램 개발 초기 단계(수요발굴, 기획 등)에서부터 개발 단계(실시, 사업 체계 구축 등)까지 다양한 준비 활동을

GCF 활용 사례: 부탄 저탄소 교통 시스템 프로젝트

부탄은 탄소 중립국이다. 하지만 급속한 도시화로 인해 탄소 집약적 활동이 증가하여 탄소 배출량이 지속적으로 증가하고 있는 상황이다. 부탄은 히말라야 계곡에 설치한 여러 수력 발전소를 통해 풍부한 친환경 전력을 생산하고 있으나, 대중교통 및 수송을 위해 많은 양의 화석연료를 수입하고 있어 이를 통해 온실가스 배출량이 대폭 증가하고 있는 상황이다. 부탄 정부는 "Bhutan Transport 2040: Integrated Strategic Vision(부탄 교통수단 2040: 통합 전략 비전)"을 통해 스마트 교통 시스템(ITS) 도입 및 전기 자동차 중심의 저탄소 교통 체계를 통해 국민의 행복도 향상 및 기후 위기 대응을 국가 최우선 과제로 계획하였다.

녹색기술센터는 부탄의 수요 확인 및 타당성 분석을 위해 국내 ODA 재원으로 2016년 스마트 교통 체계 도입에 대한 사전 타당성 조사를 수행하였다. 이후 과학기술정보통신부의 지원으로 한국 기술의 우수성 홍보 및 현지 적용 타당성 검증을 위해 팀부시(부탄의 수도) 대상 버스 정보 시스템(BIS, Bus Information System) 시범 사업을 같은 해에 추진하였다. 이러한 결과를 바탕으로 2018년에는 GCF 사업을 위한 제안서 개발 활동에 필요한 재원 확보를 위해 150만 달러 규모의 GCF 사업 준비 기금(Project Preparation Facility, PPF)을 신청하여 2019년 1월에 승인을 받은바 있다. 현재는 모 국내 기업이 본 사업으로 연계하기 위해 준비 중이다.

트랙 레코드(Track Record)를 확보하지 못한 신기술 대상의 국제 협력은 매우 어렵다. 국내에 사례를 가지고 있더라도 신뢰 확보 차원에서 타당성 조사 사업과 본 사업 사이에 시범 사업을 추진함으로써 해당 국가에서 기술/표준 선점의 효과를 기대할 수 있다.

출처: 오채운, 장창선, 이종열, 박선주, 2019.12, "기후 기술 기반 재정 · 탄소시장 연계 모델 개발 연구", 2019년 녹색기술센터 주요 사업 연차 보고서.

지원한다.

3) 국제 이니셔티브 활용 기후 기술 프로젝트

UN 기후 변화 협약 바깥에도 정부, 국제기구, 시민단체(NGO), 기업, 연구소 등이 참여한 260여 개 이상의 기후 변화 대응 국제 이니셔티브가 존재한다. 특히 2021년 5월말 우리나라에서 개최된 P4G 정상 회의를 통해 알려진 '녹색 성장 및 글로벌 목표 2030을 위한 연대(Partnering for Green Growth and Global Goals 2030, P4G)'라는 국제 이니셔티브는 정부와 더불어 민간 기업과 시민사회 등이 파트너로 참여하여 기후위기 대응과 지속 가능한 발전 목표를 달성하기 위한 협의체이다.

정부는 정책 방향과 초기 자금을 제공하고, 기업은 투자를 통한 실제적인 행동을, 시민사회는 혁신적인 아이디어를 제공하면서 모니터링 역할을 수행한다. 현재 우리나라를 포함한 12개국 정부, 세계경제 포럼을 포함한 국제기구 및 세계 유수의 140여 개 기업이 가입되어 있다.

4) 시장 메커니즘을 활용하는 기후 기술 프로젝트

파리 기후 변화 협약 제6조는 '협력적 접근법', '지속 가능 발전 및 감축 메커니즘', '비(非)시장 접근법' 등을 활용하여 향후 국가의 감축 및 적응 목표를 달성하는데 있어 국가 간의 자율적 협력을 인정하고 있다. 그래서 향후 감축 사업 실적을 양자(국가) 간 협약을 통해 거래할 가능성이 높다. 이러한 차원에서 정부는 해외 감축 활동을 촉진하고자

P4G 활용 사례: 베트남 IoT(사물인터넷) 4 Mekong Delta(메콩 강 유역) 프로젝트

녹색기술센터는 덴마크 및 베트남의 기관과 공동으로 베트남의 메콩 강 유역 (Mekong Delta)의 기후 변화에 따른 피해 최소화를 위해 사물인터넷(IoT) 기술을 적용하는 홍수 및 물에 의한 재해 관리 시스템 개발을 추진 중이다.

2019년 2월부터 P4G 스타트업 프로그램을 통해 '베트남 메콩 델타를 위한 IoT 적용' 과제를 성공적으로 추진하였고, 현재 국제기구 1곳 및 국내외 기관 등이 공동으로 스케일업 과제를 준비 중이다.

이번 사업은 ① 수자원 활용 및 개선을 위한 인프라 구축, ② 통합 물 관리 시스템 구축, ③ 기상 정보 및 수자원 활용에 관한 정보 수집 디바이스 연계/개선, ④ IoT 기반 기술 사업화 추진(웹 플랫폼 기반 지능형 기후-물 관리 정보 제공 서비스 실현), ⑤ 지역사회의 경제적 가치 창출을 위한 수자원 활용 모델 개발 등 세부 과제로 구성되어 있다.

출처: 이수경, 최가영, 이은미, 문주연, 2020.12, "기술 선도형 신시장 메커니즘 연계 방안 및 체계 구축에 관한 연구", 2020년 녹색기술센터 주요 사업 연차 보고서.

국내 배출권 거래제하에서 제2차 계획 기간인 2018년부터 국내 기업의 해외 감축 실적을 국내에서 거래할 수 있도록 허용해놓고 있다.[1]

우리 정부는 아울러 해외 온실가스 감축 사업 추진을 위한 우선 협력 대상국(7개국)을 도출한바 있다. 따라서 UN 기후 변화 협약 (UNFCCC)하에서 전 세계적으로 가장 많이 추진되고 있는 감축 실적 인정 체계인 CDM(Clean Development Mechanism) 사업 등록 현황을 조사·분석하여 국가별·기술별 특징을 파악하는 것과, 신기술 개발에 따른 MRV(Monitoring, Reporting and Verification) 방법론 조기 확보 등은 향후 사업 추진 시 의미 있는 일이 될 것이다.

우선 체결 대상국의 기술별 CDM 등록 현황 조사 결과 수력, 메탄 회피, 바이오매스, 매립지, 태양광 순으로 등록 건수가 많은 것으로

---

1 기획재정부. (2017.1). 제2차 배출권 거래제 기본 계획.

CDM 배출권 확보를 위한 MRV 방법론 구축 사례: 방글라데시 연안 지역 염분 정수 기술 프로젝트

방글라데시 연안 지역은 기후 변화로 인한 해수면 상승과 상류의 수원에서 공급되던 담수의 감소 등으로 인하여 전체 연안 지역 중 53% 이상이 염류화로 인한 담수 부족 피해를 겪고 있다. 아울러 심각한 수질 오염도 겪고 있다.

현재 물을 정수하기 위해 물을 끓이는 대신 녹색기술센터 컨소시엄으로 구성된 CTCN 기술 지원을 통해 보급된 반영구적인 정수 시설을 활용함으로써 기대되는 온실가스 감축량을 배출권화하기 위한 방법론을 구축하였다. 총 사업 기간은 10년으로, 앞서 설명한 대로 CDM 사업을 위한 대상지는 CTCN 기술 지원의 시범 대상 지역을 포함한 방글라데시 연안 지역 내 샤키라 지역 및 쿨나 지역 내의 약 4만 명이 거주하는 10개 마을을 대상으로 하며, 추정되는 순(純)온실가스 감축량은 약 4,500톤 정도이다.

출처: 이수경 박인혜, 양리원, 2019, "신기후 체제 대응 CTCN과 CDM의 사업 연계 성공 요인 분석 – 방글라데시 실증 연구를 중심으로", 『기후변화학회』, 2019 Vol.10 No.4, 415~425.

분석되었다. 특히 수력은 전체의 55%를 차지하고 있으며, 그 다음으로 메탄 회피가 23%, 바이오매스가 13%를 차지하고 있다. 이는 우선 체결 대상국 중 대부분이 동남아시아에 위치해 있고, 동남아시아의 아열대 기후 특성상 강수량이 많아 수력 잠재력이 풍부하기 때문으로 분석된다. 또한 개도국의 특성상 농업과 임업이 발달하여 해당 산업으로부터 발생하는 폐기물/폐수에서의 메탄 회피 사업과 부산물을 연료로 사용하는 바이오매스 사업이 추진되기에 유리한 환경에 있기 때문으로 분석된다. 아울러 기술별 CDM 연간 예상 감축량 조사 결과 수력, 메탄 회피, 바이오매스, 매립지, 풍력, 태양광 순으로 예상 감축량이 많은 것으로 분석되었다.

기후 기술로 한국 경제의 재도약 도모와 국제사회에 기여

지금 우리는 대량 생산·소비를 권하는 사회에서 살고 있다. 그리고 점점 더 많은 사람들이 강도 높은 물질적 이익을 추구함에 따라 자원이 빠르게 소진되면서 생태계 또한 파괴되고 있다. 이러한 이유로 인해 글로벌 기후 위기 대응과 탄소 중립을 향한 대전환의 발걸음을 내딛고 있는 요즘 우리 사회가 기후 기술에 거는 기대가 크다. 물론 기술로 지금의 한계를 뛰어넘는 노력을 해야 하겠지만 기술의 능력을 너무 과신해서는 안 된다.

우리나라의 탄소 중립 기술 전략도 친환경 수소, 탄소 포집·활용·저장 기술 등 게임체인저 성격의 혁신적인 기술에 전략의 방점이 찍혀 있다. 이러한 혁신적인 기술적 진보는 단호한 정치적·사회적 결단과 경제적인 뒷받침, 국민들의 지지와 함께 오랜 기다림을 요구한다. 이와 함께 기술에 대한 논의는 대부분 연구 및 개발, 특허, 확산이라 불리는 초기 사용 단계에 집중된다. 그러나 그것이 전부일까? 기후 위기 탈출의 관점에서 더 중요한 것은 이러한 기술의 점진적 발전, 개량, 유지·보수 및 안전이다.

아울러 글로벌 기후 위기 상황에서 전 세계 120여 개국이 탄소 중립을 표방하는 지금, 기후 관련 기술 개발과 확산은 글로벌 지속 가능 발전에 기여할 뿐만 아니라 우리 경제가 한 단계 더 성장하기 위한 기회가 될 수도 있다. 이를 위해 우리가 가지고 있는 유망 기술과 해외의 수요를 잘 맞춰 새로운 프로젝트를 기획하고, 국제 협력 체계도 활용하여 가시적인 결과를 창출하고, 또한 이를 확산시키는 구도를 마련하는 것은 의미 있는 일이다.

최근 기후 위기에 대한 경각심, 탄소 중립에 대한 관심이 기후 기술의 개발과 확산이라는 주제와 연결되어 우리 기술이 세계로 도약하는 기회로 인식되는 계기가 되어야 한다. 이러한 비전으로 글로벌 탄소 중립을 위한 국제 협력에 국내 산·학·연 관계자들이 열린 마음으로 적극적인 도전을 해야 한다.

09

탄소 중립을 위한 에너지 전환은 어떻게 추진해야 하는가?

김현제

에너지경제연구원 선임연구위원

에너지 전환의 필요

최근 서유럽에서 발생한 대홍수로 200명이 넘는 사망자와 상당한 규모의 재산 피해가 있었다.[1] 이렇듯 기후 변화로 인한 기상 이변이 이전보다 훨씬 자주 나타나고 있다. 북극의 빙하가 녹으면서 그 크기가 점점 축소되고 있다는 이야기는 남의 나라 일로 치부해버릴 수 있지만, 선진국 독일의 홍수는 우리에게도 닥칠 수 있는 재앙의 전조로 여겨진다. 기후 변화에 적극적으로 대응하기 위해서 2020년 12월에 문재인 대통령은 우리나라도 2050년까지 탄소 중립을 달성하겠다고 선언하였다. '2050 탄소 중립 선언'은 지난 5년간 우리 정부가 추진해오던 에너지 전환 정책이 새로운 국면에 접어들었음을 의미하는 중요한 이벤트라고 할 수 있다.

이제까지 시행한 에너지 전환 정책의 핵심은 청정 에너지원인 신재생 에너지의 이용 확대와 석탄 및 원자력으로부터의 탈피로 규정지을 수 있다. 특히 신재생 에너지의 보급 확대를 위해 에너지 공급 체계를 기존의 중앙 집중형 에너지 시스템에서 분산형 에너지 시스템으로 개편하려는 노력이 이루어지고 있으며, 그 성과도 조금씩 나타나고 있다. 노후 석탄 화력 발전소의 조기 폐지와 신규 원자력 발전소 건설 계획의 백지화 등 탈석탄과 탈원자력이 예정대로 진행되고 있다. 아울러 태양광과 풍력의 보급 속도는 기존의 예상을 뛰어넘는 실적을 보인다. 물론 신재생 에너지원을 이용한 발전 비중은 4% 정도이며, 이 수치는 주요국들의 실적에 비해 우리가 가장 열위에 있음을 보여준다.

---

1 연합뉴스, 2021.7.22.

지난 수십 년간의 사회적 공론화 과정을 거치면서 에너지 전환에 대한 국민의 절대적 지지를 기반으로 추진되고 있는 독일의 에너지 전환 추진 사례를 통해 대국민 수용성을 높이는 방안을 모색하는 것이 중요하다. 아무리 기후 위기가 가져올 영향이 파국적이며 우리의 생존 문제와 직결된다고 하더라도, 기후 위기에 대응함에 있어 우리의 시각차는 여전히 존재한다. 그래서 에너지 전환 정책 추진의 필요성에 대해 대다수 국민들에게서 공감을 얻는 것이 가장 중요한 도전 과제라고 할 수 있다.

본 장은 탄소 중립을 달성하기 위한 에너지 전환의 추진 방향으로 새로운 에너지 시스템으로의 변화를 강조하고자 한다. 에너지 전환 시대에 새로운 에너지 시스템을 모색하는 본 장의 구성은 다음과 같다. 우선 독일을 중심으로 에너지 전환 사례와 주요국의 에너지 전환 성과를 비교·분석하여 국내 에너지 전환 정책 추진에 필요한 시사점을 제시할 것이다. 에너지 전환을 효과적으로 추진하기 위한 방안으로 분산형 에너지 시스템으로의 변화를 위한 혁신적인 기술 적용 및 시장 기능 활성화, 저탄소 에너지원을 중심으로 에너지 믹스(Energy mix) 개편, 소비자의 에너지 소비 행태 변화 유도, 에너지 전환에 대한 인식 개선과 문제 해결 방안 등을 에너지 정의의 관점에서 정리하고자 한다.

에너지 전환의 의미

세계 경제 포럼(World Energy Forum, WEF)은 에너지 전환을 "더욱 포괄적이고, 지속 가능하며, 적정한 가격 수준을 가지면서 에너지 안보를 달성할 수 있는 에너지 시스템으로의 적절한 전환"으로 정의하고 있다.[2] WEF는 2018년부터 주요국의 에너지 전환 지수(Energy transition index)를 발표하고 있는데, 에너지 전환이 이루어질수록 에너지 부문의 지속 가능성이 커진다고 볼 수 있다. 그리고 국제에너지기구(IEA, 2018)에 따르면 G20에 속하는 국가들이 지속 가능한 발전과 보다 청정한 에너지의 미래를 위해 전 세계적인 에너지 전환을 주도하고 있다고 한다. 각국의 에너지 전환 정책은 경제의 현대화 및 다양화, 역외 에너지 수입 의존도 감축과 에너지 접근에 대한 보장을 통한 에너지 안보의 향상, 대기질의 개선, 기후 변화에 대한 대응 등 복합적인 목표를 달성하기 위해 추진되고 있다.

양의석 외(2019)에서는 특정 시기 국가－사회의 에너지 시스템이 장기적인 변화를 거쳐 새로운 구조적 특성을 보유한 에너지 시스템으로 변모하는 것을 에너지 전환이라고 설명하고 있다. 결국 에너지 시스템의 변화가 곧 에너지 전환이라고 지칭한 것이다. 한편 대한민국 정책 브리핑에서는 에너지 전환을 "발전 믹스(Mix)의 변화를 넘어, 전체 에너지 믹스 최적화와 저효율적인 소비 구조 개선, 에너지 산업 육성 등을 포괄하는 에너지 전반의 혁신"이라고 제시하고 있다. 이에 에너지 전환 정책은 이러한 에너지 전환을 이루기 위해 전개하는 제반의 정책 활동을 의미하는 것으로 볼 수 있다.[3]

에너지 전환 정책들을 관통하는 핵심적인 내용은 태양광 발전과 풍력 발전을 중심으로 신재생 에너지의 비중을 확대하면서 전통적인 에너지원인 원자력 발전과 석탄 화력 발전을 축소해나가는 것이다.

---

2 WEF 2020.

3 김지효·김현제, 에너지 전환 정책의 성과 및 향후 추진 방향 연구, 기본 과제 중간 발표회 발표 자료, 에너지경제연구원, 2021, 참조.

아울러 에너지 효율의 혁신을 도모하여 선진국형 에너지 소비 구조를 실현하고, 공정한 전환을 위한 지원 대책 마련 및 새로운 일자리 창출을 위해 노력한다. 이에 따라 에너지 전환을 가속화하기 위해 신재생 에너지를 에너지의 주 공급원으로 전환하고, 전력망 확충 및 구조 혁신, 분산형 전원 체계 확대, 그리고 재생 에너지, 수소, 에너지 IT 등 3대 에너지 신산업을 육성한다는 것이다.

독일의 에너지 전환 이행 경과

독일은 전 세계적으로 에너지 전환의 대표 주자라고 할 수 있다. 독일 에너지 전환의 핵심은 2022년까지 원자력 발전소를 전부 폐지하고, 2038년까지 석탄 화력 발전소의 운영도 중지한다는 것이다. 그리고 재생 에너지를 확대하면서 에너지 효율을 적극적으로 개선하고, 에너지 소비도 감축한다는 비전을 담고 있다. 이는 독일 정부의 '에너지 구상 2010(Energy Concept 2010)'에 잘 나타나 있다.[4] 전체 발전량에서 재생 에너지 발전량의 비중을 2030년 50%에서 2040년 65%, 2050년 80%로 확대한다. 에너지 효율을 증대하면서 에너지 소비 절약을 유도하여 2008년 대비 1차 에너지 소비를 2050년에 50% 감축한다. 2050년에 전력 소비량은 2008년 대비 25% 감축하고, 건물 부문의 최종 에너지 소비도 80% 감축한다. 그리고 수송 부문의 최종 에너지 소비는 2005년 대비 40% 감축한다. 이를 통해 온실가스 배출량을 1990년 대비 2030년 55%, 2040년 70%, 그리고 2050년 95%까지

---

4 김봉금, "독일 에너지 전환 정책의 추진 배경 및 전망," 세계 에너지 시장 인사이트 제13-22호, 에너지경제연구원, 2013.6.14.

감축한다는 목표를 설정하였다.[5]

　독일의 에너지 전환은 온실가스 배출량 감축과 재생 에너지 발전 비중 증가 기준에서 살펴보면 2020년 목표치를 초과 달성함으로써 순조롭게 진행되고 있다는 평가이다. 2020년 온실가스 배출량(7억 2,200만 이산화탄소(CO_2)/톤)은 1990년 대비 42.3% 감소하여 목표치인 40%를 초과한 것이다. 그리고 2020년 재생 에너지 발전 비중은 46.2%로, 목표치인 35%를 초과 달성하였다. 물론 온실가스 배출량 감축은 COVID－19 사태로 인한 경기 침체로 에너지 소비, 산업 생산, 교통량 등의 감소가 크게 작용한 것이 사실이지만, 독일의 경우 에너지 전환의 성과도 분명하게 나타나고 있다고 할 수 있다. 이러한 독일의 에너지 전환 과정에서 얻을 수 있는 교훈을 정리하면 다음과 같다.

　첫째, 2020년에 탈석탄을 위한 법률안(석탄 화력 발전 설비 감축 및 폐지와 기타 법률 개정을 위한 법안)을 마련하였다. 2019년 43.9기가와트 규모의 석탄 및 갈탄 화력 발전 설비를 2022년까지 30기가와트, 2030년까지 17.8기가와트로 감축하고, 2038년까지 최종적으로 모두 폐지한다는 일정이다. 탈석탄을 위해 독일 연방정부와 석탄 관련 이해당사자들(광산 지역 지방정부, 광산 업체, 화력 발전 사업자 등)이 협상을 통해 적절한 지원책을 도출하게 하였다. 이러한 과정에서 독일 정부는 석탄 위원회를 설립하고, 동 위원회가 사회적 합의를 거쳐 탈석탄 정책을 권고하도록 하였다. 이 위원회의 공식 명칭은 '성장, 구조 변화 및 고용 관련 위원회(Commission on Growth, Structural Change and Employment)'이며, 연방정부가

---

5 최근 EU-ETS 지침 개정을 통해 '핏 포 55(Fit for 55)'를 제시하였는데, 이는 2030년까지 1990년 대비 온실가스 40% 감축에서 최소 55% 감축으로 강화하는 것이다(에너지경제연구원, 세계 에너지 시장 인사이트 제21-15호, 2021.7.26. 참조).

2018년 6월에 발족하였다.[6] 온실가스 감축을 위해 석탄 화력 발전의 점진적 폐지는 필요하지만, 독일은 이러한 과정에서 소비자와 전력 회사, 그리고 자국의 석탄 생산자의 입장을 충분히 고려하여 사회적 갈등을 완화하고 합리적인 대안을 도출하고자 노력하였다. 결국 독일의 에너지 전환 경험에 따르면 에너지 전환은 소비자의 적극적인 참여와 어느 정도의 시간이 소요되는 과업이라는 점을 알 수 있다.

둘째, 에너지 전환 과정에서도 에너지 안보를 위해 러시아로부터 직접 천연가스를 수입하는 가스파이프라인 건설을 추진하고 있다. 미국의 러시아 경제 제재 조치에도 불구하고 이를 정치적으로 극복하고 올여름에 완공을 목표로 110억 달러를 들여 '노드 스트림(Nord Stream) 2' 공사를 진행하고 있는 것이다. 노드 스트림은 러시아와 독일을 직접 연결하는 발트 해 해저 가스파이프라인으로, 길이가 1,222킬로미터에 달한다. '노드 스트림 1' 가스파이프라인은 연간 550억 입방미터의 천연가스를 공급할 수 있는 능력을 갖추고 있는데, '노드 스트림 2'까지 완공되면 러시아의 대유럽 천연가스 공급 능력은 배로 증가한다.

셋째, 높은 에너지 가격 수준에 대한 소비자의 수용성을 들 수 있다. 우리나라의 전기 요금 수준은 독일에 비해 매우 저렴한 편이다. <표 9.1>에 의하면 2017년 기준, 독일과 한국의 주택용 전기 요금은 킬로와트 당 각각 371.2원과 123.4원으로 약 3배가량 차이가 난다.[7] 독일의 전기 요금에서는 에너지 전환을 지원하기 위한 재생 에

---

6 양의석 외, 주요국 에너지 전환 정책 변화 분석 연구: 유럽 및 중동 국가들의 정책 현안과 대응, 에너지경제연구원(2020) 참조.

7 노동석 외, "독일의 주택용 전기 요금 구성 요소 분석", 세계원전시장 인사이트, 에너지경제연구원,

— 표 9.1 한국과 독일의 전기 요금 구성 요소 비교

(단위: 원/kWh)

한국		독일	
시장 정산 가격	80.8	도매가격	71.7
송 · 배전 판매비	25.2	송전 비용	95.2
재생 에너지 보조금	2.5	재생 에너지 보조금	87.6
전력 산업 기반 기금	4.0	각종 부과금*	31.4
부가세	10.9	부가세	59.3
		전기세	26.1
합계	123.4	합계	371.2

* 부과금은 송전 시설 통과 부과금, 열 병합 부과금, 산업체 송전 비용 할인 부과금 등
출처: 노동석 외(2019) 재인용.

너지 보조금과 각종 부과금이 큰 비중을 차지하고 있다. 높은 전기 요금에 대한 독일 소비자의 이해와 협조를 바탕으로 에너지 전환이 지속적으로 추진되고 있는 것이다.

넷째, 독일의 대규모 풍력 발전 단지는 주로 북부 지역에 자리를 잡고 있으며, 수요 중심지는 남부 지역에 위치해 재생 에너지 확대에 따라 송전망의 확충이 무엇보다 필요하다. 그런데 남북 간 송전망 건설이 지연되면서 생산되는 과잉 전력이 폴란드와 체코 등으로 송전되어 주변국 전력망의 불안정성이나 가격 변동성을 증가시키는 문제를 유발하고 있다.[8]

결국 독일의 에너지 전환이 진전될수록 주변국들과의 전력 거래가 늘어나게 되는 것이다. 이는 주변국들의 전력 계통에 더 많은 문

2019.4.19. pp.12~13.

8 한전경영연구원, "독일 전력망 연계의 재생 에너지 수용 영향 검토," KEMRI 전력경제 REVIEW 2021년 제7호, 2021.7.14. p.9.

제를 초래할 것이다. 독일은 주변국과의 전력 거래를 통해 재생 에너지 과잉 생산에 의한 가동 제약 용량이 감소하고, 예비력(豫備力)으로 사용할 수 있는 가용 자원을 확보함으로써 국내 전력망의 불안 문제를 극복할 수 있다. 이러한 재생 에너지 전력 수출의 증가로 주변국의 전력망이나 전력시장에서 문제가 초래되지 않도록 노력하는 국제 협력 차원의 공동 대응이 중요하다.

에너지 전환 성과의 국제 비교

에너지 전환의 성과를 주요국과 비교하는 경우 가장 기본적인 지표로 에너지 부문 온실가스 배출량을 들 수 있다. 국제 에너지 기구의 발표에 의하면 우리나라의 온실가스 배출량은 증가 추세를 유지하고 있으나, 증가율은 감소하고 있다.[9] <표 9.2>에 나타나 있듯이 캐나다를 제외한 주요 국가들의 온실가스 배출량은 감소 추세를 보인다. 특히 영국의 온실가스 배출량 감소 추세는 괄목할만하다. 영국은 2010년 이후 온실가스 감축 실적이 뚜렷하게 나타나고 있다. 이에 비해 일본과 미국의 실적은 여전히 미흡해 보인다. 캐나다는 온실가스 배출량 규모 면에서 우리나라와 유사한데, 최근 배출량은 더 증가하는 추세를 나타내고 있다.

---

9 https://www.iea.org/articles/energy-transitions-indicators 참조.

—— 표 9.2 주요국의 에너지 부문 온실가스 배출량 추이

(단위: MtCO₂)

	2000년	2010년	2015년	2019년	변화율(%)		
					'00~'10	'10~'15	'15~'19
한국	431.9	550.9	582.1	586.2	2.5	1.1	0.2
미국	5,729.9	5,352.1	4,928.6	4,766.4	-0.7	-1.6	-0.8
영국	520.6	476.6	394	339.2	-0.9	-3.7	-3.7
프랑스	364.7	340.1	303.9	293.2	-0.7	-2.2	-0.9
독일	812.3	758.9	729.7	659.1	-0.7	-0.8	-2.5
이탈리아	420.4	392.0	329.7	302.8	-0.7	-3.4	-2.1
캐나다	503.5	526.2	549.3	571.8	0.4	0.9	1.0
일본	1,147.9	1,131.8	1,155.6	1,066.2	-0.1	0.4	-2.0

출처: IEA, Energy Transitions Indicators.

우리나라가 주요국 대비 온실가스 배출량의 감축이 더딘 이유는 최종 에너지 소비 과정에서 탄소 집약도가 높은 데 기인한다. 여기서 탄소 집약도는 에너지의 소비 과정에서 발생한 이산화탄소의 양을 총 에너지 소비량으로 나눈 값으로, 이 수치가 높을수록 탄소 함유량이 높은 에너지임을 알 수 있다. <표 9.3>에 의하면 우리나라는 일본을 제외하고 다른 나라에 비해 탄소 집약도가 높은 것으로 나타났다. 이는 최종 에너지 소비 구조에서 석탄과 석유가 차지하는 비중이 높은 데 비해, 신재생 에너지와 기타가 차지하는 비중이 낮기 때문이다.

— 표 9.3 주요국 최종 에너지 소비의 탄소 집약도

[단위: gCO₂/MJ]

	2000년	2010년	2015년	2018년	변화율[%]		
					'00~'10	'10~'15	'15~'18
한국	81.2	83.5	80.3	79.4	0.3	-0.8	-0.4
미국	88.5	84.5	77.9	73.7	-0.5	-1.6	-1.8
영국	82.5	82.5	74.6	65.4	0.0	-2.0	-4.3
프랑스	53.7	50.8	47.4	47.9	-0.6	-1.4	0.4
독일	83.8	78.2	78.9	74.7	-0.7	0.2	-1.8
이탈리아	77.9	70.0	66.3	65.5	-1.1	-1.1	-1.4
캐나다	64.2	67.1	66.5	65.5	0.4	-0.2	-0.5
일본	81.3	85.9	94.0	91.2	0.6	1.8	-1.0

출처: IEA, Energy Transitions Indicators 참조.

한편 <표 9.3>에 나타나 있듯이 우리나라와 일본을 제외한 주요국들의 탄소 집약도는 점차 개선되고 있다. 일본은 2011년 후쿠시마 원자력 발전소 사태 이후 원자력 발전 대신 석탄 화력 발전 및 가스 발전이 확대되면서 탄소 집약도가 급격하게 나빠졌다. 일본과 대비되는 나라가 프랑스이다. 프랑스의 주요 발전원은 원자력이며, 이로 인해 탄소 집약도가 주요국 대비 가장 낮은 수준에 있다. 전력 및 열 등 최종 에너지 소비의 탄소 집약도는 각국의 전원 구성에 따라 큰 차이를 나타내고 있다. 특히, <표 9.3>에서 일본을 제외하곤 우리나라의 탄소 집약도 개선이 가장 느리다. 결국 에너지 전환이라는 멀고도 험한 길이 우리 앞에 놓여 있다고 할 수 있다.

── **표 9.4 주요국의 석탄 및 재생 에너지 발전 비중**

[단위: %]

국가	발전원	2000년	2010년	2018년
한국	석탄	38.6	44.1	44.1
	재생 에너지	1.4	1.2	3.9
미국	석탄	52.9	45.8	28.7
	재생 에너지	8.2	10.1	16.8
영국	석탄	32.7	28.7	5.3
	재생 에너지	2.7	6.9	33.5
프랑스	석탄	5.8	4.7	1.8
	재생 에너지	13.0	13.9	19.7
독일	석탄	53.1	43.6	37.5
	재생 에너지	6.2	16.8	35.3
이탈리아	석탄	11.3	14.9	10.7
	재생 에너지	18.8	25.8	39.7
일본	석탄	21.1	26.7	32.3
	재생 에너지	9.3	9.6	16.8

출처: IEA(2020), 이상준 외(2021)에서 재인용.

<표 9.4>에서 주요국의 전원 믹스에서의 변화를 살펴보자.[10] 우리나라와 일본을 제외한 주요국은 석탄 화력 발전의 비중을 획기적으로 줄여가고 있다. 대표적으로 영국은 2000년 32.7%에서 2018년 5.3%로 석탄 화력 발전 비중을 줄였다. 반면 우리나라는 2000년 대비 2018년에 석탄 화력 발전의 비중이 오히려 증가하였다. 제9차 전력 수급 기본 계획에 따르면 2030년 석탄 화력 발전의 비중은 29.9%까지 감소할 것으로 전망하고 있지만, 이마저도 여전히 주요국에 비하면 높은 수준이다.

───────────────────
10 이상준 외, 지속 가능한 사회를 위한 자원 시스템 혁신 전략, 경제·인문사회연구회 협동연구총서, 2021. P.79.

<표 9.4>에서 재생 에너지 비중의 변화 추이를 살펴보면, 주요국 가운데 유독 우리나라의 재생 에너지 비중이 가장 낮다. 이탈리아의 재생 에너지 발전 비중이 39.7%로 가장 상위에 있고, 독일 35.3% 및 영국 33.5%로 다음 순위를 차지하고 있다. 일본도 2010년 이후 재생 에너지 보급이 급격하게 확대되어 2018년에 16.8%로 두 자릿수의 비중을 나타내고 있다. 우리나라의 경우 주요국과 비교해볼 때 현재 보급 수준도 최저 수준이지만, 지난 20여 년간 증가 속도도 매우 느린 편이다. 우리나라는 2000년 대비 재생 에너지 발전 비중이 2.5% 포인트 증가하는 데 그쳤지만, 주요국들은 동 기간 6.7% 포인트 내지 30.8% 포인트까지 증가하였다.

우리나라의 에너지 전환 정책은 비록 짧은 기간 동안 시행되었지만 온실가스 배출량 증가세 완화, 최종 소비 및 전력·열 생산 부문의 탄소 집약도 개선, 에너지 원단위(Energy intensity) 개선 등의 측면에서 성과를 보이기 시작했다.[11] 그러나 주요국들의 추진 성과들과 비교해보면 성과의 개선 속도가 느린 편이기에 에너지 전환의 가속화가 필요하다. 이를 위해 재생 에너지 확대를 통한 발전 부문의 탈탄소화 및 에너지 소비와 경제 성장 간 탈동조화 확대, 에너지 분야 연구·개발 투자 증대 등의 노력이 요구된다.

결국 에너지 전환을 효과적으로 추진하기 위해서는 에너지 시스템의 혁신이 필요하다. 그리고 저탄소 에너지원 중심으로 에너지 믹스를 개편해야 하며, 소비자의 에너지 소비 절약을 유도하는 것도 중요하다. 마지막으로 소위 '공정한 전환'과 관련하여 다양한 문제들을 해결하기 위해서 에너지 정의의 관점에서 에너지 전환을 살펴볼 필요가 있다.

---

11 김지효·김현제, 에너지경제연구원 기본 과제 중간 발표회 발표 자료 참조.

에너지 전환을 위한 에너지 시스템 혁신 방향

탄소 중립 달성을 위한 에너지 전환 시대의 에너지 시스템은 탈탄소화(Decarbonization), 분산화(Decentralization), 디지털화(Digitalization), 탈규제(Deregulation), 에너지 민주화(Democracy)로 지칭되는 5D의 특징이 구현되도록 구축되어야 한다. 최근 전 세계적으로 에너지 시스템이 변해가는 모습을 살펴보면 탈탄소화, 분산화, 디지털화로 요약할 수 있다. 이상의 세 가지 특성에 국내 여건을 반영하여 탈규제와 에너지 민주화가 에너지 시스템의 전환 방향으로 제시되고 있다.[12]

에너지 시스템의 탈탄소화는 말 그대로 재생 에너지 공급 확대와 탈탄소화 기술을 통해 에너지 부문 온실가스 배출량을 감축하는 것이다. 재생 에너지 잠재량을 확대하기 위해서는 전력 계통의 유연성을 높여야 한다. 또한 재생 에너지의 변동성 문제에 대응하기 위해 유연성 자원을 확충해야 한다. 전력 계통의 유연성 자원이 부족한 경우 제주 지역 풍력 발전의 출력 제한(Curtailment)과 같은 문제가 더욱 자주 발생하게 될 것이다. 이를 위해 전력시장이 실시간의 변화에 따라 움직이도록 시장 기능을 활성화하는 것이 필요하다. 아울러 에너지 부문의 탈탄소화를 위해 그린 수소(Green hydrogen)의 이용을 확대해야 한다. 이를 위해서는 그린 수소의 국내 생산, 수입, 공급 인프라 확보라는 수소 경제의 조기 정착이 선결되어야 한다. 수소 경제를 조기에 정착하기 위해서는 현재 논의되고 있는 '수소 발전 의무화 제도(Hydrogen Energy Portfolio Standard, HPS)'의 내용을 구체화하여 민간의 참여

---

12 심성희, 탄소 중립 이행을 위한 에너지 시스템 혁신 방향과 중장기 과제, 산업부-에경연 정책협의회 발표 자료, 에너지경제연구원, 2021.6.23.

를 유인하는 것이 중요하다.[13] 이 조치가 시행된다면 향후 온실가스 감축이 힘든 철강과 시멘트 같은 업종에서 수소를 활용하거나 일부 건물 및 수송 부문에서도 그린 수소의 활용이 점차 확대될 전망이다.

다음은 에너지 시스템의 분산화인데, 이는 원자력 발전과 석탄 중심의 중앙 집중형 대형 발전 단지에서 전력을 대량으로 생산하고, 이를 수요지까지 초고압 송전선을 이용하여 수송하는 방식에서 벗어나 수요지 인근의 비교적 소규모 분산형 발전 설비에서 전력을 생산하여 소비하는 방식으로 변화하는 것이다. 이러한 에너지 시스템의 분산화 추세에 따라 태양광과 풍력 등 재생 에너지와 연료전지 등이 분산형 전원으로서 점차 확대 보급되고 있다. 아울러 이웃 간 전력 거래(P2P), 에너지 프로슈머(Energy prosumer), 공유경제 등이 늘어나면서 분산형 에너지 시스템으로의 변화가 가속화되고 있다.[14] 이는 에너지 시스템의 디지털화와도 밀접하게 연계되어 있다.

에너지 시스템의 디지털화는 제4차 산업혁명의 혁신적 기술을 활용해서 에너지의 생산 및 소비 효율의 최적화를 추구하는 것이다. 디지털화를 통해 수요와 공급 사이의 전통적 경계를 무너뜨리고, 상호 연결된 새로운 에너지 시스템의 구축도 가능해진다. 스마트 그리드(Smart grid) 구축과 같은 디지털화로 인해 특정 시간대의 전력 수요를 정확하게 예측할 수 있다면, 최대 수요에 대응하기 위해 갖추고 있는 공급 설비의 예비력을 최소화 할 수 있을 것이다. 특히, 저장이 힘든 전기의 특성으로 인해 설비 예비력을 확보하려고 별도의 발전

---

13 HPS의 도입은 기존의 '신재생 에너지 공급 의무화 제도(RPS)'에 함께 들어 있던 수소연료전지를 분리하여 별도의 시장을 열어줌으로써 민간 사업자가 연료전지 사업에 적극적으로 참여할 수 있도록 지원하는 것이다.
14 에너지 분야의 공유경제 해외 사례와 시사점에 대해서는 김현제 외(2019) 참조.

설비에 대한 투자비와 운영·유지비 등이 들어간다는 점을 고려하면 이 조치가 얼마나 유용한지를 짐작할 수 있다.

에너지 전환을 위한 국내 여건을 고려할 때 탈규제와 에너지 민주화가 포함되는 것도 중요하다. 규제 완화를 통한 시장 제도 개선으로 에너지 신산업이 창출될 수 있는 생태계를 육성하고, 민간의 투자를 적극적으로 유치해야 하기 때문이다. 민간 기업도 RE100이나 ESG(Environment, Social, Governance) 경영을 전면에 내세우면서 친환경 이미지를 구축하고, 이를 기반으로 사업을 전개해나가고 있다. 기업의 생존 전략이 환경과 맞닿아 있는 것이다.

다음은 에너지 민주화에 따른 분권화와 주민들의 참여 확대로 규정할 수 있다. 즉, 지역 주민들의 적극적인 참여하에 지역 여건에 맞는 분산형 에너지 시스템을 구축하는 것이다. 최근 빈발하고 있는 태양광 발전과 풍력 발전 설비에 대한 인근 주민들의 반대를 극복하고 재생 에너지를 확대하기 위한 최선의 방안은 지역 주민들의 참여를 적극적으로 유도하는 것이다.

이상에서 서술한 다섯 가지 특성을 갖춘 '그린 에너지 통합 시스템'을 그림으로 묘사하면 <그림 9.1>과 같다. 재생 에너지를 기반으로 에너지 공급·소비가 상호 통합·연계되는 에너지 시스템을 구상할 수 있는 것이다. '그린 에너지 통합 시스템'은 전력, 가스, 열 등 에너지 공급원들 간의 통합뿐만 아니라 산업, 수송, 건물 등 소비 부문 간의 연계도 중요한 구성 요소이다.

탄소 중립 달성을 위한 '그린 에너지 통합 시스템'으로 에너지 시스템을 혁신하기 위해서는 다음과 같은 중장기 과제를 해결해야 한다.[15]

---

15 심성희(2021), p.16 참조.

—— 그림 9.1 탄소 중립 시대의 에너지 시스템 구상

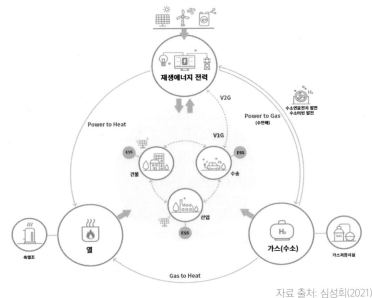

자료 출처: 심성희(2021)

첫째, 기술 혁신이 필요하다. 에너지 공급 분야 기술로는 'P2X 기술(Power to hydrogen, Power to heat, Power to power 등)', V2G(Vehicle To Grid), 에너지 저장 기술, CCUS 기술(이산화탄소 포집, 활용, 저장 기술), 재생 에너지 설비 효율 향상 등을 들 수 있다. 에너지 수요 측면에서는 사물인터넷(IoT)과 인공지능(AI) 및 빅데이터(Big data), 블록체인(Block chain), 수소 활용 생산 공정 기술 등을 들 수 있다. 정부는 기술 혁신을 위해 기술 개발 단계와 위험도, 잠재량, 적용 범위 등을 충분히 고려하여 우선순위에 입각한 연구·개발 지원을 시행해야 한다.

둘째, 새로운 시스템 운영 방안을 수립해야 한다. 특히 분산된 에너지 자원을 효율적으로 통합하고 관리하기 위한 전력망 운영 방안

을 마련해야 한다. 예를 들어, 재생 에너지 보급이 확대됨에 따라 앞으로 더 많은 소규모 분산 자원이 전력 계통의 배전단에 연결될 것이다. 이 경우에 배전 시스템의 효율적인 운영이 매우 중요하게 되므로 '배전 시스템 운영자(Distribution System Operator, DSO)'를 신설하고, 송전 시스템 운영자와 배전 시스템 운영자의 역할과 책임 구분, 거버넌스 등에 대한 운영 지침 등을 마련해야 할 것이다. 또한 기존의 가스 및 지역 난방 네트워크의 활용 방안 및 전력, 수소, CCUS 등 에너지원별 망 인프라의 통합 및 연계를 고려한 종합적인 에너지 인프라 투자 계획을 수립해야 한다.

셋째, 시장 설계 및 시장 기능 활성화 방안의 마련이다. 유연성 자원에 대한 충분한 보상이 이루어지도록 실시간 시장, 보조 서비스 시장, 용량 시장의 재설계 등이 필요하다. 경쟁적인 에너지 시장을 갖추고서 시장 기능을 활성화하여 사업자에게는 효율적인 입지 신호를 제공하고, 소비자에게는 소비 행태 변화를 유도하는 가격 및 세제(탄소세, 에너지세 등)를 개선하여 에너지 전환을 뒷받침한다. 소비자들을 위해서 계시별 요금제(TOU), 상계 제도, 망 요금, 기후·환경 비용, 지역별 요금제, 변동적 재생 에너지의 예측력 보상 등의 다양한 제도를 도입하거나 확대할 수 있다. 또한 향후 에너지원 간의 경계가 한층 더 모호해지리라는 점을 고려하여 에너지 관련 공기업의 역할과 기능을 재편해야 한다.

마지막으로 에너지 서비스의 혁신을 기반으로 한 사업 모델 마련이다. 현재 수만 명에 달하는 국내 태양광 사업자 중 대다수는 프로슈머가 아니지만, 향후 태양광 시장이 성숙해지면 프로슈머 형태의 소규모 태양광 발전 사업이 주도적인 역할을 할 것이다. 그러니 앞으로 프로슈머의 역할을 강화하고 소비자들의 소비 행태 변화를 유도하기 위한 에너지 서비스의 혁신이 필요하다. 지역 여건과 특성, 주민들의 요구에 맞는 융·복합 해결책도 발굴하여 적합한 사업 모델을 제시하는 것 또한 중요하다. 예를 들어, 탄소 중립형 산업 클러스터, 공동주택의 스마트 에너지 커뮤니티 등에 가상 발전소(VPP), 이웃 간 에너지 거래(P2P), 수요 반응(DR), 커뮤니티 공유 모델 등을 조합하여 수익이 나는 사업 모델을 모색해야 할 것이다. 다음 단계로 이러한 융·복합 해결책을 유형화하고 규모를 키워 성공 모델을 창출하고, 이를 확산하는 것이 필요하다. 특히, 에너지 서비스의 혁신을 이루기 위한 전제조건으로 소매 시장의 개방 및 데이터 접근성 향상 등 시장 제도의 획기적인 개선이 무엇보다 중요하다.

'에너지 정의(Energy Justice)'의 관점에서 에너지 전환에 대한 접근이 필요

'2050 탄소 중립'의 목표 달성을 위해서는 에너지 전환의 추진이 필요하며, 에너지 전환은 소비자의 공감대 형성으로부터 시작된다고 해도 과언이 아니다. 에너지 전환으로 기존 에너지 산업에 구조적인 변화가 일어나게 되고, 에너지 전환이 진행될수록 석탄 화력 발전의 좌초 자산화를 포함한 에너지원 간 불균형, 지역 간 불균형, 일자리 상실 등 에너지 이슈 관련 갈등과 문제가 더욱 첨예하게 드러날 것이다. 이에 '정의로운 전환'과 '공정한 전환'이 에너지 전환의 핵심 화두로 등장하였다. 에너지 전환 과정에서 필연적으로 발생하는 지역·국가 간 차이를 인지하고, 탄소 중립 달성 과정에서 향후 일어날 수 있는 문제를 에너지 정의의 관점에서 살펴보면서 시사점을 모색하는 것이 공감대 형성에 크게 이바지할 것이기 때문이다.

Heffron and McCauley(2017)에 의하면 에너지 정의는 분배적 정의 (Distributional justice), 인정적 정의(Recognition justice), 절차적 정의(Procedural justice)로 구성된다. 분배적 정의는 물리적으로 불균등한 환경 및 이와 관련된 책임을 인지하고, 에너지 기반 시설 및 에너지 서비스에서 공정한 분배를 추구하고자 하는 가치를 말한다. 인정적 정의는 에너지 정책을 시행함에 있어 사회적·문화적·지역적·성별적 차이가 있는 다양한 사회 집단들의 이해관계를 고려하려는 가치를 의미한다. 절차적 정의는 에너지 정책 시행 과정에서 다양한 이해 집단의 입장을 절차적으로 차별하지 않고 고려하려는 가치를 뜻한다.

해외에서는 2010년대 중반부터 에너지 정의의 개념이 활발하게 사용되고, 관련 연구들도 진행되고 있다. 하지만 국내에서는 에너지 정의에 대한 논의가 부족한 실정이다. 다만 기후 정의의 관점에서 기후 변화에 대한 대응 및 해결책을 모색하는 연구[16]가 진행되고 있다. 이렇듯 에너지 정의에 대한 논의를 통해 에너지 전환의 당위성에 대한 소비자들의 공감대를 끌어낼 수 있고, 정책 당국도 에너지 전환 정책을 한층 강하게 실행하는 데 필요한 명분을 마련할 수 있다.

에너지 정의의 관점에서 에너지 전환에 대해 생각하는 경우, 에너지 전환에 참여하지 않는 것은 정의로운 행위가 아니다. 즉, 에너지 전환에 참여하지 않는 자에게 징벌을 가해도 거부할 수 없다는 의미이다. 온실가스 배출량을 감축하는 데 적극적이지 않은 국가를 에너지 정의의 관점에서 심판할 수 있다는 의미이다. 하지만 에너지 정

---

16 한상운 외, 2019, 2020.

의에 대한 담론을 통해 온실가스 감축의 당위성만을 강조하기보다
는, 에너지 전환의 과정에서 파생되는 여러 문제를 해결하고 공정하
게 전환하기 위한 해결책을 모색해야 한다.

10

탄소 시장은 탄소 중립 달성에 어떤 도움이 될까?

김용건

한국환경연구원 선임연구위원

기후 변화와 탄소 중립

기후 변화와 기상 이변은 이제 더 이상 특이한 사건이 아니라 새로운 일상이 되었다. 2021년 여름에도 지구촌은 극심한 기상 이변으로 몸살을 겪어야 했다. 미국과 캐나다에는 전례 없는 폭염이 이어지고, 가뭄과 산불로 주거지가 파괴되었다. 중국과 일본에서는 폭우로 수십 명이 사망 또는 실종되었다. 독일에서도 100년 만의 폭우로 120명 이상이 희생되는 물난리를 겪었는데, 독일 기상청에서는 1천 년 만의 대홍수가 발생했다고 평가할 정도였다. 이처럼 심각해지는 기후 변화 문제를 근원적으로 해결하기 위해서는 지구온난화의 원인 물질인 온실가스의 순(純)배출량을 제로로 만들어야 한다. 즉, 모든 국가가 탄소 중립 혹은 넷제로(Net Zero) 배출 상태를 달성해야 하는, 지구 차원의 공동의 목표가 생긴 것이다.

탄소 중립을 실현하기 위해서는 온실가스를 배출하는 화석연료의 사용을 중단하거나, 적어도 배출되는 온실가스를 흡수/제거해야 한다. 하지만 아직 우리가 쓰는 에너지의 대부분이 화석연료라는 점 때문에 이는 상상하기조차 어려웠고, 그래서 미래의 일이기라도 한 것처럼 미뤄두기만 했다. 적어도 IPCC(Intergovernmental Panel on Climate Change)가 「섭씨 1.5도 특별 보고서」를 발간한 2018년 이전까지만 해도 분명 그러했다.

IPCC는 1988년 세계 기상 기구(WMO)와 UN 환경 계획(UNEP)이 공동으로 설립한, 기후 변화에 특화된 국제 연구 조직이다. IPCC는 기후 변화 관련 연구를 집대성하여 주기적으로 평가 보고서를 발간하는데, 제1차 평가 보고서를 기초로 UN 기후 변화 협약이 만들어졌다.

이후 1997년 12월 선진국들에 부과된 구체적인 온실가스 감축 의무와 국제 탄소 시장을 도입하는 내용의 교토 의정서가 시행되었고, 2015년에는 이를 계승하는 파리 기후 변화 협약이 출범하게 되었다. 이 모든 과정에서 IPCC의 정기적인 평가 보고서는 중요한 과학적 근거를 제공함으로써 협상의 방향을 제시해왔다.

이러한 IPCC의 제48차 총회가 2018년 인천 송도에서 IPCC 의장 이회성 박사의 주재하에 개최되었다. 여기서 탄소 중립을 향한 거대한 글로벌 트렌드를 촉발시킨 뜻 깊은 보고서인 「섭씨 1.5도 특별 보고서」가 채택되었다. 이때까지만 해도 국제사회의 기후 변화에 대한 대응 목표는 지구의 평균 기온을 산업화 이전 대비 섭씨 2도 이내로 억제하는 것이었으며, 그마저도 행동이 뒤따르지 않는 이상적 목표에 불과한 상황이었다. 하지만 「섭씨 1.5도 특별 보고서」는 "섭씨 2도라는 목표가 너무 위험하며, 섭씨 1.5도 이내로 지구온난화를 억제하지 않을 경우 심각한 피해가 우려된다"고 주장하면서 그에 대한 과학적 근거를 보여주었다. 더 중요한 것은 탄소 중립을 통해 기온 상승을 섭씨 1.5도 이내로 억제하는 것이 인류의 노력으로 충분히 가능하다는 근거를 제시하였다는 점이다.

탄소 중립 정책 동향

2021년 4월 현재 EU와 함께 전 세계 44개국이 탄소 중립을 약속하였다. 이 국가들은 전 세계 온실가스 배출 및 GDP의 약 70%를 점하고 있다. 세부적으로 EU는 2019년 기후 변화에 대한 대응 및 성장 전략으로서 유럽 그린 딜을 발표하면서 2050년까지 탄소 중립을 달

성하겠다면서 '2050 탄소 중립'을 선언하였다. 또한 탄소 중립 달성
을 위해 그린 모빌리티(Green mobility), 재생 에너지 생산, 건물 에너지
효율화, 청정 및 순환경제 등에 1조 유로를 투자한다는 계획을 발표
했다. 미국은 조 바이든 행정부가 들어서면서 도널드 트럼프 행정부
때 탈퇴한 파리 기후 변화 협약에 재가입하고, EU와 마찬가지로
'2050 탄소 중립'을 선언한 것은 물론, 세계 기후 정상 회담 개최 등을
통해 국제 기후 외교 분야에서의 리더십을 강화하고 있다.

특기할 만한 사실은 중국도 탄소 중립 대열에 동참하였다는 점이
다. 이전까지 중국은 "기후 변화의 책임은 선진국에 있으며, 온실가
스 감축과 개도국 지원 또한 선진국의 의무"라는 개도국들의 입장을
대변하는 G77 그룹의 큰형 역할을 해왔다. 그러한 중국이 탄소 중립
을 통해 온실가스 감축 노력에 적극 동참하겠다는 것은, 기존의 입장
에서 탈피한 매우 진일보적인 입장 표명이라 하겠다. 비록 목표 연도
가 2060년이라는 점에서 다른 선진국들보다 10년 늦는 일정이라지
만, 수십 년에 달하는 산업화 격차를 고려한다면 긍정적인 평가를 받
을 만하다.

일본도 '2050 탄소 중립' 선언과 함께 세계 최초 탈탄소사회의 실
현을 목표로 다양한 분야의 기술 개발과 투자를 계획하고 있다. 또한
신재생 에너지, 수소경제, 그리고 이들에 의한 전력 생산 등을 중점
과제로 추진하고 있다. 영국은 '2050 탄소 중립'을 위해 2035년까지
발전 부문에서의 탄소 중립을 달성한다는 계획을 세웠으며, 그린 전
기 및 수소 에너지 보급 확대, 탄소 포집·저장(CCS) 기술 개발, 육류
소비 저감, 단거리 노선에서의 항공기 비행 금지, 산림 확대 등을 중
점 과제로 추진 중이다. 독일은 기존의 기후보호법과 감축 목표 수준

이 미래 세대의 기본권을 침해한다는 헌법재판소의 위헌 판결에 부응하여 2045년까지 탄소 중립을 달성한다는 목표와 함께 2030년 목표를 1990년에 대비해 65%까지 강화하였으며, 내연 차량 금지, 수소 환원 제철, 태양광/수소 확대 등을 중점 과제로 추진 중이다.

우리나라도 2020년 말에 2050까지 탄소 중립을 이루겠다는 목표와 이를 달성하기 위한 전략을 UN에 제출하였다. 이에 따르면 재생 에너지 및 동북아시아 슈퍼 그리드(Super Grid) 등을 통한 그린 전기 및 수소 에너지 활용 확대와 함께, 스마트 그리드, 자율 주행 자동차 등을 활용하여 디지털 기술과 연계한 혁신적 에너지 효율 향상을 추진할 계획이다. 아울러 탄소 포집·이용·저장(CCUS), 수소 환원 제철, 생물을 원료로 하는 바이오 플라스틱 등 탈탄소 미래 기술 개발 및 상용화와 함께, 재활용 및 재사용을 통한 순환경제 실현으로 지속 가능한 산업 혁신을 이룬다는 전략도 세우고 있다. 이와 함께 산림, 갯벌, 습지 등 자연계·생태계의 탄소 흡수 기능도 강화할 계획이다.

탄소 중립 달성을 위한 탄소 시장의 역할

환경 문제는 시장경제가 스스로 해결할 수 없는 대표적인 '시장 실패'의 영역이다. 예를 들어, 환경오염에 따른 피해는 시장 가격에 제대로 반영되지 못하는 '외부 효과(Externality)'이며, 그러한 사회적 비용을 시장 가격에 '내부화(Internalize)' 하기 위한 정부의 개입이 필요해진다. 기후 변화 문제 역시 전형적인 글로벌 외부 효과이며, '온실가스 감축'은 글로벌 공공재(Public good), '온실가스 배출'은 글로벌 공공악(Public bad)이라는 성격을 가지고 있다. 배출권 거래제(Emissions Trading

Scheme, ETS)는 시장 실패를 교정하기 위해 바로 시장 자체를 이용하는 것이다. 그러니까 온실가스 감축을 유도하기 위해 정부의 규제를 통해 탄소 배출권이라는 인위적인 시장을 만드는 것이다.

온실가스의 순배출량을 0으로 만드는 탄소 중립을 실현하기 위해서는 경제 구조 자체가 근본적으로 변화해야 한다. 시장경제에서 이러한 변화는 모든 재화와 용역의 가격에 탄소의 가격이 반영될 수 있어야 가능해진다. 온실가스 감축 목표 달성에 필요한 탄소 가격의 수준을 도출하고, 이를 모든 제품의 시장 가격에 반영한다는 점에서 탄소 배출권 시장은 가장 효율적인 기후 정책으로 평가받는다.

전 지구적인 온실가스 감축이라는 목표를 효율적으로 달성하기 위해서는 국제적인 탄소 시장 또한 필요하다. 국제사회는 1997년 채택된 교토 의정서를 통해 국제 탄소 시장을 출범시킨 바 있다. 올해부터는 파리 기후 변화 협약이 교토 의정서를 대체하게 되는데, 파리 기후 변화 협약 제6조에 따라서 국제 탄소 시장이 새롭게 시작될 예정이다.

세계 각국은 각기 자국에 맞는 국내 탄소 시장을 확대해나가고 있으며, 파리 기후 변화 협약은 이러한 지역별 탄소 시장을 연계하여 글로벌 탄소 시장을 조성하는 역할을 할 것이다. 전 지구적 탄소 중립을 효과적으로 실현하기 위해서는 지역별 탄소 시장이 효율적으로 작동해야 하며, 국제 탄소 시장 또한 제 역할을 해야 할 것이다. 이를 위해 우리나라도 운영 중인 탄소 시장의 가격 기능이 원활하게 작동하도록 제도적 개선을 지속해야 하며, 국제 기후 협상에서 파리 기후 변화 협약에 따른 국제 탄소 시장이 합리적으로 설계될 수 있도록 노력해야 한다.

글로벌 탄소 시장의 규모와 성장

2021년 초 기준 전 세계에는 33개의 배출권 거래제가 시행되고 있다. 2005년 'EU 배출권 거래제(EU ETS)'가 시작된 이래 8개 국가(중앙정부), 18개 지방정부, 그리고 6개 도시에서 탄소 시장을 운영 중이며, 전 세계 배출량 중에서 ETS가 관리하는 비중은 과거 16년간 5%에서 16%로 증가하였다. 경제 규모 측면에서는 전 세계 GDP의 54%를 점하는 지역에서 탄소 시장이 운영되고 있으며, 전 세계 인구의 3분의 1이 탄소 시장의 관리를 받고 있다.[12]

EU는 2005년부터 세계 최초이자 최대 규모의 배출권 거래제(EU ETS)를 운영 중인 명실상부한 글로벌 리더이다. EU의 28개 회원국에 더하여 아이슬란드, 리히텐슈타인, 노르웨이 등 총 31개국이 참여하고 있으며, 전체 배출량(2017년 기준 약 43억 톤)의 45%가 배출권 거래제의 적용을 받고 있다. 1기(2005~2007년), 2기(2008~2012년), 3기(2013~2020)를 거쳐 현재 4기(2021~2030년)에 진입하였으며, 그동안 탄소 시장의 효율적 작동을 위해 다양한 제도적 개선이 이루어져 왔다. 대상 시설의 범위도 점진적으로 확대되었으며, 초기에는 대부분의 배출권이 무상으로 할당되었으나 전력 부문을 중심으로 유상 경매를 통한 할당 비중이 증가하여 왔다.

EU ETS의 감축 목표는 지속적으로 강화되어 왔는데, 최근에는 탄소 중립 목표 달성을 위해 2030년의 목표를 강화하고 배출권 할당량도 축소하는 방안을 추진 중이다. 특히 제4기부터는 배출권 수급

1 ICAP, 2021.

2 탄소 시장과 함께 탄소 가격 정책의 핵심 수단인 탄소세도 전 세계적으로 30건이 시행 중인데, 이를 포함하면 글로벌 온실가스 배출량의 약 21.5%가 탄소 가격의 적용을 받고 있다.(World Bank, 2020)

불균형을 해소하기 위한 제도적 장치로서 시장 안정화 예비분(Market Stability Reserve, MSR)을 운영하기 시작하였는데, 이는 감축 목표 강화와 시장 안정화 조치의 영향으로 배출권의 시장 가격이 상향 안정화되는 효과 또한 거두고 있다.

미국의 경우 연방정부 차원에서는 탄소 시장 정책 입법화에 어려움을 겪고 있지만, 주정부 차원에서는 다수의 지역 단위 탄소 배출권 거래제가 시행 중이다. 뉴욕 주 등 미국 동부 지역의 10개 주는 발전시설의 이산화탄소 배출에 대한 총량 규제 및 배출권 거래제(RGGI)를 2009년부터 시행 중이다. 대부분의 배출권 거래제가 초기에는 무상 할당을 택하는 데 비해, RGGI는 시작부터 할당 배출권의 거의 100%를 유상 경매로 공급하는 획기적인 방식을 채택하였다. 최근 가격은 톤당 5달러 수준이라 낮은 편이다. 2021년부터는 시장 가격이 일정 수준 이하로 떨어질 경우, 배출권 할당 총량을 자동으로 감소시키는 시장 관리 제도를 도입하였다.

캘리포니아 주정부도 온실가스 배출량을 2020년까지 1990년 수준으로, 2050년까지 1990년 대비 80%로 감축한다는 목표하에 2012년부터 산업·발전·수송·건물 분야를 대상으로 7종의 온실가스에 대한 배출권 거래제를 시행 중이다. 할당 과정에서 경매와 무상 할당을 병용하고 있으며, 경매에서는 최소 낙찰가(2019년 기준 톤당 15.6달러)를 적용함으로써 지나친 가격 하락을 예방하고 있다. 배출권 가격이 특정 수준에 이를 경우 3단계에 걸쳐 예비분을 매각하여 시장 가격을 안정시키는 단계별 시장 안정화 대책도 운영 중이며, 2021년부터는 가격 상한(톤당 65.0달러) 제도가 도입되었다. 2014년부터 캐나다의 퀘벡 주 배출권 시장과 연계·운영 중인데, 이는 국가들 간의 탄소 시장 연계의 모범 사례로 평가받는다.

8개 지역 단위 배출권 거래 시범 사업을 시행하던 중국은, 2021
년부터 2,225개 화력 발전 시설을 대상으로 전국 단위 탄소 배출권
시장을 출범하였다. 중국에서 화력 발전에 따른 탄소 배출량은 중국
전체 탄소 배출량의 약 40%를 차지하는데, 이것만으로도 EU 탄소
시장의 두 배에 달하는 큰 규모이다. 배출권은 배출원 단위를 기준으
로 할당하는 벤치마킹 방식이 적용되는데, 초기에는 배출권 할당의
기준이 높지 않아 배출권 수요가 크지 않을 전망이나, 점차 강화된
기준이 적용될 계획이다. 대상 분야도 점차 다른 산업 부문으로 확대
되어 적용될 예정이다. 중국 정부는 2020년 9월에 발표한 '2060년 탄
소 중립 목표 달성'의 핵심 정책 수단으로 탄소 시장을 활용할 계획
이다.

— 그림 10.1 전 세계 탄소 시장 지역별 거래 규모 및 총 거래량

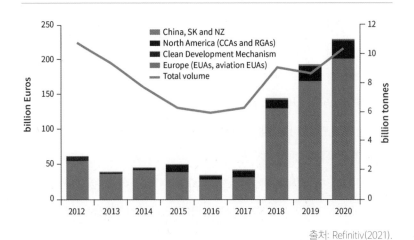

출처: Refinitiv(2021).

세계 탄소 시장 거래 규모는 최근 급속한 성장세를 보이고 있으며, 2020년의 경우 전년 대비 19% 증가한 2290억 유로(거래량 103억 톤)에 달한다(그림 10.2). EU ETS가 약 87.9%를 차지하고 있으며, 북미 지역 시장도 11.4%를 점하고 있다. 우리나라를 비롯한 나머지 시장은 미미한 수준을 보이고 있다.

<그림 10.2>는 주요 탄소 시장 가격 추이를 보여준다. EU ETS 탄소 가격은 상당 기간 톤당 10달러 이하라는 낮은 가격이 유지되었으나 2018년 이후 꾸준한 증가세를 보이고 있다. 반면에 우리나라의 탄소 시장 가격은 2020년 초까지 세계 최고 수준을 유지하다가 COVID-19 사태 이후 급락세를 보이면서 톤당 10달러 근처까지 하락하였다가 최근에는 다시 30달러 근처까지 급등하는 등 불안정한 장세를 보이고 있다.

—— 그림 10.2 전 세계 주요 탄소 시장 가격 추이

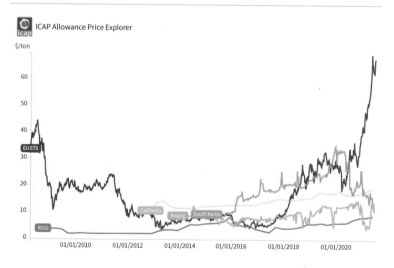

출처: ICAP(2021)).

우리나라 탄소 시장 현황과 문제점

우리나라는 2020년에 국가 온실가스 감축 목표를 수립한 이후 이의 달성을 위한 핵심 정책 수단으로 '탄소 배출권 거래제'를 시행해왔다. 일단 2015년부터 3년간을 제1차 계획 기간으로 설정하고서 시작한 이래 2020년까지 제2차 계획 기간이 종료되었으며, 2021년부터 5년 단위 계획 기간을 가지는 제3차 계획 기간이 시작되었다. 계획 기간별 배출권 할당량은 국가 온실가스 감축 목표 달성을 위한 감축 로드맵에 따라 정해지며, 현재 2021~2025년으로 설정된 제3기 계획 기간 할당 계획에 따라 배출권이 할당되었고, 한국거래소를 중심으로 배출권 거래가 이루어지고 있다.

배출권 발행 규모는 제3차 계획 기간 동안에는 5년간 30억 8200만 톤이며, 배출권 시장 가격도 2020년 초 톤당 4만 원 이상으로 형성되면서 연간 배출권 시가총액은 최대 24조 원을 상회하기도 하였다. 시가총액 기준 탄소 시장 규모는 EU의 탄소 시장에는 못 미치나, 단일 국가 단위에서는 세계 최대 수준으로 평가되기도 하였다.

내용적 측면에서도 우리나라의 배출권 거래 제도는 매우 합리적인 특징을 보여준다. 교토 의정서에 수록된 6대 온실가스[3] 모두를 대상으로 하며, 업종을 막론하고 일정 규모 이상의 모든 배출원이 규제 대상이며, 자동차 등 이동 배출원까지 포함하는 포괄적인 규제 형태를 띠고 있다. 이로 인해 우리나라 전체 배출원의 70% 이상을 관리함으로써 정책의 효과성을 담보하고 있다. 우리나라의 배출권 거래 제도는 국가 단위의 탄소 시장 중에서 가장 광범위한 적용 범위를 갖는

---

3 이산화탄소(CO2), 메탄(CH4), 아산화질소(N2O), 수소불화탄소(HFCs), 육불화황(SF6), 과불화탄소(PFCs) 등이다.

다는 점에서 모범적인 제도로 평가받을 만하다.

　배출권 할당 방법도 과거의 배출 실적에 기초한 무상 할당과 함께, 배출원 단위 표준을 적용하는 벤치마킹 방법, 그리고 유상 경매 등을 복합적으로 적용하고 있으며, 국내외 외부 감축 사업(상쇄 사업)을 통한 상쇄 배출권의 사용도 허용되고, 배출 집약도와 무역 집약도가 높은 산업에 대해서는 유상 할당을 면제하는 '탄소 누출(Carbon leakage) 방지' 규정도 도입하고 있다.

　이러한 외형적인 합리성에도 불구하고 우리나라의 탄소 시장은 심각한 문제점을 갖고 있다. 무엇보다 전력 시장의 왜곡으로 인해 탄소 시장 가격이 발전소의 온실가스 감축을 유인하는 역할을 거의 하지 못하고 있다. 전력 시장은 전력 생산 비용이 낮은 발전기를 우선적으로 가동하는 경제급전(經濟給電)의 원칙하에 매일 시간대별 전력 수요를 충족하려고 가용한 발전기를 가동시킨다. 그런데 배출권 거래제하에서 개별 발전기는 발전에 따른 배출권 비용을 고려하여 비용을 평가해야 함에도 불구하고, 현재 우리나라의 전력 시장은 전력 시장 운영 규칙에 의거하여 배출권 비용을 고려하지 못하게 하고 있다. 만약 탄소 시장 가격이 높아지게 되면 배출권 비용이 더 큰 석탄 화력 발전기가 우선순위에서 떨어지고, 배출권 비용이 낮은 액화천연가스(LNG) 화력 발전기가 더 우선적으로 가동되어야 함에도 불구하고 이러한 조정이 근원적으로 불가능한 것이다. 사실상 무늬만 탄소 시장이지 전력 부분에서는 아무런 역할을 하지 못하는 것이다. 심지어 화석연료 발전소의 배출권 구입비의 대부분을 정부가 보조하고 있다. 온실가스를 다량 배출하는 화석연료 화력 발전소가 탄소 가격과 상관없이 가동됨은 물론, 그에 따른 배출권 비용마저 보조받음으로써 배출권을 구입해도 손해 보지 않는 비정상적 구조를 갖고 있는 것이다.[4] 이러한 행태는 배출권이 부족한 시기에 배출권의 가격이 폭등하는 현상을 초래하는 주요 원인으로 작용한다. 예를 들어, 2020년까지 고공 행진을 하던 우리나라의 배출권 가격에 이와 같은 전력 시장 왜곡이 큰 영향을 미친 것으로 보인다.

또 하나의 탄소 시장 왜곡은 무리한 거래 제한 규정에서 발생한다. 배출권 시장에서는 어느 기업이든 배출량을 줄이면 그만큼 배출권 시장 가격으로 보상을 받고, 그렇지 못한 업체는 부족한 감축량에 대해 배출권 가격으로 대가를 지불하도록 하고 있다. 즉, 시장 기능을 통해 모두가 열심히 노력하도록 인센티브를 제공하는 제도를 시행하고 있는 것이다. 이로써 탄소 배출 업체 간 자유로운 거래와 노력의 조정이 이루어져 우리에게 주어진 온실가스 감축 목표를 가장 저렴한 비용으로 달성할 수 있는 것이다. 이러한 비용 효율성을 담보하기 위해서는 '자유로운 거래'가 가능해야 하는데, 어느 기업이든 많이 줄이는 만큼 남는 배출권을 자유롭게 팔 수 있고, 또한 지금 많이 줄여서 남은 배출권을 다음에 부족할 때 쓸 수 있어야 한다.

그런데 실상은 그렇지 못하다. 즉, 현재 우리나라의 배출권 거래제는 배출권이 남을 경우 다음(期) 기에 쓰는 것을 엄격히 제한하고 있다. 결국 기업이 온실가스 감축 노력을 아무리 열심히 하더라도 남는 배출권을 미래에 쓰는 '이월(Banking)'을 사실상 막고 있는 것이다. 그러다 보니 시장에서 배출권이 조금이라도 남게 되면 가격이 폭락할 수밖에 없는 불안정한 상황이 발생한다. 결국 매년 혹은 매 계획 기간마다 시장의 배출권 수급에 약간의 과부족만 발생해도 배출권

---

4 발전업계가 한국전력공사로부터 보조받은 배출권 구입비만 매년 2천억이 넘는 것으로 추정된다.

가격은 급등락을 보일 수밖에 없는 것이다. 기업으로서는 자칫 감축 노력을 열심히 할 경우 배출권이 남아돌아 시장 가격을 떨어뜨리는 원흉이 되고, 팔기는 고사하고 이월도 못함으로써 큰 손해를 볼 가능성마저 높다. 결국 온실가스 감축을 위해 노력하는 것보다는 정부와 시장의 동향을 살피는 것이 더 중요해지는 것이다. 여기에 온실가스를 많이 배출할수록 다음 기에 무료 배출권을 더 많이 주는 무상 할당 방식도 감축 노력을 저해하는 원인으로 작용된다.

탄소 시장을 왜곡시키는 요인은 이외에도 여러 가지가 있다. 가격 급등락 시 대응하기 위한 정부의 시장 개입이 정부의 재량권에 의존하고 있다. 즉, 투명하고 객관적인 규칙이 없는 것이다. 이는 탄소 시장을 불안하게 하는 요인이다. 심지어 2020년에 국가 목표를 폐지·완화하면서 배출권 할당량을 늘려주었던 예에서 보듯이, 정부가 언제든 배출권을 더 발행해줄 수 있다는 선례는 산업계의 온실가스 감축 노력을 더욱 약화시킨다. 결국 우리나라도 EU ETS에서와 같은 '시장 안정화 예비분(MSR)' 규정이나 미국에서 주로 활용되는 가격 상·하한제 운영 등 정부의 재량권에 의존하지 않는 투명한 시장 개입 규칙이 확립되지 않을 경우 탄소 시장의 불안은 해소되기 어렵고, 기업의 온실가스 감축 노력도 유도되기 어렵다.

이렇듯 에너지 시장의 왜곡과 배출권 거래의 무리한 규제, 그리고 정부의 불투명한 탄소 시장 개입은 우리나라 탄소 시장의 가격 기능을 사실상 무력화시켜왔다. 특히 온실가스 감축 잠재력의 대부분을 담당하고 있는 전력 부문에서 탄소 가격이 아무런 기능을 하지 못하고, 산업 부문에서는 배출을 줄였다가 공급 과잉으로 배출권 가격만 폭락시키면서 정작 팔지도 이월하지도 못하게 되니 온실가스 감축 노력을 할 인센티브가 없고, 그렇다고 마음껏 탄소를 배출할 수도 없는 불편한 상황이 지속되고 있는 것이다. 배출권 수급에 조금만 과부족이 발생해도 가격은 급등락하지만, 정부가 재량권을 발휘하여 배출권 공급을 조절할 것이라는 기대를 품고 있는 기업은 그저 눈치 보기 게임을 하기 마련이다.

탄소 시장의 왜곡은 결국 극심한 유동성 부족과 배출권 가격 불안정을 초래하였다. 1년여 전만 해도 세계 최고 수준을 보였던 우리나라의 배출권 가격은 최근 세계 최저 수준으로 떨어질 정도로 폭락하는 심한 변동성을 보이고 있다. 2020년 우리나라의 배출권 거래 규모는 약 4400만 톤으로, EU의 80억 9600만 톤의 0.5%에 불과한 수준이다. 연간 할당 배출권 양은 우리나라가 5억 9870만톤[5]으로 EU의 13억 3460만 톤과 비교하면 절반에 약간 못 미치는 44.9% 수준이다. 즉, 우리나라 시장의 거래 회전율은 EU의 100분의 1 수준에 불과한 것이다.

탄소 시장의 과감한 개혁으로 탄소 전쟁에 대비해야

탄소 시장의 가격 기능과 수급의 균형을 맞춰주는 기능이 효율적으로 작동하기 위해서는 경제 시스템 전체에서 탄소 가격을 설정해주는 기능이 정상적으로 작동해야 한다. 즉, 탄소 가격이 다양한 재화·서비스 시장과 자연스럽게 연계되어야 하며, 이를 방해하는

---

5 우리나라의 제2차 계획 기간(2018~2020년)에 대한 배출권 할당 계획에 따르면 3년간 총할당량은 17억 9613만 톤(사전 할당량 및 예비분 합계)이며, 이는 연평균 5억 9870만 톤에 상당한다. EU의 경우 2019년 총배출권 공급량은 13억 3460만 톤(무상 6억 9490만 톤, 유상 5억 8850만 톤, 해외 2700만 톤 등)으로 추정된다(Nissen et al. 2021).

비합리적 행태가 발생하지 않도록 국가의 제도가 뒷받침해주어야
한다.

전력 부문은 전체 배출량에서 차지하는 비중(39.2%)도 높을 뿐만
아니라, 국가 감축 목표에서 차지하는 비중 또한 43%로 매우 높다.[6]
특히 탄소 가격에 따른 석탄과 천연가스 간의 연료 대체는 탄소 시장
의 수급 균형에 중요한 역할을 한다. 김용건 외(2019)에 따르면 석탄과
천연가스 간의 연료 대체만으로 탄소 가격 3~7만 원(톤당) 범위에서 1
억 톤 이상의 배출권 추가 공급이 가능하다. 결국, 산업 부문에서의
단기적인 감축 대안이 상대적으로 부족하다는 점에서 발전 부문의
감축 잠재력은 탄소 시장 전체의 수급 균형에 매우 중요한 역할을 할
수 있다. 이러한 발전 부문의 배출권 수급 조절 역할이 발휘되기 위
해서는 현재의 전력 시장 왜곡이 반드시 교정되어야 한다. 즉, 전력
거래소의 급전 우선순위 결정에 탄소 시장 가격이 제대로 반영될 수
있도록 전력 시장 운영 규칙이 개정되어야 한다. 또한 배출권 구입비
에 대한 정부의 보조금은 철폐되어야 한다. 더불어 배출을 많이 할수
록 배출권을 많이 할당하는 벤치마크 할당 방법도 청정에너지를 역
차별하지 않도록 교정되어야 한다.

우리나라의 탄소 시장을 정상화하려면 전력 시장에서의 탄소 가
격 기능 회복뿐만 아니라, 시장의 안정성 확보를 위한 다양한 제도적
기반을 뒷받침해주어야 한다. 무엇보다 극심한 배출권 공급 부족과
구매자의 불안 심리를 완화해야 하는데, 이를 위해서는 시장에서 일
정 수준의 여유 배출권이 유지될 수 있어야 한다. 2018년 기준 우리

---

6 우리 정부의 온실가스 감축 로드맵(2018)에 따르면 2030년 온실가스 배출 전망치는 8억 5080만 톤
(tCO2e)이다. 우리나라의 감축 목표량은 2억 7650만 톤(전망치 대비 32.5%)이다. 발전 부문은 배출 전망
대비 39.2%(3억 3320만 톤), 감축 목표량의 43.0%(1억 1890만 톤)를 차지한다.

나라 탄소 시장의 배출권 이월량은 약 3040만 톤으로, 연평균 배출권 할당량(5억 9200만 톤)의 5% 수준에 불과하다.[7] EU 탄소 시장의 경우 시장 안정화 예비분으로 관리하는 여유 배출권 규모가 연간 할당량의 22~46%에 상당한다는 점을 고려하면 지나치게 부족한 수준이다. 적정 수준의 잉여 배출권이 유지되지 않는다면 배출권 수급의 불안정성은 해소되기 어렵다.

이와 함께 배출권의 이월을 제한하는 규제는 반드시 철폐되어야 한다. 일시적인 가격 상승을 우려하여 배출권의 판매를 강제하는 정책은 단기적으로 효과가 있을 수 있지만, 배출권 시장의 효율성을 떨어뜨려 중장기적으로 심각한 문제를 야기하기 때문이다. 우리 정부가 탄소 중립을 선언하고 '2030 감축 목표'를 강화하겠다고 약속해도 우리나라의 탄소 시장이 전혀 반응하지 않는 이유는, 이월 금지에 따른 현재 시장과 미래 시장의 단절 때문이다. 즉, 미래에 대한 투자를 유도해야 할 탄소 시장이 단기적인 수급 맞추기에만 급급한 나머지 정부의 미봉책에만 기대는 악순환에 빠져 있기 때문인 것이다.

시장의 효율적인 작동에 필요한 필수 요건 중의 하나는 정부 정책의 예측 가능성이다. 불투명하거나 예측이 불가능한 정책은 시장의 불확실성을 높이고, 가격 기능도 훼손한다. 정부 정책의 예측 가능성을 높이기 위해서는 미래 배출권의 할당량을 결정하고, 정부의 시장 개입 등이 투명하고 예측 가능한 방식으로 이루어지도록 해야 한다. 과거에 우리 정부는 감축 목표의 변경과 후퇴, 불투명한 시장 개입 등으로 시장의 불확실성을 증가시킨 면이 있다. 투명하

---

[7] 온실가스종합정보센터(2019)의 자료를 이용하여 계산하였다. 연평균 할당량은 2018~2020년을 대상으로 하는 2차 계획 기간 기준이다.

고 예측 가능한 시장이 형성될 수 있도록 관련 제도를 개선해야 할 것이다.

마지막으로 온실가스 감축 인센티브를 왜곡하는 규칙을 개선할 필요가 있다. 무엇보다 배출량에 비례하는 무상 할당 방식에서 조속히 탈피해야 한다. 지금 온실가스 배출량을 줄이면 다음에 할당을 덜 받게 되는 무상 할당 방식하에서 과연 온실가스 배출량을 열심히 줄이려는 기업이 얼마나 있을까? 가장 바람직한 할당 방식은 유상 경매를 적극적으로 활용하는 것이다. 여기서 중요한 것은 "정부가 경매 수익을 어떻게 활용하는가?"이다. 경매를 통한 수익을 고용 촉진을 위한 지원에 효과적으로 활용한다면 온실가스도 줄이면서 고용도 증대하고, 이로써 국민소득도 증가시키는 1거 3득의 효과를 거둘 수 있다.[8]

이상과 같은 제도적 문제점을 지혜롭게 해결한다면 우리나라의 배출권 거래제는 국가 온실가스 감축 목표의 효율적 달성을 담보함은 물론, 전 세계 탄소 시장을 선도하는 글로벌 스탠다드로 자리매김을 할 수 있을 것으로 기대된다. 급속히 확산되는 탄소 시장에서 후발 국가들의 모범이 되어 우리나라의 경험과 제도를 수출함은 물론, 글로벌 탄소 시장 형성을 주도하고 효과적으로 활용할 수 있는 디딤돌이 될 수 있다.

최근 EU와 미국 등 주요국에서는 적극적인 탄소 규제 정책의 시행과 병행하여 상응한 탄소 규제를 시행하지 않는 국가에 대해 '탄소

---

8 Kim & Lim (2020)에 따르면 '2030 온실가스 감축 목표 달성'에 배출권 거래제를 효율적으로 활용할 경우 감축 목표를 달성하면서 실질 국민소득도 증가하는 효과를 거둘 수 있다. 다만, 배출권 경매 수익이 고용 촉진 활동에 적절히 지원된다는 전제가 필요하다. 또한 현재와 같이 전력 부문에 탄소 가격 기능이 작동하지 못하게 되면 경제적으로 큰 피해가 발생하게 되리라는 사실도 보여주고 있다.

관세(Carbon tariff)' 부과를 포함한 '탄소 국경 조정(CBAM, Carbon Border Adjustment Mechanism)' 도입을 추진하고 있다. EU나 미국 모두 탄소 시장이 핵심 정책 수단이며, 탄소 국경 조정은 결국 상응하는 탄소 가격 정책을 갖추지 않은 국가를 대상으로 이루어질 것이다. 예를 들어, 탄소 가격이 낮은 국가에서 생산한 제품이 탄소 가격이 높은 국가에서 생산한 제품보다 가격 경쟁력 면에서 부당하게 이득을 보게 되므로, 그 차이만큼 관세를 부과함으로써 부당하게 취한 이득을 상쇄시켜 기울어진 운동장을 바로잡겠다는 것이다.

선진국 수준의 탄소 배출권 거래제가 정착된 우리나라는 이미 국제적인 탄소 관세 전쟁에서 유리한 입장에 있다. 즉, 탄소 국경 조정은 탄소 가격이 높은 나라가 더 낮은 나라에 부과하는 것이므로 우리나라의 탄소 배출권 가격이 더 높다면 탄소 관세를 걱정할 필요는 없기 때문이다. 물론 우리나라의 탄소 시장은 가격 급등락에 따른 불안정 등 여러 가지 문제점이 있다. 하지만 탄소 가격 적용 범위나 엄격한 감시·감독 체계 등이 글로벌 스탠다드로 평가받기에 부족하지는 않다. 여기에 시장의 왜곡을 해소시켜 줄 제도 개혁 노력도 더해진다면 선진국의 탄소 시장과 경쟁할 만한 충분한 여건을 갖추게 될 것이다. 오히려 EU와 미국 등의 탄소 국경 조치는 우리나라와 경쟁 관계에 있는 일본과 중국, 동남아시아 여러 나라 등에 더 부정적인 영향을 초래할 가능성이 높다. 결국 국내 탄소 시장을 안정적으로 운영하기만 한다면, 그리고 적절한 대응 조치를 적기에 추진한다면, 탄소 관세 전쟁은 오히려 우리 산업의 국제경쟁력을 높이는 기회가 될 수도 있다.

우리나라는 안타깝게도 '기후 악당'이라는 오명을 듣고 있다. 선진국 못지않은 탄소 시장을 운영하고 있음에도 불구하고 이러한 평가를 받는 것이 억울하겠지만, 탄소 시장을 왜곡시키고 온실가스 감축 목표를 번복하면서 석탄 화력 발전소를 늘려왔다는 점을 돌아본다면 반성해야 할 부분도 없지 않다. 특히 탄소 시장을 개혁하기보다 '2020년 온실가스 감축 목표'를 폐기하면서까지 배출권을 추가로 할당했다는 점은 비난을 피하기 어려울 것이다. 즉, 우리나라는 온실가스를 2020년에 BAU(Business As Usual) 대비 30%까지 감축한다는 목표를 세웠으나 이를 11% 수준으로 완화하고, 그만큼 배출권을 더 할당한 바 있다. 그마저도 COVID-19 사태가 아니었다면 달성하지 못할 뻔 했다.

우리나라는 현재 온실가스 배출량의 70% 이상을 탄소 시장을 통해 관리하고 있다. 국가 감축 목표를 아무리 잘 설정해도 탄소 시장이 정상화되지 않으면 감축 목표를 달성할 수 없다. 지금의 탄소 시장 왜곡 문제를 해소하지 않는다면 2030년의 목표치 또한 공염불에 지나지 않을 것이다. 2030년이 다가오면 정권도 바뀔 것이고, 그러면 목표도 바꾸고, 또 할당량도 바꿀지 모른다. 최근 정부는 2030년 목표치를 지금보다 대폭 강화하겠다고 약속했다. 탄소 시장을 정상화하지 않고서 그렇듯 강력한 감축 목표치를 어떻게 달성할 수 있겠는가? 세계 10위 규모의 시장경제 국가에서 탄소 시장의 효율적 자원 배분 기능 없이 어떻게 탄소 중립을 이룰 수 있겠는가? 5천만 국민과 수만 개의 기업에 일일이 어떤 기술을 이용해서 온실가스를 얼마만큼 줄이라는 식으로 국가가 통제하는 것은 불가능하다. 결국 탄소 시장의 왜곡을 해소하고, 더 나아가 탄소 시장의 사각 지대인 주택과 자가용에 대해서까지 탄소 시장 기능을 확대 적용하는 것만이 국가 감축 목표를 효과적으로 달성하고, 역사에 '기후 사기꾼'이라는 오명을 남기지 않을 최선의 방법이 아닐까?[9]

---

9 미국 캘리포니아 주에서는 이미 자가용 등 수송 부문의 배출량을 배출권 거래제에 포함시켜 규제하고 있으며, 독일 또한 수송 부문과 건물 부문에도 배출권 거래제를 도입하기로 확정하였다. EU에서도 EU ETS를 수송·건물 부문으로 확대하는 안을 협의 중이다.

11

필환경시대의 큰 손,
그들은 누구인가?

하지원

(사)에코맘코리아 대표

'신인류'는 지속 가능할까?

지금 우리는 선조들이 한 번도 경험해보지 못한 '기후 위기'를 맞이하고 있다. 또한 앞으로 30년 안에 탄소 중립을 달성해야만 한다는 목표를 품고서 살고 있다.

사실, '기후 변화'라는 말은 들어봤지만 대다수 사람들은 그것이 구체적으로 자신과 어떤 관계가 있는지 제대로 알지 못한다. 그런데 그 기후 변화가 전 세계를 위기 상황으로 몰아넣고 있으니만치 더 이상 탄소 중립을 미룰 수가 없다고 한다. 그래서 우리나라뿐 아니라 많은 선진국들이 앞다투어 탄소 중립을 선언한 것이다. 하지만 탄소 중립이 무엇인지, 이를 달성하기 위해 우리가 무엇을 해야 하는지 아는 사람이 얼마나 있을까? 사실 고백하자면 나도 잘 모르겠다. 어떻게 얼마만큼 노력해야 탄소 중립이 가능한 건지를 말이다. 이렇듯 목적지로 가는 길을 모르는 데, 과연 우리는 무사히 '그곳'에 도착할 수 있을까?

한 가지 중요한 사실은 "뭔가 이상하다, 변화가 필요하다!"라는 것을 인지하기 시작했다는 것이다. 우선 당장 지금 너무 덥다. 계속 폭염 특보가 내리고, "오늘은 올해(2021년) 최고 기온 경신!" 같은 기사가 연일 뜨고 있다. 작년에는 기상 관측 이래 가장 긴 장마가 있었다. 물론 그때도 꽤 더웠는데 우리 집은 에어컨을 거의 켜지 않다보니 더 덥게 느껴졌다. 그런데 올 여름은 에어컨 없이 버티기가 힘들다. 우리 집 에어컨의 설정 온도는 28~29도이지만, 매일 에어컨을 켜본 건 올해 여름이 처음이다. 그런데 전문가들은 "이번 여름이 우리에게 남은 인생에서 제일 시원한 여름일 거야"라고 한다. 정말 우울하다.

COVID-19 사태와 기후 위기로 완전히 달라진 지구에서 살고 있는 우리 인류는 이전 세대, 더 나아가 우리 선조들과는 확연히 구분될 듯하다. 구석기 시대부터 농업혁명을 거쳐 현재 자본주의에 이르기까지 인류는 경제적 생산성을 가장 중요한 동력으로 삼아 사회 체제를 변화시켜왔다. 그런데 지금은 '인류의 생존에 대한 절실함'이 사회 체제를 바꾸는 핵심 동력으로 작동하고 있다. 사실 현재와 같은 기후 위기는 인류 역사상 처음 겪는 경험이다. 즉, '먹고 사는 문제'에서 '죽고 사는 문제'로 넘어온 것이다.

우리 가족, 우리 부족, 그리고 우리 조국의 생존과 번영을 위해서만 살아온 버전(version) 1의 인류는, 지금 인류라는 종 전체의 생존을 함께 고민하는 버전 2의 신(新)인류로 변화하는 과정에 있다. 이 변화가 성공하느냐, 아니면 실패하느냐에 따라 우리는 신인류로의 진화 또는 인류 대멸종이라는 절체절명의 갈림길에 서게 될 것이다. 그러니까 모두 다 함께 죽기 전까지 생존을 위한 시간을 벌거나, 탄소 중립에 성공해서 지속 가능한 삶을 영위하거나 하는 '선택'의 상황을 맞이하고 있는 것이다. 그런데 어차피 이 지구상에 생명체가 탄생한 이래 25억 년간 살아온 다른 생물들도 그러했듯이, 새로운 종으로의 진화에 성공하지 못하면, 즉 변화에 성공적으로 적응해내지 못하면 도태되면서 사라질 수밖에 없다. 그렇다면 누가 속도를 높여가는 기후 위기의 상황에서 인류를 새롭게 진화시켜 대멸종을 막을 것인가?

사실, 기후 변화에 관한 문제 제기와 지속 가능한 발전에 대한 이야기는 아주 오래전부터 있어 왔다. 그것이 인류에게 고난의 역사를 안겨주곤 했던 자연현상인지, 아니면 정말 인간에 의한 것인지를 놓고 논란도 많이 벌어졌지만, 결국 IPCC가 다음과 같이 종식화를 했다. 즉, "기후 변화는 인간의 활동에 의한 결과"이고, "앞으로 10년 안에 탄소 배출량을 지금의 절반 이하로 줄이지 않으면 돌이킬 수 없는 상황이 올 것"이라고 말이다.

기후 변화를 막기 위해 정부, 지자체, 산업체, 과학계, 교육계 그리고 NGO의 많은 사람들이 자신들의 영역에서 기후 변화를 막기 위한 논의와 실행을 꾸준히 해왔다. 특히 1992년에 지구온난화로 인한 장기적 피해를 줄이기 위해 UN 환경 개발 회의가 벌어졌을 때 기후 변화 협약을 체결하였고, 이에 대한 이행 방안을 논의하기 위해 모든 국가들이 모여 기후 변화 당사국 총회(COP)를 1995년 3월부터 개최하기 시작했다. 그리고 전 세계가 기후 변화에 대해 머리를 맞대기 시작한 지 30년 가까이 지났다. 지금은 앞으로 30년 내에 탄소 중립을 달성해야 한다고 전 세계가 외치고 있다.

여기서 짚고 넘어가야 할 것이 있다. 지난 30년간 우리가 노력해 온 일에 대한 평가이다. 간단하게는 "더 좋아졌는가? 아니면 더 나빠졌는가?"를 묻는 것이다. 그런데 최근 들어 '기후 위기'라는 말이 일상화되고 있다는 이야기는 결국 "지구는 더 나빠졌다!"가 답이라는 사실을 부정할 수 없게 만든다. 결국 인류가 역사상 처음 겪는 이 새로운 문제에 대한 우리의 해결 방식은 "실패했다!"라고 평가하는 것이 타당해 보인다. 그런데 왜 실패했을까? 실패의 원인을 정확히 모르고서는 앞으로 30년간 더 노력해도 성공적인 탄소 중립은 요원하지 않을까? 적어도 지금까지 해온 일의 연장선상에서 나온 발상들만으로는 기후 위기를 극복하기 어렵다고 나는 확신한다.

21세기에 들어서 멸종한 동물들 중에 미국의 야생동물이던 '동부 퓨마(Eastern Cougar)'가 있다. 동부 퓨마는 1938년부터 멸종 위기 동물로 지정되어 보호를 받아 오던 동물이다. 많은 노력에도 불구하고 개체 수는 계속 줄어들어 2015년에 공식적으로 멸종 동물로 분류되었다. 우리 인류에게는 주어진 시간이 앞으로 30년뿐이다. 이 시간 동안 멸종 위기를 극복하지 못하면, 인류는 어떤 방법으로도 멸종을 피할 수 없게 된다.

지금 우리는 할 수 있는 행동들을 하면서 우리에게 남은 시간을 연장하기 위한 노력을 해나가야 한다. 예를 들어, 너무나 명백한 사실이기도 한 "기후 변화를 야기한 문제가 대량 생산, 대량 소비, 그리고 그에 따른 대량 폐기라는 사실"을 온전히 알아야 한다. 그것이 온실가스를 발생시킨 근저이고 그 문제를 야기한 주인공이 바로 '나'라는 것을 제대로 알아야 한다. 동부 퓨마와는 달리 우리에게는 아직 실낱같은 기대를 가져볼 수 있는 시간이 30년 남아 있다. 기후 위기와 연결된 이슈들을 중심으로 필(必)환경 시대에 걸맞게 살아가려고 하는 새로운 소비자인 MZ세대(밀레니얼+Z세대, 출생연도 1980~2004년)와 ESG 실현을 위해 노력하는 기업들을 통해서 기후 위기 극복의 실마리를 풀어가 보고자 한다. 이들은 지구의 문제를 깨닫고 기후위기를 막기 위해 행동하는 모든 지구인들에게 큰 지원군이 되지 않을까.

쿠팡이냐 당근마켓이냐

COVID-19 사태로 인한 '집콕(집 밖에 나가지 않음)'은 '폭풍 클릭'을 유도했다. 앱 분석 서비스인 '모바일 인덱스'의 '쇼핑 앱 시장 분석 리포트'(2021)에 의하면, 대한민국 국민 10명 중 7명은 앱으로 쇼핑하며, 그래서 쇼핑 앱 시장은 현재 사용자 3,500만 명을 돌파했다. 이로 인해서 COVID-19 사태가 시작된 2020년의 온라인 쇼핑 시장은 161조 원으로 역대급 성장을 기록했다. 특히 여러 명이 식당에 갈 수 없는 방역 지침이 지속되자 배달 음식 주문과 같은 음식 서비스 거래액이 17조 4000억 원까지 늘어나는 등 전년 대비 78.6% 증가했다. 음식료품의 거래액도 19조 9180억 원까지 늘어나는 등 전년 대비 48.3% 증가했다. 온라인 쇼핑몰에서는 아이스크림에서 명품까지 다양한 것을 판매하고, 더욱 정교해지고 있으며, 소비자들도 오프라인 매장에서와 같은 대우를 온라인 쇼핑몰에서도 받기를 원하는 추세로 이어지고 있다.

전체적으로 이커머스(eCommerce, 전자상거래)는 비즈니스의 규모에 상관없이 디지털 전환 과정이 빠르게 이루어지고 있다. 예를 들어, '글로벌 이커머스 HOT 리포트'에 따르면, 한국의 이커머스 매출은 세계 5위를 기록했다. 이는 COVID-19 사태로 인해 그 이전에는 온라인 쇼핑몰에서의 소비를 기피했던 소비자들까지 신규로 유입(31%)되었기 때문이며, 결국 온 국민이 온라인 쇼핑몰에 적응한 결과라고 해도 과언이 아니다. 이로 인해 이전까지 투자금보다 더 많은 누적 적자를 안고 있던 쿠팡에는 활로가 열렸다.

'와이즈앱'에 따르면, COVID-19 사태로 쿠팡은 2020년에 2019년 대비 41%나 성장하는 엄청난 성과를 올렸다. 결국 이는 쿠팡이 미국의 나스닥 주식시장에 우리나라의 유니콘 기업[1]으로서 상장하는 최초의 국내 기업이 되는 신화를 탄생시켰다. 사실, 소비자가 생각하는 쿠팡의 이미지는 다양한 상품들을 보유하고 있으며, 새로운 상품을 가장 저렴하게 공급하고, '로켓 배송' 같은 택배 시스템으로 신속

---

1 기업의 가치가 10억 달러 이상에 달하는 비상장 스타트업을 말한다.

히 배송하는 국내 최대 온라인 플랫폼이다.

이런 쿠팡과 비슷해 보이면서도 아주 다른 쇼핑몰들도 있다. 당근마켓, 중고나라, 번개장터 등 중고 제품 거래 플랫폼들이다. 국내 중고 제품 거래 시장은 2020년 약 20조 원 규모로 10년 만에 5배 이상 성장했다. 특히 당근마켓은 하루 사용자로 비교 시 쿠팡에 이어 2위의 쇼핑앱이다.[2] 닐슨코리아에 따르면, 중고 앱을 사용하는 순이용자 수는 작년 6월 기준 약 1090만 명이라고 한다. 국내 스마트폰 이용자 4명 중 1명은 중고 제품 거래 플랫폼을 이용하는 셈이다. 이들은 주로 누구일까? 이들은 '환경'과 '실속'이라는 두 마리 토끼를 잡으며, 가치를 중시하는 MZ세대이다. 그러니까 중고 제품 거래 플랫폼 이용자 중 약 60%가 이 MZ세대인 것이다. MZ세대에게 중고 제품 거래란 남이 쓰던 물건을 주워 쓰는 것이 아니라, 원하는 물건을 구하기 위한 재미있는 수단이다. 트렌디(Trendy)함을 뽐낼 수도 있다. 심지어 방탄소년단의 멤버 RM도 중고 제품 거래를 하는 세상이다. "누구나 가질 수 없다면 손이 몇 차례(n차) 바뀌더라도 새 상품보다 더 가치 있게 여긴다"는 뜻의 'N차 신상'이 2021년 벽두부터 올해의 키워드로 제시되기도 했다.

대학내일20대연구소는 '밀레니얼－Z세대 트렌드 2021'에서 MZ세대의 소비 특성 중 하나로 '세컨슈머(Secondsumer)'를 꼽았다. "MZ세대에게 중고 제품 소비란, 리사이클링(Recycling)이나 업사이클링(Upcycling)이 아니라 프리사이클링(Precycling)으로, 어떻게 하면 소비를 덜 할 수 있을까에 대한 고민의 결과"라고 설명한다. 단순한 재활용(Recycling)이나 디자인·활용도를 더해 가치를 높인 상품의 소비(Upcycling)에서

---

2 모바일인덱스, 2021.

더 나아가 물건을 구매하기 전부터 미리 폐기물을 최소화하는 것을 염두에 둔다는 의미이다.

굿리치의 조사에 의하면, 2030세대들의 '중고 제품 거래에 대한 생각'은 '알뜰하다'[50%]에 이어 '환경 보호'[25.6%]가 대세였다. 이는 MZ세대가 물건을 구매할 때 미리 '폐기물'을 최소화하는 것을 염두에 두며, 그래서 "어떻게 하면 소비를 덜할 수 있을까?"에 대한 고민 끝에 중고 제품을 소비한다는 대학내일20대연구소의 조사와도 일맥상통한다. 이은희 인하대학교 소비자학과 교수는 "MZ세대는 풍요로운 시대에 자라서 여러 가지 물건을 경험하기를 원하면서도 그만큼 돈은 부족하니 중고 제품 거래라는 합리적 방식을 찾아 나선 것"이라면서, "그와 동시에 중고 제품 거래를 통해 MZ세대가 중시하는 공정하고 정의로운 사회를 만들기 위해 자원 순환에 기여한다는 심리적 만족감이 더해졌다"고 말했다. 새 제품을 싸고 빠르게 구매하는 기존 소비 방식을 대신하여 환경을 고려한 새로운 소비 방식이 확장되고 있다는 사실이 신인류의 멸종을 좀 연장시킬 수 있지 않을까.

코로나트래시와 제로 웨이스트

COVID-19 사태의 여파로 다시 일회용품이 급증했다. 마스크, 비닐장갑, 플라스틱 가림막, 항균 필름 등을 비롯하여 COVID-19 사태 직전 카페에서 사용되던 다회용 컵도 다시 일회용 컵으로 바뀌었다. 또한 음식 배달과 택배 등이 급증하면서 용기 및 포장은 '코로나트래시[trash, 쓰레기]'의 선두주자가 되었다. 환경부에 따르면, 2020년 음식 배달 횟수는 2019년 동기 대비 76.8% 늘었다. 택배는 20.2%

정도 증가했고, 플라스틱 폐기물 증가율은 13.7%에 달한다. 2020년 상반기 생활 쓰레기 발생량은 전년 대비 11.2%나 증가했는데, 이는 하루 평균 5,439톤에 달한다. 녹색연합은 2020년 8월 기준 음식 배달 서비스에 따른 플라스틱 배달 용기 쓰레기가 하루 830만 개씩 발생하는 것으로 추산했다.

2020년 COVID-19 사태 상황에서 치러진 수학능력시험 관리자들의 숨통을 틔워준 해법으로 아크릴 가림막이 등장했고, 교육부는 80억 원을 들여 가림막을 설치했다. 이렇게 구매된 가림막의 총 무게는 570톤, 면적으로 따지면 약 13만 5,000평방미터로 국제 규격 축구 경기장(7,140평방미터) 18개 면적에 해당한다. 정부는 아크릴 가림막이 환경오염을 유발할 수 있다는 우려에 대해 "다시 사용하겠다"고 했으나, 수학능력시험이 끝난 뒤 이 가림막은 거의 쓰레기가 되었다. 국민권익위원회(2001)에 따르면, 우리는 매일 2,000만 개(1인당 평균 2~3일간 1개 사용), 연간 73억 개의 마스크를 사용한다고 한다. 이 마스크들은 사용과 동시에 버려지는 쓰레기이다. 마스크는 재활용 없이 30%는 매립되고, 70%는 소각된다. 땅 속에서 약 450년간 썩지 않을 마스크는 매일 약 80톤 정도씩 버려진다.

마스크의 주 재료인 폴리프로필렌(PP) 1톤을 소각할 경우, 그 양의 3배가 넘는 3.07톤의 온실가스를 발생시킨다. 이는 우리가 흔히 사용하는 페트병을 태울 때보다 36% 많은 온실가스가 나오는 꼴이며, 마스크의 귀걸이 부분의 재료인 폴리우레탄에서는 질소화합물이 배출된다.[3] 또 마스크는 소각 과정에서 다이옥신과 같은 유해 물질을 배출한다는 지적이 제기되고 있으며, 일반 쓰레기로 분류되어 바다로

---

3 조선일보, 2021.4.26.

흘러가기도 한다. 홍콩의 해양 환경 단체 '오션스 아시아'는 COVID ―
19의 대유행으로 2020년 바다로 흘러 들어간 폐마스크의 수를 15억
6000만 개로 추산했다. 마스크는 다시 미세 플라스틱으로 변해 바다
에서 사는 동물을 비롯한 생태계에 악영향을 미친다고 보고되고 있
다. 마스크의 귀걸이 부분이 바다에서 사는 생물에게 피해를 준다는
소식에 귀걸이 부분을 자르고 버리자는 캠페인도 벌어졌다. 이렇듯
COVID ― 19 사태로 인해 마스크를 비롯하여 다양한 일회용품이 더
많이 사용되고 있는 상황에서, 근본적인 해결책은 결국 일회용품 자
체를 줄이는 것이다.

집안에 가득 쌓이는 쓰레기들을 보면서 COVID ― 19 사태 와중인
이 시기에 모든 제품을 재사용하여 폐기물의 양을 줄이자는 제로 웨
이스트(Zero waste) 운동이나 환경 보호를 위해 쓰레기의 양을 줄이자
는 레스 웨이스트(Less waste) 같은 운동이 활기를 띠기 시작했다. 이를
반영하여 제로 웨이스트 숍이나 리필 스테이션도 생겨나고 있다. 제
로 웨이스트 캠페인, 플라스틱 없이 장 보기, 용기 내 캠페인, 무포장
가게, 제로 웨이스트 대동여지도, 제로 웨이스트 카페 지도 등도 소
비자들의 참여로 활기를 띠고 있다. 물론 아직은 시작 단계일 뿐이지
만, 이것은 지속 가능한 소비문화의 확산을 위한 좋은 신호이다. 특
히 제로 웨이스트를 실천하는 방법을 습관화하는 것이 매우 중요한
데, 그 실천 방안은 다음과 같다. 첫 번째는 '꼭 필요한 것만 사기'이
다. 일단 쓰레기(waste)의 원천부터 줄이는 것이다. 그리고 필요 없는
물티슈(플라스틱)나 일회용품(수저 등) 등은 "거절하기", 일단 샀다면 "오
래 쓰기", 그리고 버릴 때에는 재활용이 잘되도록 "분리해서 배출하
기"가 중요하다.

이를 위해서는 기업들의 역할도 매우 중요하다. 소비자가 아무리 하고 싶어도 불가능한 영역이 많기 때문이다. 이는 요즘 ESG(Environment, Social, Governance) 활동으로도 연결되고 있다. 이를 위해 기업이 우선적으로 염두에 두어야 할 가장 중요한 요소는 제품의 생애주기(생산-유통-구매-사용-폐기) 전반에서 온실가스가 적게 나오도록 제품을 설계해야 한다는 점이다. 예를 들어, 종이나 유리로 되어 재활용이 가능한 제품이 무조건 좋을 수는 없다. 제품의 생애주기 전체를 비교해보아야 한다.

'올 페이퍼 챌린지(All paper challenge)'를 하고 있는 기업을 보자. '종이를 사용하기 때문에 친환경 기업'이라고 자사를 소개하지만, 이 경우 너무나 과한 포장으로 종이와 박스의 사용량이 많아지고, 그러다 보면 수송을 위한 차량과 연료도 더 필요하고 처리할 폐기물도 많아져 온실가스 배출이 늘어나게 된다. 종이테이프를 사용하지만 접착제가 묻어 있기에 어차피 재활용되지 못하고 뜯어서 폐기해야 한다. 제품의 생애주기 전체에서 얼마나 많은 물과 에너지가 사용되고, 포장재의 생산-수송-폐기의 전 과정에서 얼마나 많은 온실가스가 발생하는지를 파악해야 한다. 그렇게 해서 온실가스를 다른 회사들보다 덜 발생시켜야 친환경기업이라고 할 수 있다.

의류 산업과 패스트 패션

내 마음에 드는 예쁜 원피스를 단돈 만 원이면, 그러니까 괜찮은 밥 한 끼 가격으로 살 수 있다. 그렇게 싼 값에 낚여서 즉흥적으로 사고, 또 쉽게 버린다. 이러한 편리함의 대가는 누가 치르고 있을까?

한번 생각해보자. "나는 1년에 옷을 몇 벌이나 살까?", "내 옷장에서 1년 내내 한 번도 안 입은 옷은 몇 벌이나 될까?", "내가 입고 있는 옷은 무엇으로 만들어졌을까?", 그리고 "내가 헌옷수거함에 버린 옷은 어디로 갈까?" 등을 말이다.

현재 지구에는 78억 명이 살고 있으며, 매년 1000억 벌의 옷이 생산되고, 그중 30%는 같은 해에 버려진다고 한다. 사실 옷이 만들어지는 과정에서 20%가 이미 버려짐으로 실제 버려지는 양은 더 많다고 의류관계자들은 말한다. 패션의 상징과도 같은 국가인 프랑스의 에마뉘엘 마크롱 대통령은 2019년 8월에 열린 G7 정상 회담에서 패션산업이 일으키는 환경오염 문제를 지적했다. 왜 그랬을까? 2020년 7월의 뜨거운 여름에 방송된 KBS 2TV <환경스페셜> '옷을 위한 지구는 없다' 편은 그 답을 말해준다.

대서양 연안에 자리를 잡은 아프리카 대륙 가나의 수도 아크라의 푸른 바다에는 팔린 적도 입은 적도 없는 옷들이 엉키고 쌓여 끊임없이 모습을 드러낸다. 마치 엄청난 양의 해조류 덩어리 같다. 그 옷들은 대체 어디에서 왔을까? 이 어촌에서 그리 멀지 않은 곳에 서아프리카 최대 중고품 거래 시장인 칸타만토가 있다. 이곳에는 일주일에 한 번씩 컨테이너가 도착하는데, 그 안에는 '헌옷'이 가득한 포대로 꽉 차있다. 헌옷은 칸타만토 시장의 주요 거래 품목이다. 가나 인구는 약 3000만 명인데, 매주 수입되는 헌옷은 1500만 벌에 달한다. 여기에는 세계 5위의 헌옷 수출국인 우리나라도 한몫을 하고 있다. 한국의 인구수가 세계 28위임을 생각하면 상당한 양이다. 그런데 매주 들어오는 이 많은 옷을 이 지역 사람들이 다 입을 수 있을까?

칸타만토 시장에서 1킬로미터도 채 떨어지지 않은 곳에 오다우 강이 있다. 칸타만토 시장에서 나온 옷 쓰레기들은 이 강 주변의 집 앞과 강물을 가득 메우고 있다. 옷의 무덤이 된 강 건너 매립지에서 는 소들이 풀 대신 합성 섬유 조각으로 배를 채운다. 생계를 위해 헌 옷을 받아 중소시장을 형성했건만, 그것이 이 지역 주민들의 생존을 위협하고 있는 것이다.

이렇듯 의류 폐기물에 따른 심각한 상황을 알리기 위해 가나에서 10년째 활동하고 있는 환경운동가이자 'OR 파운데이션(The OR Foundation)' 의 대표인 엘리자베스 리켓은 아크라 시의 옷 쓰레기 문제는 "북반구 의 패스트 패션(Fast fashion), 과잉 생산, 과잉 소비 때문"이라고 지적했 다. "팔릴 양보다 더 많이 생산하고, 입을 양보다 더 많이 구매하다 보니, 옷들을 배출할 곳이 필요하게 되었고, 결국 중고 의류 거래가 바로 그 배출구가 된 셈"이라는 설명이었다. 또한 헌옷의 재활용에 대한 허상에 대해서도 따끔하게 지적했다. 많은 사람들이 "헌옷이 자 선 사업에 사용되거나 재활용될 것이라 생각하고서 안심하지만, 실 제로 헌옷 중 대다수는 칸타만토 같은 지역으로 실려 오게 되고, 그 리하여 많은 문제를 야기한다"는 것이다. 중국에 이어 의류 생산 2위 인 방글라데시의 수도 다카에는 의류 공장 수천 개가 있다. 다카의 부리 강은 시커먼 잉크를 풀어놓은 것 같은 상태로 이미 죽은 강이 다. 운하에는 섬유 쓰레기가 켜켜이 쌓여 있고, 다카의 수많은 염색 공장의 배수구에서는 검은 폐수가 여과 장치 없이 강으로 쏟아지고, 독극물인 화학 물질은 그대로 부리 강에 흘러 들어간다.

우리는 옷을 쉽게 사고, 또한 옷을 버릴 때도 별다른 죄책감을 느 끼지 않는다. 그 이유는 옷이 무엇으로 어떻게 만들어지고, 우리 삶 을 얼마나 해롭게 하는지를 잘 알지 못하고 또한 그런 점에 대해 아무 생각도 없기 때문이 아닐까? 아울러 옷을 헌옷수거함에 버리기 때문에 막연히 재활용이 된다고 착각하기 때문이 아닐까? 우리가 입는 옷의 원료 중 대부분은 석유에서 나온 합성 섬유이다. 페트병과 같은 플라스틱이 우리 옷 중 대부분의 재료로 사용되는 것이다. 이런 플라스틱이 분해되려면 매우 오랜 시간이 걸리지만, 옷은 빨래하는 순간 바로 분해되어 미세 플라스틱이 되고 물과 토양으로 방출된다.

2011년 아일랜드 생태학자 마크 브라우니의 조사에 따르면 전 세계 어디나 폴리에스테르와 나일론 같은 합성 섬유에서 나온 미세 플라스틱으로 오염되어 있고, 옷 한 벌을 세탁할 때마다 미세 플라스틱 조각이 적어도 1,900개나 나온다고 주장했다. 이는 우리가 일회용품으로 쓰는 플라스틱보다 훨씬 심각한 문제가 아닐까?

일단 우리가 헌옷수거함에 버린 옷들은 어디로 가는지 생각해보자. 헌옷 중 95%가 업체를 통해 수출된다. 현재 우리나라의 1인당 연간 옷 구매량은 68개에 달하고, 구매한 뒤 한 번도 입지 않고 버리는 옷도 12%나 된다고 한다. 우리가 입는 옷의 '환경 가격'은 얼마일까? 흰색 면 티셔츠를 만드는 데 물 2,700리터가 필요한데, 이는 하루 권장량인 물의 양, 2리터로 계산했을 경우 한 사람이 3년 7개월간 마실 수 있는 양과 맞먹는다. 우리가 손쉽게 옷을 사고 버릴 때, 자연은 혹독한 대가를 치르고 있는 것이다.

음식, 그리고 미트 프리 먼데이

'농장에서 식탁으로'를 의미하는 '팜 투 테이블(Farm-to-table)'이라는 운동을 펼치고 있는 미국의 유명 요리사 댄 바버는 최근 『제3의 식탁』이라는 책을 냈다. 바버는 뉴욕에서 자동차로 한 시간 거리에 있는 농장 겸 레스토랑 '블루 힐 앳 스톤 반스(Blue Hill at Stone Barns)'를 운영하면서 주변에서 길러낸 좋은 식재료로 만든 음식을 선보인다. 바버는 대량 생산된 고기와 채소, 곡물로 차려낸 '제1의 식탁'과, 친환경·유기농 재료로 조리한 '제2의 식탁'을 넘어서는 새로운 패러다임의 '제3의 식탁'을 찾는 여정을 떠난다.

우선 '제1의 식탁'에 고기를 제공하기 위해서 소는 좁은 축사에서 옥수수만 먹고 살을 찌우며 자란다. 닭은 A4 용지 크기의 좁은 공간에서 부리가 잘린 채 성장촉진제를 맞으며 곧 닥쳐올 도축의 날을 기다린다. 또 다른 닭장에서는 밤새 불을 밝혀 잠을 안 재우면서 계속 알을 낳게 하는 식으로 계란 수확량을 늘린다. 채소는 대규모 농장에서 비료와 농약의 살포로 풍성하게 생산된다. 하지만 바버는 우리가 누려온 '제1의 식탁'의 문제점을 지적했다.

맛있고 건강한 채소를 먹으려면 풍부한 영양을 함유한 미생물이 가득한 토양이 중요하고, 생선도 플랑크톤이 풍부한 깨끗한 환경에서 자라면서 그런 플랑크톤을 섭취하는 다양한 미생물들을 먹어야 맛있어진다고 강조한다. 결국 건강한 먹이사슬이 맛있는 식자재를 확보하는 비결인 것이다. 이 같은 음식에 대한 반성으로 등장한 것이 이른바 '친환경·유기농' 음식이다. 메뉴 구성은 동일하지만 넓은 농장에서 풀을 먹고 자란 소와 지역 농장에서 정성껏 재배한 채소가 사람에게도 그리고 지구에도 좋다는 생각을 반영한 것이다.

바버는 지속 가능한 지구를 위한 '제3의 식탁'에 대한 고민을 하고 있는데, 이는 결국 우리의 인식을 변화시킬 때에나 구현할 수 있다고 강조한다. 레스토랑 메뉴에 맞춰 식자재를 생산하는 것이 아니라, 한정된 식자재로 레스토랑 메뉴를 만들어야 한다면서 말이다.

'세계 자연 기금(WWF)'과 영국 식료품 회사인 테스코는 매년 전 세계에서 발생하는 음식물 쓰레기의 양이 25억 톤에 달한다는 보고서를 발표했다.[4] 이는 2011년 UN 식량 농업 기구(FAO)가 측정한 양의 2배로, 여기에는 수확 단계에서 버려지는 식량 12억 톤도 포함되어 있다. 아울러 소매업체와 소비자가 배출하는 음식 쓰레기가 9억 3100만톤, 나머지는 운송·저장·제조 공정 등에서 발생하였다. 즉, 전 세계에서 생산된 식량 가운데 40%가 쓰레기통으로 들어간 것이다.

음식물 쓰레기 자체도 문제지만, 여기서 배출되는 온실가스의 증가가 기후 변화의 주범이 되고 있다는 것이 더 치명적이다. 위 보고서는 전 세계 온실가스 배출량 중 음식물 쓰레기에서 나온 온실가스의 비중이 10%라고 분석했다. 이전의 8%에서 2% 포인트 높아진 셈이다. 이는 유럽과 미국에서 자동차들이 매년 뿜어내는 온실가스 양의 2배에 달한다. UN은 소를 방목하느라 아마존의 열대 우림이 사라지고, 또한 소고기를 생산하는 과정에서 방출되는 온실가스가 전체 온실가스 방출양의 18%를 차지한다면서 교통수단에서 발생하는 13%보다 높다고 발표한바 있다.

우리나라에서 폐기되는 음식물의 양은 연간 약 548만 톤이다. 이중 유통기한이 경과하여 폐기되거나 반품되는 식품 때문에 발생하는 비용은 연간 최대 1조 5400억 원에 달한다. 소비가 가능한 음식임에도 유통기한이 지났다는 이유로 폐기함으로써 이루어지는 낭비가 상당하다. 이 때문에 유통기한 대신 '소비기한'을 도입해야 한다는 목소리가 높다. 유통기한은 제조일로부터 소비자에게 판매가 허용되는

---

4 CNN, 2021.7.21.

기한이고, 소비기한은 섭취하더라도 안전한 기한을 말한다.

지금까지 우리나라는 식품위생법에서 식품별로 유통기한을 설정함으로써 식품의 안전성을 보호해왔다. 물론 유통기한은 국가가 식품의 안전을 쉽게 관리할 수 있도록 도와주지만, 소비가 가능한 식품을 폐기하게 만드는 등 부작용도 크다. 유통기한은 본디 판매기한일뿐이어서 이 기한을 지나 섭취해도 문제가 없지만, 현재 표기 시스템은 유통기간이 지나면 폐기하는 것을 당연한 수순으로 여기게 하는 문제가 있다. 한국소비자원의 조사 결과를 보면 우유의 유통기한은 약 10일이지만, 밀봉한 상태로 잘 냉장 보관한다면 유통기한 경과 후 50일 뒤에도 소비할 수 있다고 한다. 식빵은 유통기한이 3일이지만, 소비기한은 이보다 20일 더 길다.

소비기한도 유통기한과 마찬가지로 제품에 따라 다르므로, 제품별로 소비기한을 기재해서 실제 섭취 가능한 기한을 소비자에게 명확히 알려줄 필요가 있다. 식품 안전 차원에서 보아도 요즘은 냉장 보관이 용이해서 보관 조건만 잘 준수한다면 유통기한 이후에도 식품의 질을 유지할 수 있다.

소비기한 표기는 국제적인 흐름이기도 하다. '국제 식품 규격 위원회(CODEX)'는 2018년 소비자들의 혼란을 줄이기 위해 '유통기한'을 식품기한 지표에서 삭제했다. 주요 선진국들도 이미 '유통기한' 대신 '소비기한'을 표기하고 있다. '소비기한'은 미래 세대를 위해 탄소를 줄이려는 노력의 일환이니 우리나라도 탄소 중립을 위해 하루 빨리 추진해야 할 과제이다.

우리가 매일 "어떤 것을 먹느냐?" 또한 탄소 발자국 증감에 큰 영향을 미친다. UN식량 농업 기구(FAO)는 축산업을 통해 배출되는 온실가스가 전체 온실가스 배출량의 약 16.5%에 달하며, 특히 육류 제품과 관련된 부분의 비중은 61%가 넘는다고 발표하였다. 영국 BBC 방송 등에 따르면, 옥스퍼드 대학의 조지프 푸어 교수의 연구팀이 2018년 <사이언스>지에 게재한 논문을 통해 주장하기를 전 세계 온실가스 배출량의 4분의 1이 식품에서 발생했고, 이 중에서 약 58%가 동물성 제품에서 배출되는 온실가스라고 했다. 같은 무게로 비교했을 때 소는 닭보다 10배 정도 많은 온실가스를, 완두콩과 같은 식물성 단백질에 비해서는 60배 이상의 온실가스를 배출하여 환경에 부정적 영향을 준다고 한다. 또한 푸어 교수는 "육류와 유제품 섭취를 줄이는 등 식습관을 개선하는 것은 환경오염을 줄이는 가장 직접적인 방법"이라면서, "육류 및 유제품 소비가 없을 경우 식품을 생산하는 데 사용되는 전 세계 농경지의 75% 정도를 줄일 수 있다"고 주장했다. 즉, 현재 농경에 사용되고 있는 땅의 75%를 다시 숲으로 조성하여 자연에 돌려줄 수 있다는 것이다. 결국 소고기보다는 돼지고기, 돼지고기보다는 닭고기, 닭고기보다는 채소가 온실가스 배출량이 적어 지구에 좋다는 공식 정도는 알고 있어야 필환경 시대를 사는 소비자라 할 수 있다. 그리고 가급적 이 공식을 실천하려고 노력해야 신인류의 삶은 지속 가능할 수 있다.

그리고 "어떤 조리 방식으로 어떻게 요리해 먹느냐?"도 지구에 많은 영향을 준다. 1980년대 우리나라의 육류 조리 방식은 대부분 국[삶기]이나 수육[찌기]으로 만드는 방식이었다. 그러나 지금은 소고기나 돼지고기를 대부분 구워서 먹고, 닭고기는 주로 튀겨서 먹는다. 이와 같은 '조리 방식 변화에서 나오는 대기 오염 물질[food emissions]'은 실내 미세먼지의 주요한 발생 원인이 된다. 우리나라의 경우 통계청

[2020]이 발표한 '통계로 본 축산업 구조 변화'에 따르면 연간 1인당 육류 소비량은 1980년에는 11.3킬로그램이었으나 2018년에는 53.9킬로그램으로 약 5배 증가했다. 육류 소비량 증가로 인한 온실가스도 5배나 더 발생했다. 물론 조리 방식의 변화에 따른 미세먼지 발생량도 매우 많이 늘어났다.

세계 보건 기구[WHO]에서는 실내 미세먼지가 실외 미세먼지보다 폐에 도달할 확률이 100~1,000배 높다고 한다. 즉, 건강에 미치는 위해성이 매우 높다고 할 수 있다. 따라서 이제는 악취를 넘어 음식에서 나오는 대기 오염 물질도 관리해야 하는 상황이다. 이미 미국 샌프란시스코나 뉴욕에서는 레스토랑에서 나오는 대기 오염 물질 저감에 대한 법이 생겨 시행 중이다. 사람이 많은 곳에는 식당이 많으므로 음식의 조리 과정에서 나오는 미세먼지를 관리하는 일 또한 도시의 대기 환경 개선 및 시민의 건강을 지키기 위한 중요한 미션이 된 시대인 것이다. 특히 학교 및 기업의 대형 급식 시설, 대형 병원의 지하 식당, 백화점의 지하에 주로 자리를 잡고 있는 푸드코트 등은 조리를 하는 직원들이나 이용객들의 건강을 위해서 집중적인 관리가 필요하다.

2020년 8월 스위스의 제네바에서 열린 '기후 변화에 관한 정부 간 협의체[IPCC]' 제50차 총회에서 채택된 '기후 변화와 토지에 관한 특별 보고서'에서도 전문가들은 고기와 유제품 등의 높은 소비율이 지구 온난화를 가속한다고 지적했다. 그러면서 개개인이 고기 섭취를 줄인다면 적은 양의 토지로 더 많은 양의 식량을 생산할 수 있다고 제언했다. 온실가스 배출량을 줄이려는 대안이자 지속 가능한 먹을거리를 위해 대체육[代替肉]이나 비건[vegan] 식품 등도 등장하고 있다. 대체육은 주로 콩과 밀 등 식물성 원료를 재료로 사용하여 고기와 유사한 식감을 내는 것이며, 높은 단백질이 함유된 식용 곤충(메뚜기, 누에, 딱정벌레 등)을 과자나 선식 등의 재료로 사용하는 것을 말하기도 한다.

이미 육류 중 가장 많은 온실가스를 배출하는 소고기의 식물성 대체육 시장은 비욘드미트와 임파서블버거 등을 선두로 하여 닭고기까지 확장하고 있는 추세이다. 대체육은 깨끗한 고기이며, 지구온난화와 환경오염을 완화할 수 있다는 장점을 내세우고 있다. 하지만 아직까지는 제조 과정에서 온실가스 배출을 줄이기 위한 기술을 개발해야 한다는 지적도 있다. 아무튼 이와 같은 대체육 시장의 확장은 소비자의 변화에서 기인한다. 전 세계의 고기 소비자들 중 적지 않은 수의 사람들이 적어도 일주일에 하루 쉬듯이 지구도 휴식이 필요하다면서, '고기를 안 먹는 것이 지구를 쉬게 하는 최선의 방법'이라는 '미트 프리 먼데이(Meat Free Monday)' 운동에 동참하는 추세이기 때문이다. 우리나라에서도 현재 초·중학교 중 65%가 월요일 급식에서는 고기를 제외시키고 있다. 이렇듯 청소년과 MZ세대를 중심으로 채식 문화가 확산되고 있는 것이다. KB국민은행도 탄소 중립 실천과 임직원의 건강 증진을 위해 월요일마다 구내식당 메뉴를 채식 위주로 운영하는 '그린 먼데이(Green Monday)' 프로그램을 운영하고 있으며, 이와 같은 ESG 활동은 다른 기업들로도 확산되는 추세이다.

가치소비를 하는 새로운 종인 MZ세대와 기업의 ESG 활동

'쿠친(쿠팡친구)'들이 쿠팡에서 탈출하기 시작했다. 쿠팡의 슬로건인 "쿠팡 없이 살 수 있을까?"에 대해서 "쿠팡 없이 살 수 있다!"는 탈퇴 인증글과 '#쿠팡탈퇴', '#탈팡' 같은 해시태그가 SNS(Social Networking Service)를 달궜다. 결국 쿠팡 없이는 불편하다고, 쿠팡을 대체하는 것은 불가능하다고 말했던 소비자들이 쿠팡을 내려놓은 것이다. '속도'와 '편리'라는 이점보다 '가치'를 우선한 결과이다. 이는 2021년 6월 쿠팡 물류 센터 화재 이후 민낯처럼 드러난 쿠팡의 불합리한 노동 환경 및 자영업자에 대한 갑질 등의 사회 문제 때문이다. 즉, MZ세대는 이러한 문제에 대해 즉각적인 행동으로 반응을 보인 것이다. 쿠팡 물류 센터 화재 사고 이틀 뒤 '#쿠팡탈퇴'라는 해시태그와 함께 17만 건이 넘는 글이 올라왔고, 쿠팡 앱 사용자 수는 사고 이후 나흘간 47만 명이나 감소했다. MZ세대는 물리적 연대를 구성하지는 않지만 SNS를 통해 신념과 관련한 또 다른 연대를 맺는다. 그 결과 쿠팡에서 가장 많이 이탈한 연령대가 MZ세대였던 것이다. 특히 20대 사용자는 24.5%라는 가장 큰 이탈률을 보였다.

중요하다고 생각하는 가치에 따라 소비의 행태가 달라지는 이 현상을 '미닝아웃(Meaning out)'이라고 한다. 신념을 뜻하는 미닝(Meaning)과 커밍아웃(Coming Out)을 융합한 이 단어는, 소비를 통해 자신의 성향을 드러내는 것을 뜻한다. '미닝아웃족'이라 불리는 이러한 소비자들은 신념과 가치에 맞는 기업의 서비스를 적극적으로 소비하고, 자신들이 추구하는 가치와 맞지 않는 기업에는 지갑을 닫는다. 그래서 미닝아웃은 '구매'와 '불매'의 두 가지 행태로 나타난다. 특히 MZ세대는 윤리나 환경, 사회적 책임, 공정성 등의 이슈를 과거 세대보다 더욱 적극적으로 받아들이는 특성이 있다.

글로벌 커머스 마케팅 기업 크리테오의 조사에 따르면, MZ세대의 52%는 친환경 등 자신의 신념과 가치관에 맞는 미닝아웃 소비를 하는 것으로 나타났다. 이와 유사하지만 다른, 특히 특정한 부류에 집중하여 미닝아웃을 해오던 소비자의 또 다른 부류는 '엄마'이다. 특히 엄마들은 어린 자녀를 위한 상품을 선택할 때에는 모든 면에서 엄격한 기준을 적용한다. 아이의 건강에 좋은 건지, 믿을만한 기업이 만든 것인지 등을 가격보다 더 꼼꼼히 따지는 경향이 있다.

미닝아웃족인 MZ세대는 '착한 기업'에 '돈쭐', 즉 '돈을 퍼주기 위해' 달려가기도 한다. 예를 들어, 사회적 책임을 다하거나 선행을 한 착한 기업에 대해서는 흔쾌히 지갑을 여는 '바이콧(buycott, 특정 상품의 구매를 권장하는 행동)'으로 보답한다. MZ세대의 이러한 소비 트렌드에 대해 이재흔 대학내일20대연구소 연구원은 "MZ세대는 '내가 소비하는 물건이 나를 보여주는 것'이라는 인식이 있어서 소비를 할 때 단순히 가격뿐만 아니라 사회적 가치나 올바름도 확인한다"고 설명했다. MZ세대가 가치소비를 적극적으로 실천하는 원인으로 이재흔 연구원은 MG세대의 '자존감'을 들었다.

그러니까 소비자는 매일 무언가를 구매하는 행위로 그 기업이나 정책에 '찬성한다'고 표현할 수 있다. 소비자 한 사람 한 사람의 구매 행동을 통해 보다 좋은 사회를 만드는 것이 가능한 것이다. 이것은 선거처럼 4~5년마다 한 번 하는 것이 아니라 매일 가능하다. 경제학자 루트비히 폰 미제스는 이를 '소비자 주권(consumer sovereignty)'이라고 했다. 소비자가 소비를 하는지 안 하는지가 곧바로 생산에, 그리고 기업의 이득과 손실에 연결되기 때문이다. 기업이 시장에서 성공하거나 적어도 살아남으려면 소비자의 요구에 귀를 기울여야 한다. 그러니 소비자는 '구매'라는 방식으로 사회에 영향을 미칠 수 있다.

가장 큰 변화는 구매를 거부하는 불매운동(Boycott)과 구매를 권장

하는 착한 소비(Buycott)가 이들에 의해 동시에 이루어지고 있다는 점
이다. 이러한 소비자들의 적극적인 활동 때문에 친환경적인 기업·
제품으로 위장하는 그린워싱(greenwashing)이나 ESG워싱(ESG-washing)
등은 기업을 위태롭게 할 수도 있다. 진정성을 잃은 기업에 대한 소
비자들의 보이콧 연대가 매우 강해졌고, SNS 때문에 기업이 상황을
컨트롤하는 것이 불가능해졌기 때문이다. 그래서 그린워싱이나 ESG
워싱의 대가는 경영 위기를 몰고 올 수도 있다.

물론 '녹색 거짓말'이 친환경 시장을 더럽히지 않게 하기 위해서
는 기업의 양심과 정부의 규제가 필요하지만, 가장 중요한 것은 소비
자의 역할이다. 소비자는 친환경 제품 구입 과정에서 그린워싱에 대
한 경각심을 가지고서 올바른 선택을 해야 한다. 환경 및 지속 가능
성에 대한 제대로 된 교육은 소비자가 제품을 올바르게 선택하고, 필
환경 시대의 소비자의 역할을 할 수 있도록 이끌어주는 기반이 되며,
결국 친환경 시장을 성장시키는 밑거름이 될 수 있기 때문이다.

미국 심리학자 대니얼 골먼은 "소비자 자신의 소비 활동과 생산
활동이 지구의 환경에 미칠 영향 전반을 파악할 줄 아는 예민하고 현
명한 통찰력"을 '에코지능(ecological intelligence)'이라고 정의한다. 소비자
의 에코지능이 향상될수록, 소비자는 제품 선택 과정에서 더욱 날카
로운 판단력을 가지게 되며, 기업에 대한 소비자의 영향력이 더욱 커
지고, 경제 시장에서 소비자가 통제권을 가지게 된다.

따라서 소비자는 필환경 시대의 소비 행위의 중요성에 대해 이해
하고, 자신의 소비 행위에 대하여 책임감을 가져야 한다. 특히 지구
온난화와 수해·가뭄·산불 등 환경 문제가 점차 다양해지고 있는 현
시점에서 소비자의 에코지능은 세계 시장의 흐름을 바꿔 환경 문제

를 해결하는 데 도움이 될 중요한 요인으로 작용할 것이며, 현재 이를 MZ세대가 선도하고 있다. 더군다나 지금 기업의 젊은 사원들은 MZ세대이다. 이들은 자기가 다니는 기업에 절대복종하던 과거 세대의 직장인들과는 사뭇 다르다. 회사의 잘못에 대해 용감하게 이야기하고, 환경 문제 해결에 관심이 많으며, 공익 활동을 자기가 다니는 회사에 요구하는 세대이다. 그래서 기업의 ESG 활동 또한 안팎으로 중요해졌다.

그렇다면 ESG란 무엇일까? 2020년 지구의 날에 "투자를 받고 싶으면 지구를 열 받게 하지 말라!"는 블랙락[5]의 래리 핑크 회장의 발언 덕분에 전 세계는 물론 우리나라에도 ESG 열풍이 뜨겁게 불었다. ESG는 기업의 비재무적 요소인 환경(Environment), 사회(Social), 지배 구조(Governance)를 뜻한다. 그 뿌리는 1992년 UN 환경 개발 회의에서 처음 언급된 '지속 가능한 발전(Sustainable Development)'에 있다. 산업화가 이루어진 뒤부터 오직 경제만 보고 너무 달리다보니 더 이상 지구가 견딜 수 없을 만큼 지구의 환경에는 문제가 생겼다. 또한 노동 착취 및 빈익빈 부익부 현상 등의 사회적인 문제도 커졌다. 그래서 나온 개념이 지속가능발전이고, 그것이 기업에서 지속가능경영으로 적용되었으며, 투자자의 입장에서 다시 ESG로 표현되고 있다.

우리가 누리고 있는 풍요를 우리 후손들에게도 물려주려면 경제, 환경, 사회가 다 함께 조화를 이루면서 지속 가능한 발전을 이루어야 하고, 그러니 기업들은 지속 가능한 경영을 해야 한다는 것이다. 그에 대한 구체적인 활동이 CSR(Corporate Social Responsibility), CSV(Creating Shared Value), 그리고 ESG 등으로 나타난다. 특히 현재와 같은 기후 위

---

5 BLACKROCK INCORPORATED는 세계에서 가장 큰 자산 운용 회사로, 운영 자금이 약 1경 원에 이른다.

기 상황에서는 기업의 책임 또한 무겁다. 이는 30년 전부터 언급된 지속 가능한 경영이 제대로 이루어지지 않았기 때문이다. 그래서 "앞으로 30년간 제대로 해보자!"면서 ESG를 강조하고 있는 것이다.

따라서 지금은 무엇이 잘못되었고, 어떤 점이 부족한지를 성찰하고 분석하는 것이 매우 중요하다. 물론 지금은 평가를 하면서 순위나 매길 때가 아니다. 그동안 경제 발전을 위해 애써온 덕분에 지구는 버티기가 어려운 상황이 되었다. 그래서 지금처럼 경영하면 우리의 미래를 보장하기가 아주 어려우니 이제는 기존과 다른 경영 방식인 'ESG 경영'을 하자는 것이다. 그런데 시가총액 1·2·3위 기업이 ESG 경영을 잘한 1·2·3위 기업으로 평가하는 요즘 상황을 보면 정말 걱정이 앞선다. ESG 경영이 한때의 유행인양 지나가지 않으려면 ESG 경영을 왜 해야 하는지를 제대로 파악해야 한다. 그리하여 우리 모두의 삶 자체가 ESG 라이프 그리고 에코 라이프(ECO LIFE)를 이루어야 한다. 그래야 우리 인류의 미래가 지속 가능하다.

예를 들어, 유명 아웃도어 웨어(Outdoor wear) 브랜드인 파타고니아는 제품도 남다르지만 그 회사에서 일하는 직원들도 남다르다. 지속 가능한 경영을 하려는 CEO의 철학을 전 직원이 공유하고 있다고 느껴진다. 그들의 제품뿐 아니라 캠페인 메시지에서도 깊이와 진정성을 엿볼 수 있다. "환경 문제를 해결하기 위해서 비즈니스를 한다"는 파타고니아의 지속 가능한 경영은 50여 년의 역사를 가지고 있다.

파타고니아는 요즘 의류 산업의 변화를 요구하는 "덜 사고, 더 요구하세요(Buy Less, Demand More)"라는 캠페인을 진행하고 있다. 이 캠페인을 통해, 파타고니아를 비롯한 모든 의류 브랜드의 소비자들에게 "소비를 줄이는 행동이 곧 지구를 되살릴 수 있는 해결책이 될 수 있다"고 강조한다. 또한 올바른 소비문화와 환경 의식을 전파하기 위해 망가지고 손상된 아웃도어 의류를 무상으로 수선해주는 '원웨어(Worn Wear)'라는 프로그램을 운영하며, 'Better than new(새 옷보다 나은 헌 옷)'이라는 슬로건을 바탕으로 불필요한 소비와 대량 생산을 줄이기 위해 브랜드에 상관없이 한 사람당 최대 2벌까지 무료로 수선 서비스를 제공한다. 또한 '지구를 위한 세금'이라면서 매출의 1%를 환경 운동 단체에 기부하고 있다. 가치를 중시하며 자신의 선택이 지구의 환경에 어떤 영향을 미칠까를 생각하는 신인류인 MZ세대의 소비문화는 파타고니아처럼 ESG를 통한 지속 가능한 경영을 실행하는 기업을 더욱 확장시켜나갈 것이다.

미국의 종합 경제지 <포춘(Fortune)>은 가장 존경받는 100대 기업의 CSR을 분석하였는데, 그중에서 공통되는 세 가지가 발견되었다. 그것은 '미래 세대', '교육', '지속성'이라는 키워드였다. 이러한 면에서 2020년에 창립 50주년을 맞이한 유한킴벌리도 남다르다. 나무를 원료로 하는 제품을 생산하는 곳이지만 "우리 강산 푸르게 푸르게"라는 캠페인을 통해 나무를 많이 심는 좋은 기업이라는 이미지를 가지고 있다. 이것이 단순한 캠페인에만 머물렀다면 그린워싱 기업이 되었겠지만, 유한킴벌리는 '진정성'을 바탕으로 한 CSR을 펼쳐온 기업이라는 평가를 받고 있다. 본인들이 사용하는 나무보다 더 많은 나무를 심는 활동을 40년 이상 지속해왔으며, 미래 세대를 위한 환경 교육은 물론 노인 일자리 창출과 여성 리더십 육성 등에서 사회적 가치를 지속적으로 실현하고 있기 때문이다.

많은 기업들이 상품을 기획할 때부터 생애주기 전체에서 발생하는 온실가스를 저감시킬 제품을 기본적으로 기획하고, 또한 탄소 중립도 추구해야 한다. 이렇게 지속 가능한 경영 또는 ESG 경영을 하고, 소비자들도 그 기업과 그 제품을 인정해준다면 기후 위기를 극복해야 하는 버전 2의 신인류가 지속 가능할 수 있지 않을까?

12

기후 위기 시대에 국제사회의 대응은 충분한가?

유연철

연세대학교 국제학대학원 객원교수

'변화'와 '공존'을 위한 길을 모색할 때

전 세계는 현재 COVID−19 사태 및 경제적 침체와 기후 변화라는 3대 위기에 직면해 있다. 이러한 위기들은 상호 밀접히 연계되어 있으며, 생태계 교란을 유발한 기후 변화와 COVID−19 사태 사이의 상관관계가 인지되면서 인류와 지구의 공존이 필수적이라는 의견 또한 지배적이다. COVID−19 사태를 겪으면서 사람들은 물 부족과 기후 변화 같은 비전통적 안보 위협이 세계 경제와 국가 안보에 미치게 될 영향을 경험하였으며, 이에 대응하기 위한 국제적 연대의 필요성 역시 절감하였다.

각국은 기후 변화에 관한 '파리 협정'의 규정에 따라 2020년 말까지 '2030 온실가스 감축 목표'와 '2050 장기 저탄소 전략'을 UN에 제출해야 한다. 이런 상황에서 주요국들은 2020년 하반기에 탄소 중립 선언을 잇따라서 했다. 물론 EU는 이에 앞서 2019년 12월 그린 딜 정책 발표와 더불어 2050년까지 유럽 전체를 세계 최초의 탄소 중립 대륙으로 만들겠다고 선언하였다. 이후 중국도 2020년 9월 UN 총회에서 2060년 이전까지 탄소 중립 목표를 달성하겠다고 발표한 데 이어, 일본도 10월 말 국회 시정 연설에서 '2050 탄소 중립' 선언을 하였다. 우리나라도 기후 변화에 대한 대응을 가속화하려는 국제사회의 노력에 동참코자 2020년 10월 "2050 탄소 중립' 목표'를 발표하였으며, 미국은 조 바이든 대통령 당선자의 새 행정부가 2021년 1월 출범하면서 탄소 중립 목표를 발표하였다.

2020년 하반기에 각국의 탄소 중립 발표가 이어졌다면, 2021년 상반기에는 각 기업들의 ESG(Environment, Social, Governance) 경영 선언이 잇따랐다고 해도 과언이 아니다. 세계 최대 자산 운용사인 블랙락의 'ESG 요구 서한'이나 각국의 '2050년 탄소 중립 선언'은 ESG가 더 이상 피할 수 없는 전 세계적인 현상임을 보여주고 있으며, 지속 가능한 성장을 위해서는 ESG와 관련된 다양한 이해 관계자들과의 공존이 필수적임을 강조하고 있다.

2021년 상반기에 ESG가 본격적인 흐름을 탔다고 하면, 2021년 하반기에는 바야흐로 '탄소 가격제(carbon pricing)'에 관한 논의가 본격적으로 시작되었다고 볼 수 있겠다. 2021년 7월 14일 EU 집행 위원회는 EU의 기후 목표 이행 패키지인 '핏 포 55(Fit for 55)'를 발표하면서 탄소 가격 정책의 일환으로 '탄소 국경 조정 제도(CBAM)'의 입법안을 공개하였다. 또한 이에 앞서 7월 10일 이탈리아에서 개최된 '2021년 제3차 주요 20개국(G20) 재무장관 및 중앙은행 총재 회의'에서 탄소 가격제를 추진해야 한다는 주장이 강조되었다. 탄소 가격제는 시장 참여자들이 온실가스 배출을 비용으로 인식하여 금전적인 인센티브를 통해 탄소 배출량을 감축하게 유도하는 정책을 의미한다.

이와 같이 각국 정부들과 기업들은 기후 변화에 대응하기 위해 각자 목표를 설정하고, 이를 이행하기 위해 숨가쁘게 움직이고 있다. 즉, 국제사회는 인류와 지구의 공존을 위해, 그리고 다양한 이해 관계자들과의 공존을 위해 새로운 변화를 모색하고 있는 것이다. 이제 '변화'와 '공존'은 이 시대의 정신이 되었다.

과학적 접근에 기반을 둔 기후 변화 협상의 출발
─ 독립적 기구 구축

기후·환경에 대한 논의는 '과학'으로부터 출발하여 '기술'로 귀결된다고 한다. 기후 변화에 대해 과학적 접근을 하는 IPCC[1]는 기후 변화의 원인과 영향을 분석·평가하고 국제적 대책도 마련하기 위해 세계 기상 기구(WMO) 및 UN 환경 계획(UNEP)에 의해 1988년에 설립되었다. IPCC는 의장단과 실무 그룹 및 사무국(스위스 제네바 소재) 등으로 구성되어 있으며, 우리나라의 이회성 박사가 2015년 10월 의장으로 선출되어 지금까지 의장직을 수임 중에 있다.

IPCC의 평가 보고서는 보통 5~7년 주기로 발간되며, UN의 각 기후 협약의 근거 자료로 활용되는 동시에, 각국의 기후 변화에 대한 대응 정책의 준거 틀도 제공한다. 동 보고서 작성에는 197개 회원국 출신 전문가 약 3,000여 명이 참여하여 기후 변화에 관한 과학적 내용의 평가 보고서를 객관적으로 작성하는데, 여타 기관으로부터 독립성을 보장받는다. 보고서 작성에 참여하는 기상학자 또는 해양·빙하학자와 경제학자 등은 상시적으로 조직되어 있는 것이 아니라 보고서 작성 등 필요할 때마다 구성된다. 이에 따라 사무국 인원은 매우 소수로 구성되어 있으니, IPCC는 매우 스마트한 조직이라고 할 수 있겠다.

IPCC는 보고서 등의 분석 자료나 제안을 통해 '파리 협정'의 진전에 커다란 기여를 하고 있다. IPCC는 기후 변화의 원인으로 태양 활

---

[1] 기후 변화에 관한 정부 간 협의체(Intergovernmental Panel on Climate Change, IPCC)는 과학적·독립적 기구이며, 국제사회의 기후 변화에 대한 대응에 대한 공로를 인정받아 2007년 노벨 평화상을 수상하였다.

동의 변화 및 화산 분화 등 자연적인 요인도 들고 있기는 하지만, 기후 변화의 대부분이 인간의 활동(anthropogenic climate change)에 기인한다고 분석하고 있다. 이러한 IPCC의 보고서는 수많은 전문가들이 장기간의 검증을 거쳐 독자적으로 연구한 결과이기에 객관적으로 신뢰할 수 있다고 하겠다. 이는 또한 어떤 특정한 기관이 자금을 제공하여 단기간의 부분적인 연구를 발표하는 것과는 다르다고 할 수 있겠다. IPCC는 기후 변화가 자연적인 원인이 아닌 인간의 행위로 인해 발생할 가능성이 97%까지 높아졌다고 발표함으로써 기후 변화에 관한 과학적 논쟁을 마무리했다고 할 수 있겠다.

IPCC의 보고서와 기후 변화 원인 분석 간의 관계

- 1차 보고서 (1990년) ⇒ 기후 변화 발생
- 2차 보고서 (1995년) ⇒ 인간 행위로 인한 발생
- 3차 보고서 (2001년) ⇒ 인간 행위로 인한 발생 (66%)
- 4차 보고서 (2007년) ⇒ 인간 행위로 인한 발생 (90%)
- 5차 보고서 (2014년) ⇒ 인간 행위로 인한 발생 (97%)

IPCC의 보고서가 나올 때마다 많은 매체들이 공포의 메시지로 평가하기도 한다. 그러나 여기서 주목할 점은 상기 보고서에 따르면 기후 변화의 원인이 자연적인 것이 아니라 인간의 행위에 의해 발생한다고 분석하였다는 점이다. 이는 기후 변화에 대한 대응도 인간의 행위로 가능하다는 희망적인 메시지로 평가할 수 있다는 것이다. 결국 우리가 적극적으로 기후 변화에 대응해야 하는 이유가 여기에 있다고 하겠다.

IPCC는 또한 기후 변화에 대한 대응이 어느 한 나라에 의해서만

가능한 것이 아니라 전 지구적인 참여가 중요하다고 하면서 국제 규범의 수립을 요청하였다. 이에 따라 각국 정부는 국제 규범을 수립하기 위한 협상을 하였으며, IPCC의 보고서가 발간되는 것에 맞춰 이를 반영한 협약·협정 등을 채택하였다.

IPCC의 보고서 발간과 '파리 협정'의 진전

- 1차 보고서 (1990년) ⇒ 기후 변화 협약 채택 (1992년)
- 2차 보고서 (1995년) ⇒ '교토 의정서' 채택 (1997년)
- 3차 보고서 (2001년) ⇒ '교토 의정서' 이행을 위한 '마라케시 합의문' 채택 (2001년)
- 4차 보고서 (2007년) ⇒ Post-2012 체제 협상을 위한 '발리 로드맵' 채택 (2007년)
- 5차 보고서(2014년) ⇒ Post-2020 신기후 체제의 '파리 협정' 채택 (2015년)

이와 같이 IPCC의 보고서가 나올 때마다 이에 기초한 국제 규범들이 채택되었다. 그리고 이제는 '파리 협정'으로 대변되는 신기후 체제가 지속 가능한 체제로 평가받으면서 그간의 시행착오를 마무리하고 전 지구적인 기후 변화 관련 행동을 본격화하는 시대가 온 것이다. 아울러 IPCC는 2018년 10월 우리나라의 송도에서 개최된 '섭씨 1.5도 특별 보고서'를 채택하면서 "'파리 협정'의 목표 중 하나인 산업화 이전 대비 섭씨 1.5도 상승으로 제한시키려면 전 세계적으로 2050년까지 탄소 중립 또는 넷제로(Net Zero)를 달성해야 한다"고 제시하였다.

상기 보고서는 2100년 기준 산업화 대비 지구 온도가 섭씨 2도 상승할 경우 섭씨 1.5도 상승 대비 서식지의 절반 이상이 사라지는 척추동물과 식물종의 비율이 2배 정도 늘어가는 등 인류가 감당해야 할 피해가 막대하다는 점을 경고하였다. 여기에 더해 2020년 초 갑작스럽게 발생한 COVID-19의 원인과 확산에 기후 변화가 영향을 미쳤다는 인식이 확산되면서, 각국의 기후 변화 관련 행동 가속화를 촉구하는 국제사회의 목소리도 높아져갔다. 2020년 하반기부터 주요 국들이 "2050 탄소 중립' 목표"를 경쟁적으로 발표한 것도 이러한 배경에서다.

COVID-19로 고통을 받고 있는 이 시대에 섭씨 1.5도 상승의 의미는 우리에게 명확하게 다가왔다. 우리 몸의 정상 체온보다 섭씨 1.5도 높아져 섭씨 38도가 되면 우리는 모든 장소에서 퇴출당하는 것이다. 지구도 마찬가지여서 2050년에는 '지구상 어디에서도 거주 불가능'이라는 상황이 올 수도 있다. 현재 지구 온도가 산업화 이전 대비 섭씨 1도 상승하였음을 감안하면 기후 변화에 대한 대응은 시급한 과제다.

'파리 협정'의 동향

국제사회는 기후 변화에 대응하기 위해 그간 꾸준히 노력해왔다. 앞에서 언급한바와 같이 기후 변화에 관한 정부 간 협의체(IPCC)는 1990년에 기후 변화를 인정하면서 이를 다루는 국제 규범의 필요성도 지적하였다. 이에 각국은 1992년 국제사회가 기후 변화에 대응하는 기본 틀의 역할을 하는 'UN 기후 변화 협약(UN Framework Convention on Climate Change, UNFCCC)'을 채택하였고, 1997년 선진국들의 온실가스 감축을 구체적으로 실행하기 위한 '교토 의정서'도 채택하였다. 이후 2015년에는 모든 당사국이 온실가스 감축 목표를 자발적으로 설정하고 이행하는 '파리 협정'을 타결하였다. '파리 협정'은 국제사회의 열망을 담아 예상보다 빠른 2016년 11월 4일에 발효시킬 수 있었다.

'교토 의정서'가 채택 8년 만에 발효된 것과는 대조적이다.

　지난 30여 년간의 기후 변화 협상을 한마디로 단순화시키면 선진국들의 'action for action[행동을 위한 행동]'이라는 주장과 개도국들의 'money for action[행동을 위한 지금]'으로 요약할 수 있겠다. 즉, 선진국들은 기후 변화에 대응하려면 선진국과 개도국 모두의 동참이 필요하다는 것이며, 개도국들은 선진국들의 주장이 틀린 것은 아니지만 기후 변화의 우선적인 책임이 있는 선진국들이 개도국들의 기후 변화 관련 행동을 재정적으로 지원해야 한다는 것이다. 선진국들의 이러한 주장에 따라 선진국들만의 온실가스 감축 의무를 규정한 '교토 의정서'는 더 이상 존속하기 어려웠으며, 결국 선진국과 개도국의 주장을 모두 수용하여 "선진국과 개도국 모두가 기후 변화 관련 행동을 하되, 개도국들의 행동을 선진국들이 지원한다"는 내용을 골자로 하는 '파리 협정'이 채택된 것이다.

　기후 체제는 기본 협약인 'UN 기후 변화 협약[UNFCCC]'과 이를 구체화하는 이행 규정으로 구성되며, 이행 규정이 '교토 의정서'일 경우 '구[舊]기후 체제', 이행 규정이 '파리 협정'이면 '신[新]기후 체제'라고 불린다. '파리 협정'은 모법[母法]에 해당하는 'UN 기후 변화 협약'과 더불어 '신기후 체제[New Climate Regime]'를 형성하고, 국제사회는 이를 지속적으로 이행해나갈 것으로 전망된다.

　2015년은 기후·환경 논의와 관련하여 매우 중요한 해이다. 왜냐하면 2015년에 국제사회는 지속 가능한 평화와 번영을 위해 '지속 가능한 발전 목표[Sustainable Development Goals, SDGs]'와 '파리 협정'을 채택하였기 때문이다. 국제사회가 그간 축적해온 빈곤 퇴치와 기후 변화에 대한 대응 관련 경험을 바탕으로 마련된 이 두 가지 체제는, 인류의 생

—— 그림 12.1 2015년 '파리 협정' 채택 당시 의장단 등이 환호하는 모습

존과 삶의 질 개선을 위해 '새로운 접근법'을 취했다. 핵심은 모든 이해
관계자들의 참여를 독려하는 포용성(Inclusiveness)과, 과거뿐만이 아닌
현재와 미래에 대한 책임을 강조하는 지속 가능성(Sustainability)에 있다.

이는 각각 이전에 채택된 '새천년 개발 목표(Millennium Development
Goals, MDGs)'와 '교토 의정서'의 단점을 보완한 것이다. 즉, 2000년에 채
택된 '새천년 개발 목표'는 개도국의 빈곤 퇴치에만 중점을 두어 많은
국가들의 호응을 받지 못하였는데, 2015년에 채택된 '지속 가능한 발
전 목표'는 모든 국가들의 참여를 통해 빈곤 퇴치를 넘어 사회 공동
체의 회복과 지구 생태계의 복원에 중점을 두면서 '새천년 개발 목표'
보다 진일보한 것이다.

'교토 의정서'는 지구온난화에 대한 역사적 책임이 있는 '선진국'
에만 온실가스 배출을 감축하도록 했고, 따라서 실패하고 말았다. 미
국은 '교토 의정서'를 비준하지 않았고, 캐나다는 제1차 공약 기간 후

'교토 의정서'에서 탈퇴하였다. '교토 의정서'는 한쪽에만 책임과 강제적인 의무를 부여하였기에 현실적으로 작동하지 않은 것이다. 이로부터 교훈을 얻은 국제사회는 어느 한쪽이 아닌 '모든 국가'가 '자발적'으로 참여할 수 있도록 하는 신기후 체제를 구상하였고, 이를 구현하기 위해 선진국뿐만 아니라 개도국도 포함하는, 즉 '교토 의정서'의 공간적 확대 체제로서의 '파리 협정' 체제를 2015년에 출범시킨 것이다.

'파리 협정' 체제는 지구온난화 관련 과거 역사에 대한 책임뿐만 아니라 '현재와 미래에 대한 책임'에 대해서도 이야기한다. 결국 과거부터 온실가스를 배출해온 선진국만이 아닌, 현재 온실가스를 배출하고 있는 모든 국가가 책임을 지고 자발적으로 감축 노력을 함으로써 미래에도 지속 가능한 성장 체제 구현을 목표로 하는 것이다. 이러

— **표 12.1 국제사회가 직면한 중점 과제 그리고 새로운 접근법**

2015년

○ 기후 변화 관련 '파리 협정' 채택
○ 지속 가능한 발전 목표(SDGs) 채택

⇨ 새로운 체제를 모색: 포용성과 지속 가능성 강조

	구체제	신체제
기후 변화	'교토 의정서' - 선진국의 온실가스 감축 의무(과거의 역사적 책임 강조)	'파리 협정' - 모든 당사국 참여(자발적 공약 / 과거·현재·미래 책임 강조)
지속 가능한 발전	새천년 개발 목표(MDGs): 개도국의 빈곤퇴치에 중점	지속 가능한 발전 목표(SDGs): 모든 국가와 이해 관계자의 참여를 통한 사회 공동체 회복 및 지구 생태계 복원

한 측면에서 '파리 협정'은 '교토 의정서'를 시간적으로 확대한 체제라고도 할 수 있겠다. 다시 말하면, '파리 협정'은 '교토 의정서'의 시간적·공간적 확대 체제로서 지속 가능한 체제라고 평가할 수 있다.[2]

2017년 미국에서는 도널드 트럼프 행정부가 출범하였다. 트럼프 대통령은 각국 정부가 2015년에 채택한 '파리 협정'을 탈퇴한다고 선언하였다. 그래서 '파리 협정'이 끝내 살아남지 못하는 것은 아닌가 하는 우려의 목소리가 높았다. 이는 2001년 미국에서 조지 W. 부시 행정부가 출범하면서 '교토 의정서'의 종말을 고하는 비준 거부 선언이 나왔을 때와 매우 유사한 상황이었기 때문이다.

1997년에 채택된 '교토 의정서'는 2015년 '파리 협정'으로 대체되는데, 시장에서의 반응은 2001년과 2017년이 완전히 달랐다. 즉, 2001년 미국의 '교토 의정서' 거부 때 각 기업들은 더 이상 기후 변화에 대한 대응 사업들을 추진하지 않기로 하였다. 예를 들어, 대형 차량을 계속 생산하기로 한 것이다. 그러나 2017년에는 미국의 10개 주정부와 289개 도시 및 2,239개 기업 등이 WASI(We Are Still In, 우리는 계속있다)라는 성명서를 발표하는 등 '파리 협정'의 이행을 견지하였다.

이는 '파리 협정'이 선진국만의 온실가스 감축 의무를 규정한 '교토 의정서'와는 달리, 선진국과 개도국 모두의 '자발적인' 참여를 규정하여 각국이 이를 거부할 명분이 없을 뿐만 아니라, 지구온난화가 가속화되면서 폭염·폭우·폭풍 등 기후 변화의 부정적 영향들을 현실에서 직접 체험하였기 때문이다. 그래서 2017년 당시에는 기후 위기에 대한 대응의 필요성이 절박하다는 사실을 인식하였기 때문이다.

'파리 협정' 관계자들은 초안을 작성하면서 동 협정의 지속 가능

2 박덕영, 유연철 외, 2020, "파리협정의 이해", 박영사, pp.466-467.

성에 대한 신뢰를 가지게 되었으며, 이에 따라 각국 정부에 '2030년의 목표'를 제시하면서 '2050년을 위한 장기 전략'을 요청하는 규정도 만들어진 것이다. 이는 '교토 의정서'를 채택하던 당시 2008년부터 2012년까지의 1차 목표만 부여했을 뿐 "그 이후에 대해서는 추후에 협의하기로 한다"는 내용을 수록했던 것과는 대조적인 것이다. 이에 따라 각국 정부는 IPCC의 권고대로 2020년 하반기에 '2050 탄소 중립'을 선언하게 된 것이다.

최근 국제사회는 '그린 대세론(大勢論)'이 화두로 부상하고 있다. 각 기업은 '그린 대세론 시대의 생존(green survival)'을 위해 소비자들 및 글로벌 투자자들 등의 요청에 따라 친환경 기준을 수용할 수밖에 없는 상황에 직면하게 되었다. 예를 들어, 최근 기후 변화에 대한 대응의 주체로 급부상한 스웨덴의 청소년 환경운동가 그레타 툰베리 등 미래 세대는 기성 세대에게 기후 변화에 적극적으로 대처할 것을 강력히 요청하면서, 친환경 제품을 소비하거나 친환경 기업을 선호하고 있다. 곧 주력 소비층이 될 미래 세대의 선호에 맞춰 이미 글로벌 투자자들이 반응하고 있으며, 이들은 기업에 "기후 위험(Risk)에 대처하고, 제품 생산 및 서비스 제공 과정이 친환경적인 요건을 충족하게 할 것"을 요청하고 있다.

기후 변화에 장기적으로 대응하지 않는다면 인류가 치러야 할 비용은 천문학적일 것이며, 이미 일부 작은 섬나라들은 생존(生存)의 기로에 놓여 있다. 매년 초에 개최되는 다보스 포럼에서 발간한 「2020년 글로벌 위기 보고서」[3]는 향후 10년간 기후 변화와 환경 문제로 인

---

3 「2020년 글로벌 위기 보고서」에서는 이상기후 및 기후 변화에 대한 대응 실패, 대규모 자연재해, 생물 다양성 손실 및 생태계 파괴, 인위적 환경 손상 및 재해 등 다섯 가지가 향후 일어날 가능성이 큰 5대 위기로 꼽혔으며, 향후 10년간 심각성 측면의 5대 위기도 대량 살상 무기(WMD)를 제외하고는 4대 위기(기후

한 위기를 강조하였다. 사실, 2006년에 이 보고서가 최초로 발간된 이래, 향후 일어날 가능성이 큰 5대 위기 모두가 기후 변화와 환경 문제인 경우는 처음이었다.

현재 기후 변화에 대한 대응을 위해 각국 정부는 '2050 탄소 중립'의 목표를 수립하고, 각 기업들은 RE100 계획 수립 및 ESG 경영을 선언하고 있으며, 시민단체들은 '쓰레기·플라스틱 제로'와 같은 목표를 설정하였다. 그리고 유럽을 위시한 주요국들은 이를 달성하기 위해 '탄소 가격의 내재화(internalization of carbon price)'를 도모하는 등 탄소 국경 조정 제도의 도입을 검토하고 있다. 우리나라가 이에 대응하기 위해서는 과감한 에너지 전환과 저탄소 관련 기술을 개발해야 하며, 이를 위해 관련 이해 관계자 모두의 협업이 필요하다.

우리나라는 정부와 기업과 시민사회 모두가 참여하는 민·관 협력을 통해서 기후 변화에 대응하고 지속 가능한 발전 목표를 달성하기 위해 P4G(Partnering for Green Growth and the Global Goals 2030) 서울 정상 회의를 개최하였다. 이 또한 기후 위기에 대한 국제사회의 대응 노력에 동참하기 위해서이다.

P4G 서울 정상 회의 개최 결과 및 평가

P4G는 '녹색성장 및 2030 글로벌 목표를 위한 연대'를 의미하며, 정부와 더불어 민간 부문인 기업과 시민사회 등이 파트너로 참여하여 기후 변화에 대응하고 지속 가능한 발전 목표를 달성하려는 글로

변화에 대한 대응 실패, 생물 다양성 손실 및 생태계 파괴, 이상기후, 물 위기)가 기후 변화와 환경 관련 문제였다.

벌 협의체다. P4G는 2015년 UN에서 채택된 '지속 가능한 발전 목표 [SDGs]' 중 기후 변화와 긴밀히 관련이 있는 5개 분야, 즉 물·식량·에너지 및 도시 그리고 순환경제 등에 대한 해결책을 개발하고, 협력 사업을 통한 개도국 지원을 목표로 한다. 2017년 9월 출범한 P4G는 덴마크, 네덜란드, 인도네시아 그리고 우리나라를 비롯한 12개국으로 구성되어 있으며, 그 밖의 세계 경제 포럼[WEF] 및 세계 자원 연구소[WRI] 등 국제기구들과 우리나라의 SKT 등 글로벌 기업들과 시민단체들도 참여하고 있다.

P4G의 가장 큰 특징은 다양한 구성원들이 함께 참여하는 '포용적인 협의체'로서, 혁신적인 아이디어와 행동 중심의 민·관 협력을 중점 추진하고 있다는 점이다. 또한 정부의 초기 지원을 통한 기업의 투자 유도를 통해 '지속 가능한 비즈니스 모델'의 구축을 궁극적인 지향점으로 삼고 있다. P4G 정상 회의는 2018년 10월 덴마크 코펜하겐에서 제1차 정상 회의를 개최하였는데, 당초 2020년에 개최하기로 했던 제2차 정상 회의는 COVID-19 상황으로 인하여 1년 연기되면서 2021년 5월 30일과 31일에 서울에서 개최되었다.

공교롭게도 2021년은 '파리 협정'의 이행이 시작되는 첫 해이기에, 세계 각국이 기후 변화에 대한 대응을 적극적으로 모색하는 의미 있는 해인 것이다. 이런 2021년에 P4G 서울 정상 회의가 개최되었다. P4G 서울 정상 회의는 67명의 각국 정상과 국제기구 수장이 직접 화상회의 또는 영상 비디오로 참석한, 우리나라에 열린 것 중에서는 최대 규모의 다자간 정상 회의이자 우리나라 역사상 기후·환경 분야 정상 회의로는 최초로 그리고 비대면 화상 정상 회의로는 처음으로 개최된 회의였다. 아울러 2021년 11월 영국에서 개최되는 제26

차 기후 변화 당사국 총회(COP26)에 앞서 기후 변화에 대한 국제사회의 대응 노력을 결집함으로써 COP26의 성공적 개최를 위한 디딤돌 역할도 하였다.

2021년 P4G 서울 정상 회의에서는 COVID-19로부터의 회복이 이전과는 다른 방식의 녹색 회복이 되어야 하며, 이는 탄소 중립 달성을 위한 견고한 경제·사회 기반 조성에 기여할 것이라는 점을 강조했다. 또한 사회의 취약층, 개발도상국, 미래 세대 모두를 아우르는 포용적 녹색 회복의 필요성에 대해서도 역설했다. 아울러 「포용적 녹색 회복을 통한 탄소 중립 비전 실현」을 주제로 5월 24일부터 일주일간 비즈니스 포럼, 지방자치단체, 그린 뉴딜, 시민사회, 해양, 생물 다양성, 녹색 기술, 산림, 녹색 금융, 미래 세대 등을 주제로 특별 세션 10개를 개최했고, 5월 31일에는 물, 에너지, 식량/농업, 도시, 순환경제 등을 주제로 기본 세션 5개를 개최하는 등 총 15개 세션에서 정부 대표, 기업, 학계, 시민사회, 청년 대표 등의 다양한 경험과 의견을 공유할 수 있는 기회를 마련하였다. 특히 지자체 포럼에서는 세계 최초로 우리나라의 243개에 이르는 모든 지자체의 탄소 중립 선언이 있었다.

정상 세션에서는 기후선도국과 개발도상국의 정상들이 광범위하게 참석하여 ① COVID-19로부터의 포용적 녹색 회복, ② '2050 탄소 중립'을 향한 국제사회의 공동 대응, ③기후 변화 관련 행동 강화 및 민·관 협력 확산을 위한 노력 등 세 가지 주제에 대한 비전을 제시하였다. 이틀간의 정상 회의에 상당수 정상급 인사들의 참석은 우리나라의 회의 개최 능력(convening power)을 증명한 것이었다. 아울러 참가국들은 화상 회의 시 활용된 우리의 ICT 기술을 높이 평가하였

—— 표 12.2 2021년 P4G 서울 정상 회의

포스트 COVID-19 시대 · '2050 탄소 중립' 시대 주제: 포용적인 녹색 회복을 통한 탄소 중립 비전 실현		
포용적 (Inclusive)	녹색 회복 (Green Recovery)	탄소 중립 (Carbon Neutrality)
취약층 · 개도국 등 모두 함께 회복 필요	국제사회의 COVID-19 극복 이후 경제 재건 노력에 있어 새로운 녹색 회복 추진	포용적 녹색 회복은 장기적으로 탄소 중립 달성을 위한 견고한 기반

는데, 특히 이번 정상 회의에 적용한 '실시간 공간 인식 증강현실(Live AR)' 기술은 우리 기업이 세계 최초로 개발한 것이다. 참가국들은 금번 정상 회의 결과 문서로 '서울 선언문'을 채택하였다. '서울 선언문'은 국제사회의 기후 변화에 대한 대응 의지를 담은 정치적 선언 문서로, 기후 위기가 환경 문제를 넘어서 경제 · 사회 · 안보 · 인권에까지 영향을 미치는 심각한 위협이라는 인식도 포함하고 있다.

국제사회의 기후 변화에 대한 대응은 중앙정부는 물론이고, 지방정부, 기업, 시민사회, 미래 세대 등 다양한 주체가 모두 힘을 모아 참여하고 이행해야 하는 실천 과제임을 감안해야 한다. 그래서 '서울 선언문'은 시민사회가 대중의 인식 제고에 미치는 긍정적 역할과 더불어 기업의 ESG 활동을 강조하였다. 또한 오늘의 우리 행동이 내일의 우리 삶을 규정짓는 만큼, 미래 세대의 목소리에 귀를 기울이고 적극 소통하겠다고 다짐하였다.

미국과 중국을 포함한 광범위한 참가국들의 지지를 얻어 채택한 '서울 선언문'은 2021년 11월에 개최될 COP26의 성공을 위한 국제사회의 의지 결집에도 기여할 것으로 기대된다. 영국에서 개최되는 COP26이 성공하기 위해서는 ① 정치적인 리더십을 발휘하여 각국의 온실가스 감축 목표를 상향 조정해야 하며, ② 개도국에 대한 재정적인 지원을 강화하기 위해 선진국들의 지원 확대가 긴요하고, ③ 최근 국제적으로 탄소 가격제의 논의가 본격 시작됨에 따라 탄소 시장에 대한 세부 이행 규칙에 대해 합의를 이루어야 할 것이다.

우리나라의 기후 외교와 향후 과제

국제사회가 기후 변화에 대응하기 위해 꾸준히 노력을 해왔지만 지난 30여 년간은 시행착오의 시기였다. 오히려 신기후 체제의 출범을 통한 '파리 협정'의 목표 이행은 지금부터라고 할 수 있겠다.

이와 마찬가지로 우리나라도 기후 변화에 대한 대응의 일환으로 지난 30여 년간 여러 방안을 추진해왔지만, 국제사회에서 '기후 악당'이라는 오명을 얻고 있는 것도 사실이다. 이에 대한 원인은 여러 가지가 있겠으나, 다음과 같은 두 가지만 강조하겠다. 첫째, 지난 30여 년간 기후 변화에 대한 대응의 대표적 지표라고 할 수 있는 온실가스 배출량이 1990년 2.92억 톤에서 2017년 7.09억 톤으로 계속 증가했다는 점이다. 둘째, 우리나라가 해외 석탄에 대한 투자를 계속 강행해왔다는 점이다. 다행히 2019년부터 우리나라의 탄소 배출량이 감소 추세에 있고, 2021년에는 우리 정부가 미국 주최 기후 정상 회의 및 P4G 서울 정상 회의 등에서 해외 석탄 화력 발전에 대한 공적 금융 중단을 선언하였다. 이는 고무적인 일이지만, 그 동향을 계속 지켜봐야 할 것이다.

P4G 서울 정상 회의를 통해 우리나라는 기후 변화에 대한 국제사회의 대응 논의를 선도하는 국가 중 하나로 자리매김을 하게 되었다. 이전까지는 우리 산업을 보호하기 위해 필요최소한의 기후 변화 관련 행동을 유지해왔다면, 이제는 우리의 야심찬 목표 설정과 더불어 기후 변화와 관련된 국제사회의 의제 설정과 해결 방안 제시에도 적극적으로 참여해야 할 것이다. 특히 국제사회는 우리나라가 최빈국에서 오늘날과 같은 경제적 성과를 이룩한 경험을 바탕으로 개발도상국과 기후선도국 간의 가교 역할을 수행하기를 기대하고 있다. 이러한 과정은 우리 기업과 산업에 새로운 기회도 제공할 것이다. 아울러 우리가 추진 중인 그린 뉴딜 경험을 개발도상국에 전수해주는 과정과 P4G 협력 사업에의 참여를 통해 우리 기업들이 새로운 시장에 진출할 수 있는 기회를 마련하게 될 것으로 전망된다.

한편, 녹색 올림픽과도 같았던 P4G 서울 정상 회의에서 우리 정부는 제28차 기후 변화 당사국 총회(COP28) 유치 도전을 선언했다. 이와 관련하여 이번 P4G 서울 정상 회의를 통해 각국의 정부 대표, 학계, 기업, 시민단체 인사 등 발표자 수백 명의 의견을 모으고 '서울 선언문'이라는 결과물을 도출한 경험은 우리나라의 기후·환경 외교에 있어서 크나큰 자산이 될 것이다. 우리는 이를 바탕으로 COP28을 성공적으로 유치하여 기후선도국으로서의 입지를 공고히 하고, 기후 변화에 대한 국제사회의 대응에 적극 기여해야 할 것이다. 아울러 우리나라는 금번 P4G 정상 회의를 통해 UN 차원에서 해양 플라스틱 관련 논의를 조속히 개시하여야 한다고 강조하였다. 점점 심각해져 가는 해양 쓰레기 문제 해결에 대한 기여는 기존에 우리가 주도하고 있던 '평화 산림 이니셔티브(Peace Forest Initiative)'와 더불어 우리나라 기후 외교의 외연 확대에 도움이 될 것이다.

우리는 기후 위기를 막을 수 있는 마지막 세대

기후 위기 시대에 대한 국제사회의 대응은 지금까지 충분하지 않았다. 그러나 지금부터는 다각도로 방안을 모색하고 있으며, 그 이행에 초점을 맞추고 있다. 특히 '파리 협정'으로 대변되는 신기후 체제는 지속 가능하고 견고한 체제라는 평가를 받고 있다. 왜냐하면 '파리 협정'의 내용에는 지난 30여 년간의 협상 과정에서 온실가스 감축 관련 개도국의 참여를 강조한 선진국의 일관된 주장과 더불어, 개도국의 행동을 위해서는 선진국의 지원(support)이 필요하다는 점을 강조하는 개도국의 일관된 주장 또한 반영되었기 때문이다.

앞으로의 협상은 '파리 협정'의 '이행'과 관련된 투명성 체계 및 국제 탄소 시장 등에 집중될 것으로 예상되며, 신기후 체제의 근간을 훼손하는 논의는 전개되지 않을 것이라는 전망이다. 이는 최소한 2050년까지는 신기후 체제가 흔들림 없이 갈 것임을 의미한다. 물론 각국이 자발적으로 감축 목표를 설정한다는 등 '파리 협정'의 제반에는 한계가 있지만, 이는 각국의 정치적인 리더십(political leadership)과 기술 혁신(technological innovation)으로 극복되어야 할 것이다.

기후 변화에 대응하기 위해 시장에서도 반응을 하고 있다. 글로벌 투자자들과 미래 세대들이 기후 위기에 대한 관리와 해결책을 모색할 것을 강조하고 있으며, 이에 대해 각 기업들도 ESG 경영에 적극성을 보이고 있다. 요약하면 현재 국제사회의 모든 이해 관계자들은 '2050 탄소 중립'을 목표로 이에 대한 실천 방안을 모색하고 있으며,

이를 위한 '탄소 가격의 내재화(internalization of carbon price)'에 관한 논의를 본격적으로 개시하고 있는 상황이다. 이러한 시대적 흐름에 우리는 이끌려 가는 것이 아니라, 주도적으로 그리고 선제적으로 나아가야 할 것이다. 2021년 P4G 서울 정상 회의는 이러한 시도의 일환으로서 개최된 것이기도 하다.

기후 변화에 대한 대응과 국가 경쟁력의 마지막 승부처는 기술 혁신 분야라고 해도 과언이 아닐 것이다. 각 이행 주체들이 기후 변화에 대한 대응을 위한 의욕적인 목표를 세우고, 이를 달성하기 위해 연구·개발을 함으로써 기술 혁신을 이루게 된다면 저탄소 경제로의 전환은 앞당겨질 수 있는 것이다. 이러한 점을 염두에 두고 기후 변화에 대한 대응과 관련된 모든 이해 관계자들이 에너지 전환 등의 새로운 변화를 추구하면서, 공정한 전환 등의 공존을 적극 모색해나가는 것이 그 어느 때보다 절실히 요구된다고 하겠다.

오늘날 기후 변화에 대한 대응을 위한 우리의 작은 실천은 우리뿐만 아니라 미래 세대를 위한 길이기도 하다. 지구가 뜨거워지면 인류는 기후로 인한 파국을 맞이하게 될지도 모르기 때문이다. 인류와 지구의 공존이 필요한 까닭이 여기에 있다. 현 기후 위기의 시급성을 볼 때 우리는 기후 위기를 막을 수 있는 마지막 세대라는 외침이 가슴을 울린다.

13

기후위기, 어떻게 대응해야 하나?

정태용

연세대학교 국제학대학원 교수

기후위기 대응과 러세기 메가 트렌드
12가지 권고 사항

기후위기 대응과 21세기 메가 트렌드

이 책을 마무리하는 본 장에서 '기후 위기, 어떻게 대응해야 하나?'라는 질문을 다시 해본다. 물론 앞서 각 장을 쓰신 집필자들의 의도와 정책이나 전략, 권고 사항 등을 모두 요약해서 정리하는 것은 내 능력을 벗어나는 일이다. 그럼에도 불구하고, 이번 책 집필 과정에 참여한 모든 분들의 소중한 메시지를 모아서 위 질문에 답을 한다는 차원에서 본 장을 구성하였다.

기후 위기는 현재 세대의 인간 활동의 결과로 인한, 즉 화석연료 사용량의 급격한 증가로 인한 온실가스 대량 배출이 자연 현상인 기후에도 상당한 영향을 미쳤기에 발생하였다. 결국 현재 세대가 욕구와 필요를 충족시키려고 화석연료를 절제 없이 사용하다 보니 미래 세대에게 엄청난 부담을 주게 된 것이다. 만약 이 문제를 현재 세대가 해결하지 못하고 다음 세대에게 넘긴다면 그 사회는 지속 가능하지 못할 것이다.

굳이 UN의 1987년 보고서 「우리 공동의 미래[Our Common Future]」에서 정의한 지속 가능한 발전을 인용하지 않아도 너무나 당연한 사실이다. 그래서 이 책의 첫 장은 미래 세대가 현재 세대에게 가장 근본적인 네 가지 문제를 제기하면서 글을 맺고 있다. 이러한 문제 제기에 현재 세대는 "우리가 기후 위기에 잘 대처하고 있으며, 미래 세대는 우리가 하는 대로 대응하면 된다"고 속 시원하게 말할 수는 없을 것 같다. 지금까지 인류가 한 번도 경험해보지 못한 지구 차원의 문제를 인류 스스로 만들어놓았고, 그 해결책도 지구 차원에서 찾아야 하는데 아직 찾지 못하고 있다. 각 개인, 단체, 기업, 기관, 국가, 국제

기구가 따로따로 각자의 해결책을 찾고 있다.

불과 2년이 안 되었지만, COVID−19는 전 세계 모든 사람들의 일상생활을 송두리째 바꾸어놓았다. 그 때문에 이전에는 당연하게 여겼던 많은 일들이 불가능해졌다. 2년이 채 안 되는 사이에 몇 백만 명 이상의 사람들이 사망하고, 몇 천만 명 이상의 사람들이 이 바이러스에 감염되는 상황이다. 마스크, 개인위생, 사회적 거리 두기, 백신 같은 처방이 지금까지 이 바이러스에 대응하기 위해 인류가 내놓은 해법이다. 가장 효과적인 대응인 백신 처방조차 각국의 상황에 따라 너무도 다르다. 선진국을 중심으로 두 번, 세 번까지 백신을 맞는 상황이 있는가 하면, 개도국에서는 아직 백신을 구경도 못 한 사람이 너무 많다.

COVID−19는 전 인류가 공동으로 대응해야 그 해법을 찾을 수 있으나, 아직은 각 나라가 자국을 우선하는 정책을 실시하기에 인류 전체를 위한 해법을 찾지 못하고 있다. 부디 인류는 COVID−19 사태를 겪으면서 전 세계가 공동으로 대응하는 방법을 찾고 배워야 한다. 앞으로 예상되는 기후 위기는 인류가 공동으로 대응해야 하기 때문이다. 물론 기후 위기에 대한 구체적인 대응 방법은 각국의 복잡하고 다양한 상황에 따라 매우 다를 것이기 때문에, 인류 전체를 위한 기후 위기 대처법 찾기는 COVID−19에 대응하는 것보다 더욱 어려울 것이다.

기후 위기에 대한 대응은 기본적으로 다음과 같은 두 가지 방향에 따라 진행되고 있다.

첫째는 기후 변화를 일으키는 온실가스의 배출을 줄이는 것이다 (Greenhouse gas mitigation). 그러나 각국이 에너지 관련 시스템이나 경제

구조 등을 바꾸는 데 시간이 걸리기 때문에, 2050년까지 탄소 배출을
제로로 하자는 목표를 세운 것이다. 그리고 많은 나라가 여기에 동참
하고 있다.

둘째는 당장 일어나고 있는 기후 변화에 따른 기상 이변 등 자연
재해가 주는 피해를 줄이고, 기후 변화에 적응(Climate change adaptation)
하기 위한 다양한 정책들을 만들고 이행하는 방향이다. 이는 곧 기존
에 우리가 살아왔던 방식과 생각·제도·정책의 우선순위, 그리고 의
사 결정 방법 등 모든 것을 획기적으로 바꾸어야 하는 문제이기도 하
다. 당연히 모든 국가가 겪는 문제가 되었다. 이러한 범인류적인 도
전에 각국이 어떻게 해야 효과적으로 대처할 수 있느냐는, 각국이 미
래의 경쟁력을 어떻게 확보하느냐를 결정하는 조건이기도 하다.

기후 위기에 대응하려면 21세기에 나타난 네 가지 새로운 추세
(Mega trend)에 부합해야 한다. ① 디지털로의 전환(Digital transformation),
② 탈탄소화(De-carbonization), ③ 탈중앙집중화(De-centralization), ④ 인구
구성의 변화(Demographic change) 등이 그것이다. 이러한 추세에 맞추어
서 기후 위기에 대한 효과적인 해결 방안을 모색해야 한다.

21세기에 들면서 모든 분야에서는 디지털화가 빠르게 진행되어
가고 있다. 정보가 엄청나게 많이 생겨나고, 이를 양방향으로 소통할
수 있는 기술 덕분에 커다란 변화도 일어나고 있다. 특히 COVID-19
사태를 계기로 디지털에 기반을 둔 비대면 기술(Untact technology)이 대
거 도입·활용되면서 우리의 일상에서 일어나는 다양한 거래와 교육
을 신속히 보완해주고 있다.

디지털화의 특징 중 하나는 서비스의 공급자와 소비자가 양방향
으로 소통이 가능해진 점이다. 공급자의 측면에서는 소비자가 선호

하는 것을 더 잘 알게 되었고, 또한 여기에 맞춰 공급을 할 수 있는 공급자가 경쟁력을 가지게 되었다. 그동안 공급자의 선택과 제약에 따라 마음에 안 들어도 받아들여야만 했던 소비자도 더 많은 정보를 알게 됨으로써 자기가 원하는 상품이나 서비스를 제공해줄 공급자를 선택하는 것도 가능해졌다.

디지털화의 또 다른 특징은 전력 수요가 더 많이 늘어난다는 것이다. 즉, 많은 서비스들이 2차 에너지인 전기를 사용하는 디지털 기기들을 통해 가능해졌기 때문이다. 따라서 디지털화의 진행은 더 많은 전력 공급을 요구한다는 것을 의미한다.

마지막으로 공급자와 소비자의 양방향 소통 덕분에 그동안 공급자를 중심으로 돌아가던 에너지 시스템은 그 중심이 소비자로 빠르게 넘어가고 있다. 즉, 소비자가 서비스에 따라 전력 회사나 가스 회사를 선택하거나 쉽게 바꾸는 것이 어렵지 않은 세상이 온 것이다. 20세기까지는 상상도 할 수 없던 일들이 이렇듯 에너지 공급 부문에서 일어나고 있는 것이다.

탈탄소화는 기후 위기 대응을 위해서라도 필수적인 추세가 되어가고 있다. 각 나라의 여건과 사정에 따라 다르겠지만, 많은 나라가 2050년까지 탄소의 순배출(Net emission)을 제로로 하겠다고 선언을 하는 것은 이러한 추세를 나타낸다.

공급자 측면의 문제는 현재 전 세계가 1차 에너지로 70% 정도를 쓰고 있는 화석연료를 대체할 수 있느냐이다. 즉, 정부와 기업 그리고 에너지 관련 단체들이 화석연료를 대체할 에너지원을 개발하거나, 전력을 비화석연료로 생산하거나, 화석연료 기반의 운송 체계를 전력이나 수소와 같은 비화석연료로 바꾸거나, 경제 활동을 위해 필요한 에너지의 효율을 높이거나, 우리의 생산 활동 자체가 에너지를 덜 사용하도록 시스템을 개선하거나, 탄소의 순배출을 제로로 하는 것을 목표로 제도와 정책을 바꿈으로써 해결 방안을 찾으려고 할 것이다.

수요자 측면의 문제는 일반 개인의 행동 방식이나 의식을 친환경적이 되도록 전환하는 것이다. 즉, 에너지를 덜 쓰는 생활습관을 가진다거나, 새롭고 창의적인 소비습관을 들이는 것과 더불어 서비스 및 재화의 공급자에게 환경적 압력을 소비자의 입장에서 끊임없이 주는 것이다.

새로운 친환경적인 기술을 개발하려면 막대한 초기 투자가 필요하며, 새로운 에너지 인프라 시스템을 구축하기 위해서라도 엄청난 재원을 마련해야 한다. 물론 화석연료와 관련된 기존의 산업이 좌초되는 과정에서 희생될 이 분야의 종사자들을 도울 제도와 지원 방안을 마련하는 데에도 많은 자금이 필요하다. 모두 '돈'과 '기술'이 관련된 문제이다. 결국 급격히 닥쳐오는 '에너지 전환(Energy transformation)'의 시대에 정부와 기업, 국민 모두가 어떻게 대처하느냐는 새로운 과제로 떠오르고 있는 것이다.

탈중앙집중화 현상은 그동안 우리의 제도나 법, 사회를 운영하는 데 필요한 여러 결정 구조(Governance structure)가 중앙에 집중되어 있던 것에서 벗어나는 현상이다. 이러한 현상은 정치, 경제, 사회, 문화 등 모든 분야에서 일어나고 있다. 이는 앞서 언급한 디지털화와 연계하여 정보가 양방향으로 소통됨에 따라 더 이상 중앙에서 모든 것을 통제하거나 관리하는 시스템이 효과적이지 않고, 그보다는 소위 '상향식 접근(Bottom-up approach)'이 점점 더 많이 통용되고 있음을 보여준다.

예를 들어, 전력 부문에서 새롭게 도입되는 '스마트 그리드 시스템(Smart grid system)' 같은 것은 더 이상 전력 회사만이 전기의 공급자가 아니고, 일반 소비자도 필요에 따라 전기를 자체적으로 공급하거나 다른 사람에게 공급할 수 있게 되었음을 보여준다. 아울러 이전까지는 공영방송이든 신문이든 공급자 중심의 중앙집중적인 정보 공급이 이루어져왔지만, 오늘날에는 미디어 기술과 통신 기술의 발전으로 개인이 유튜브나 SNS 등을 이용해 정보와 자료를 공급할 수 있게 되었다. 즉, 다양한 분야에서 플랫폼(Platform)을 기반으로 새로운 기술을 활용함으로써 결국 많은 사람들이 국가의 의사 결정에 참여할 수 있게 되었고, 이에 따라 다른 여러 시스템들도 운영될 수 있다는 것을 보여준다.

인구 구성의 변화에서 가장 큰 특징은 전 세계적으로 고령화가 빠르게 진행되고 있다는 점이다. 의료 기술의 발달, 공중 보건 시스템 구축, 생활 여건의 개선, 의료 정보의 확산 등의 이유로 전 세계 모든 국가에서 현재 세대는 전 세대보다 오래 살게 되었고, 미래 세대의 평균 수명은 더욱 늘어나게 될 것이다. 이러한 고령화가 에너지를 더 사용하는 생활 양식으로 발전할 것인지, 이에 따라 온실가스 배출량이 늘어날 것인지 아니면 줄어들 것인지는 기후 위기 대응의 새로운 문제이다. 특히 동북아시아에서 한국, 중국, 일본은 저출산 현상이 빠르게 확산되고 있다. 즉, 고령화와 더불어 저출산 현상은 동북아시아 3개국의 인구 구성에서 노령층의 비중을 더욱 높이고 있으며, 심지어 초노령사회로 진입을 촉진하고 있다. 고령화로 인해 사회 각 구성원들(노년·장년·중년·청년·소년 등)의 비율이 빠르게 변화하는 것은 기존 시스템의 변화 또한 초래할 것이며, 아울러 에너지의 사용

과 이에 따른 온실가스 배출 문제 등과도 관련될 것이다. 결국 온실
가스 배출 문제와 함께 인구 구성의 변화에 대해서도 고려해야만 하
게 된 것이다.

이러한 추세를 반영하여 각 부문에서 제안하는 방안을 상황에 맞
춰 융통적으로 적용하고, 그럼으로써 통합적·종합적인 기후 위기
대응 방안을 만드는 것이 현재 세대가 당면한 도전 과제이다. 비록
현재 세대는 다른 이해 관계자들과 협력하여 통합적인 해결 방안을
찾아본 경험이 없지만, 그들 특유의 새로운 접근 방식과 도전을 통해
서 얻은 경험과 노하우를 다른 국가들 및 사람들과 나누고 다음 세대
에도 전수해야 할 것이다. 이것이 기후 위기에 대응하는 유일한 방법
이다. 이러한 배경에서 이 책의 각 저자들이 제시한 분야별로 구체적
대안을 '권고 사항'으로 정리하면서 책을 마무리하고자 한다.

12가지 권고 사항

1) 미래세대와 소통하라

기후 위기는 현재 세대가 당면한 도전 과제이다. 비록 현재 세대
는 다른 이해 관계자들과 협력하여 통합적인 해결 방안을 찾아본 경
험이 없지만, 그들 특유의 새로운 접근 방식과 도전을 통해서 얻은
경험과 노하우를 다른 국가들 및 사람들과 나누고 다음 세대에도 전
수해야 할 것이다. 기후 위기 대응은 미래세대와의 소통에서 시작해
야 한다.

2) 물 관리 융합 시스템을 구축하라

물 관련 인프라 측면에서 구체적인 협력이 필요하다. 국가 간 물 관련 인프라에 대한 격차가 점점 더 벌어지고 있기 때문이다. 그런데 이 분야에는 민간 기업의 참여가 쉽지 않다. 따라서 선진국들의 재정적인 지원과 기술, 그리고 인력 양성 프로그램을 통하여 개도국들의 모자라는 부분을 메워주는 프로그램을 보다 적극적으로 진행해야 한다. 공적 자금이나 민간 부분의 자금이 투입될 수 있도록 블렌딩 파이낸스(Blending finance) 구조를 만들고, 사물인터넷(IoT) 기술이 활용되는 모니터링과 조기 경보 시스템 등을 모바일과 연계시켜 관련 기관들뿐만 아니라 개인들도 혜택을 받을 수 있게 하거나, 위급한 상황에서 생명을 구할 수 있게 할 방안을 구체적으로 만든다.

특히 개도국과 최빈국에 홍수·태풍과 같이 물과 관련된 재해가 발생하면 콜레라·장티푸스와 같은 수인성 질병도 잇따라 돌면서 더 많은 사람들이 피해를 본다. 물론 현재의 기술로는 물에 의한 재해와 감염병을 동시에 막아낼 수는 없지만, 기후 재난에 대응하기 위한 융합 시스템은 기후·물·경제·의료·거버넌스 등 다양한 분야의 전문가들이 협력하여 제일 먼저 그리고 시급히 만들어내야 한다. 또한 각국의 상황에 맞춰 물 관리 융합 시스템을 구축해야 한다.

3) 도시에서의 기후 변화에 대한 대응 방안을 시민들과 함께
마련하라

최근에 많은 국가에서 시도되고 있는 '시민과학(Citizen science)' 및 도시 예산 수립과 그 집행 과정을 통해서 시민들의 참여 기회가 늘어나고, 또한 관련 방법도 향상되고 있다. 예를 들어, 데이터 공개 플랫폼 구성, 데이터 수집과 활용에 따른 문제에 대한 인식 공유, 지역 문제에 대한 집단적 인식 제고 등이 가능해진 것이다.

최근에는 기후 변화 문제에 대응하기 위해 사회 혁신과 지역 행동을 유도하는 데도 시민과학이 활용되고 있다. 예를 들어, 포르투갈의 수도 리스본은 기후 변화의 완화 및 적응을 위한 프로젝트로 '녹색 참여 예산'을 도입했다. 저탄소사회로의 전환 과정에서 공원 및 녹지의 역할이 크다는 점을 고려하여 주민들이 자전거 도로 조성이나 가로수 심기 등을 선택할 수 있게 한 뒤 그에 대한 예산을 집행할 수 있게 한 것이다. 이러한 시도는 공원 및 녹지의 조성 등에 대한 투자를 지속시키면서, 동시에 기후 변화의 완화 및 적응의 이점을 시민들에게 인식시키는 측면에서 많은 주목과 기대를 받고 있다.

앞으로 전 세계의 도시화는 빠르게 진행될 것이고, 2050년에 아시아 인구의 절반은 도시에서 살 것으로 예상된다. 도시에서는 기후 위기 극복을 위해서 중앙정부, 지방정부, 민간 등의 많은 투자가 이루어져야 한다. 시민들의 적극적인 참여 및 논의를 통해서 모두가 수용할 수 있는 해결 방안을 도출하여야 하고, 기후 위기 극복을 위한 협의안과 규범 또한 사회적 자산이 되어야 한다.

도시 차원의 탄소 중립에 이르기 위해서는 탄소 저감 기술의 보급, 숲과 같은 자연 흡수원의 보호 및 확대 등 도시 설계와 인프라 측면에서 다양한 해결 방안을 찾아야 한다. 그러나 도시에서 거주하는 현대인들이 대량 소비에 기반을 둔 풍부한 생활을 영위하는 기존의 생활습관에서 벗어나고, 에너지 사용량을 줄이며, 환경을 고려하는

습관으로 변화하는 것은 매우 어려운 일이다. 즉, 시민들의 자발적 참여만으로는 부족하다. 실질적인 탄소 중립 및 기후 친화적인 도시를 만들어야 한다. 그러려면 다수의 이해 관계자들이 도시의 유기적 상황을 고려하여 다양한 논의를 구체화하는 제도를 만들고, 이를 시행할 수 있는 탄소 저감 및 자연 친화형 기술을 보급하고, 여기에 필요한 재원도 충분히 마련하는 등의 통합적 접근을 시민 주도로 시행하여야 한다.

4) 기후 변화에 대한 대응은 적응 경로를 비교하고서 선택하라

기후 변화에 적응하는 경로는 목표에 따른 세부 사업들의 조합으로 장기적인 적응 경로를 제시한다. 그래서 의사 결정자는 적응 대책의 이행 가능성과 최종 적응 목표 시점에서의 목표 달성도를 적응경로를 통해서 파악할 수 있다.

적응 경로의 제시 목적은 최적의 계획안 하나를 결과물로서 제공하는 것이 아니라, 적응 경로를 도출하는 과정에서 불확실성과 동태적 장기 계획으로 나타나는 의사 결정의 피드백 과정을 보여주기 위한 것이다. 예를 들어, 기후 변화에 대한 적응 관련 예산이 높다고 해서 반드시 최적의 적응 계획이 만들어지지는 않는다. 낮은 예산으로도 적응 목표를 어떻게 설정하느냐에 따라 비교적 더 효율적인 적응 계획을 도출할 수도 있다.

적응 경로 모델을 사용하여 의사 결정자의 선호도에 따라 언제 어떤 규모로 적응 대책이나 기술을 도입했을 때, 기후 변화에 대한 적응 정도와 비용을 확인함으로써 다양한 적응 계획안들을 비교해볼 수도 있다. 즉, 의사 결정자들이 기후 변화에 대한 적응 대책을 수립하는 것은 주어진 미래의 불확실한 조건에 대한 대책을 수립하기 위한 것만이 아니다. 미래의 기후 변화에 대한 적응 정책과 온실가스 감축 정책에 따라 달라질 수 있는 '움직이는 목표'를 설정하고 이를 달성하고자 하는 것이다. 따라서 적응 경로를 과학적으로 설정하고, 조건이 변함에 따라 미리 설정해둔 다른 경로를 탄력적으로 선정해 나가는 것이다. 기후 변화 적응 대책은 과학에 기반을 두고서 수립해야 하고, 의사 결정자는 기후 변화에 대한 적응 경로를 탐색·비교함으로써 실효성 있는 적응 계획을 수립하는 것이다.

5) 각 제품과 서비스의 자원에 관한 정보를 공유하라

순환경제 체계를 빠르게 구축하는 것은 인간의 경제 활동 과정에서 사용되고 버려지던 자원을 다시 사용하고 또 최대한 활용하는 경제 시스템을 만드는 것을 의미한다. 개개인이 꼭 필요하지 않은 소비는 줄이고, 그에 따라 이산화탄소를 포함하여 폐기물 배출도 최소화하면서 재활용되는 자원을 늘릴 수 있도록 분리 배출도 하는 것이다. 하지만 이러한 '소비자의 자발적 실천'에만 의존해서는 지구 온난화 문제 등 기후 위기 문제를 근본적으로 해결할 수 없다.

애초에 에너지 효율이 높은 제품을 저탄소 소재로 만드는 것이 중요하다. 포장재를 분리 배출하여 재활용하게 하는 것보다 애초에 포장재가 필요 없는 쇼핑 방식을 제공하는 것이 기후 위기 문제 해결에 더 효과적이다. 이러한 제품을 개발하고 판매하는 것은 기업의 몫이다. 기업이 제품에 어떤 소재를 사용하고, 또 제품을 어떻게 설계하느냐에 따라 생산 비용뿐만 아니라 생산-소비-폐기라는 단계가 환경에 미치는 영향의 대부분이 결정되니까 말이다. 결국 소비자의 욕구와 필요를 충족시키고 가치도 창출하면서 자원의 소비도 줄일 수 있는 것이다. 이를 위해서는 기술 혁신뿐만 아니라 가치도 창출할 수 있도록 경제 시스템의 과감한 전환과 일대 혁신이 필요하다.

이러한 전환에 필요한 조건은 제품과 서비스를 생산하고 제공하는 과정에서 자원의 소비에 대한 많은 정보를 생산자들과 관계 기관, 소비자 단체들 등이 공유하는 것이다. 그러나 생산 부문의 원자재 소비와 배출물에 대한 정보는 내부 정보이기 때문에 구체적이고 상세하게 공유되기 어렵다. 아울러 공공 기관에서 취합하는 데이터도 분절적으로 존재하기 때문에 생산-소비-폐기 같은 일련의 과정에서 자원의 소비 패턴을 정확하게 파악하기가 매우 어려운 것이 현실이다.

예를 들어, 유럽연합(EU)에서는 제품의 생산지, 내구성, 조성, 재활용 가능성 및 폐기 정보 등을 제공하는 '디지털 제품 여권(Digital Product Passport)'의 도입을 추진하고 있다. 이는 디지털 기술이 순환경제의 혁신을 위해 사용된 좋은 사례이다. 모든 제품의 생산에 사용된 원료 및 에너지, 생산지, 재활용 물질 등 제품에 대한 모든 이력을 정보로 공유하여 소비자의 선택에 필요한 정보를 제공하기 때문이다.

우리 정부도 기업이 제품과 서비스의 전 주기(Life cycle)에서 사용한 자원과 재활용 방법 같은 정보를 공개하는 것을 정책적으로 지원하고, 또한 이러한 정보를 기반으로 소비자들이 제품과 서비스를 선택하여 효과적인 순환경제 시스템 구축에 동참할 수 있도록 기본적인 틀을 만들어야 한다.

6) 좌초 산업의 정의로운 전환을 위한 적극적인 지원 정책을 마련하라

지금까지 기후 위기 대응 중 온실가스 감축 정책은 대개 저탄소·탈탄소를 지원하는 정책이었다. 그러나 정의롭고 합리적인 에너지 전환을 이루려면 화석연료 관련 산업과 같은 좌초 산업에 대한 적극적인 정책도 필요하다.

지금까지 우리 정부는 재생 에너지 산업을 육성하기 위해 다양한 지원 정책을 시행하였다. 기업도 탄소를 배출하는 화석연료 대신 새로운 에너지원에 대한 기술 개발과 시장 확보를 위해 많은 노력을 기울였다. 그런데 새롭고 깨끗한 에너지 산업을 육성하고 지원하기 위한 화석연료 보조금 제한, 석탄 화력 발전소 폐쇄, 탄소세 부과, 석탄 산업 투자 기준 강화 등은 기존의 화석연료 관련 산업의 입장에서는 매우 불리한 조건을 계속 부과하는 것과 같다. 결국 좌초 산업의 자발적이고 공정한 에너지 전환을 유도하기 위해서는 좌초 산업들에 대한 적극적인 지원 정책을 마련하여야 한다.

좌초 산업들의 업종 전환을 위해서는 이 산업에 종사하는 사람들에 대한 재취업 교육이 시급히 그리고 구체적으로 필요하다. 이미 탈석탄 정책으로 석탄 화력 발전소가 폐쇄되어 발생하는 고용 불안이 사회적 문제가 되고 있으며, 관련 공장과 기업의 활동도 줄어들어서 지역 경제도 타격을 입고 있다. 해당 산업에 종사하는 사람들이 타 산업으로 이전할 수 있도록 교육을 받고 재취업할 수 있도록 환경을 조성해야만 한다. 결국 녹색 전환을 위해서는 노동 시장 정책이 필요한 것이다. 적극적 노동 시장 정책에는 구직 지원, 훈련, 공공 부문 일자리 창출 및 민간 부문의 고용 보조금 등이 포함된다. 소극적 노동 시장 정책에는 실업 수당 및 관련 복지 혜택에 대한 지출이 포함된다.

도시 재생 사업을 통한 산업 및 지역 생태계 육성도 적극 추진해야 한다. 녹색 전환을 위해서는 큰 비용이 소요되고, 무리한 탈탄소화 정책은 산업 및 지역 생태계와 고용에 악영향을 끼칠 수 있다. 따라서 정부와 관련 기업은 좌초 산업의 종사자들이 재생 에너지를 포함하여 신(新)에너지 산업과 같은 성장 산업으로 효과적으로 옮겨갈 수 있도록 새로운 산업 생태계 조성과 좌초 산업의 전환을 촉진하는 정책을 통합적으로 마련하고, 그 정책을 균형적으로 실행해야 한다.

7) 에너지 전환을 촉진하기 위한 그린 에너지 통합 시스템을 구축하라

에너지 전환을 촉진하는 정책을 빨리 실행해야 한다. 이는 미래의 국가 경쟁력과도 직결되는 문제이기 때문이다. 에너지 전환을 촉진할 구체적인 방법으로는 '그린 에너지 통합 시스템'의 구축을 들 수 있다. 재생 에너지를 기반으로 에너지 공급과 소비가 상호 통합·연계되는 에너지 시스템을 구성하는 것이다. 그린 에너지 통합 시스템에서는 전력, 가스, 열 등 에너지 공급원들 간의 통합뿐만 아니라 산업, 수송, 건물 등 소비 부문들 간의 연계도 매우 중요한 요소이다.

그린 에너지 통합 시스템에 관한 새로운 운영 방안도 필요하다. 기존과 같은 공급자 중심의 에너지 시스템을 운영한 경험과 지식으로는 새로운 시스템을 운영하는 것이 불가능하니까 말이다. 전력을 포함하여 가스 및 열과 같은 다른 에너지 시스템과 연계하는 것은 필수적이고, 디지털 기술을 활용하여 소비자들과도 연계하여야 한다. 이러한 혁신적인 시스템의 운영 체계는 처음부터 모든 것을 새로 검토하고서 운영 계획을 마련한 뒤에 짜야 한다.

새로운 에너지 시스템은 에너지의 공급 및 서비스 분야에서 21세기형 혁신을 기반으로 하는 새로운 비즈니스 모델을 만들어나가게 될 것이다. 프로슈머의 역할을 강화하고 소비자의 소비 행태 변화를 유도할 수 있는 에너지 비즈니스가 성공한다. 지역의 여건과 특성, 주민들의 요구에 맞는 융·복합 해결책도 발굴하여 적합한 사업 모델을 제시함으로써 많은 성공 사례도 만들어야 한다. 이러한 사업 모델의 전제 조건은 소매 시장의 개방 및 데이터 접근성 향상 등 시장 제도의 획기적인 개선이다. 21세기형 사업 모델에 20세기형 규제 방식을 들이대면 아무것도 성공할 수가 없다.

8) 탄소 시장의 정상적인 가격 기능을 보장하라

탄소 시장의 가격 기능과 수급 균형이 효율적으로 작동하기 위해서는 경제 시스템 전체에서 탄소 가격의 기능이 정상적으로 작동되어야 한다. 그러나 지금까지 우리나라의 탄소 시장은 규모는 매우 크지만, 탄소 가격의 정상적인 기능은 찾아볼 수가 없었다. 초기 시장 조건의 형성 과정에서 정부의 과도한 개입과 비합리적 행태가 있었기 때문이다. 그래서 우리나라에서는 탄소 가격의 시장 기능을 찾아보기 어려웠던 것이 현실이다.

그러나 많은 국가가 '2050년 탄소 중립'을 선언하고 에너지 전환을 서두르는 상황에서 큰 규모의 국내 탄소 시장을 이미 운영하고 있는 우리나라는, 탄소 시장의 정상적인 기능을 통해서 저탄소나 무탄소 에너지로의 전환(Low Carbon or Carbon-free Energy Transformation)을 촉진할 수 있다. 발전 부문의 감축 잠재력도 탄소 시장 전체의 수급 균형에 매우 중요한 역할을 할 수 있다.

이러한 발전 부문의 배출권 수급 조절 역할이 발휘되기 위해서는 현재의 전력 시장에서의 시장 왜곡 요소들을 반드시 제거해야 한다. 전력 거래소가 급전 우선순위를 결정하는 과정에서 탄소의 시장 가격이 제대로 반영될 수 있도록 전력 시장 운영 규칙을 반드시 개정하여야 한다. 지금과 같은 배출권 구입비에 대한 정부의 보조금은 없어져야 하고, 배출을 많이 할수록 배출권을 많이 할당하는 벤치마크 할당 방법도 청정에너지를 역차별하지 않도록 교정되어야 한다. 탄소 배출권 시장의 효율성을 떨어뜨리는 여러 규제들도 폐기하여야 한다. 정부가 탄소 중립을 선언하고 '2030 감축 목표'를 강화한다고 약속해도 우리나라의 탄소 시장이 전혀 반응하지 않는 이유가 무엇인지 정부는 파악해야 한다.

정부의 배출권 이월 금지 정책은 현재 시장과 미래 시장의 단절을 의미한다. 결국 미래에 대한 투자를 유도해야 할 탄소 시장이 단기적인 수급 맞추기에만 급급하니까 정부의 미봉책에 시장이 반응하지 않는 것이다. 정부가 탄소 중립을 선언하였다고 해서 이러한 장기적인 목표가 달성되지는 않는다. 모든 경제 주체들이 합리적인 의사결정을 하도록 유도하는 것이 정부의 정책이다. 그리고 이를 통해서 사회적 비용을 최소화하면서도 목표를 달성할 수 있다. 탄소 시장의 정상적인 시장 기능 회복이 가장 필요한 이유이다.

온실가스를 감축해야 하는 경제 주체들의 인센티브를 왜곡하는 정부의 규제도 과감히 개선할 필요가 있다. 무엇보다도 과거의 배출량에 비례하는 무상 할당 방식에서 조속히 탈피해야 한다. 바람직한 할당 방식은 유상 경매를 적극적으로 활용하는 것이다. 즉, 정부는 경매를 통한 수익으로 온실가스도 줄이면서 고용도 증대시키는 기업과 사업을 지원하는 것이다. 그러면 국민 소득도 증가되니 말 그대로 '윈 – 윈(Win-Win)'이 될 수 있다. 그러나 우리 정부 내 어느 부서도 이러한 통합적이고 장기적인 정책을 추진해본 경험이 없다. 그래서 국가 경제도 살리고 기후 변화 문제도 해결해줄 문제에 도전하는 일이 어려울 수도 있다. 하지만 우리 정부의 낡은 구조와 관행에서 빨리 벗어날수록 이러한 디커플링 효과(De-coupling effect)는 가능해진다.

9) 중앙은행은 '기후 금융'을 위하여 '녹색 어음주의'를 천명하라

앞으로 기후 위기에 대응하는 데 있어 중앙은행의 역할이 점점 중요해진다. 물론 이에 앞서 기후 위기 대응을 위한 중앙은행의 노력과 시도가 단기적인 수출 촉진이나 수입 제한의 수단이 아니라는 점을 설득하는 것이 중요하다.

예를 들어, 일본은행은 2021년 7월 16일 새로운 대출 프로그램을 도입하면서 이름조차 붙이지 않았다. 주요국 중앙은행들이 '마이너스 금리 정책'이니, '양적 완화'니, '포워드 가이던스'니 하면서 정책 결정 사항에 대해서 이름을 붙이기 좋아하는 것과는 크게 대비된다. 일본은행이 새로운 대출 프로그램에 이름 붙이기를 생략한 이유는, 일본은행이 정부를 대신해서 특정 산업이나 수출 기업에 보조금을 지급한다는 지적을 피하기 위해서인 것으로 보인다. 이 대출 프로그램의 시한도 2030년 말까지로 한정했다. 한국은행을 포함한 각국 중앙은행들도 일본은행처럼 '수출 경쟁력 제고'가 아니라 '저탄소사회로의 전환' 그 자체에 초점을 맞추고 접근해야 한다.

녹색 어음주의를 천명하고, 이를 구체화하는 작업을 해야 한다. 녹색 어음주의란 환경 개선을 위한 경제적 노력 자체를 부와 화폐 공급의 원천으로 삼는다는 뜻이다. 이미 다듬어진 금융 시장에서 기성품(국채)을 매매하는 것이 아니라, 개척 단계인 저탄소 · 친환경 분야에 선별적으로 자금을 공급한다는 뜻이기도 하다. 기후, 환경, 대기, 수자원 등은 대표적인 공공재이며, 이러한 공공재의 생산과 배분을 전적으로 시장 메커니즘에만 맡길 수는 없다. 중앙은행이 신용 정책을 통해 산업 구조 전환의 한 축을 맡을 수밖에 없는 이유다.

녹색 어음주의의 논리와 시행 방법 등을 만들고 시행하는 과정에서 한국은행과 금융위원회의 차원을 넘어 환경 전문가까지 참여하는 위원회를 설치하여야 한다. 그렇게 기후 금융 정책을 시행하면서 이를 통화 정책과 금융 감독 정책에 반영할 경우 정치적 중립성과 전문성을 담보할 수 있을 것이다. 그런데 한국은행이 녹색 전환 과정에서 기후 금융을 선도할 수 있는 새로운 중앙은행의 역할을 재정립하거나, 각국 중앙은행들 중에서 기후 금융의 리더로 나서기를 바라는 것은 너무 무리한 희망 사항일까?

금융 감독 당국도 금융 기관의 재무 건전성을 평가할 때 환경적 요소를 비롯한 비재무적 요소를 감안한다. 즉, 금융 감독 당국이 BIS 자기 자본 비율과 위험 자산 등을 평가할 때 시장 위험과 신용 위험 등을 측정하는 것처럼 기후 변화에 대한 이행 위험을 측정하고, 민간

금융 기관들의 행태 변화도 유도해야 한다. 그렇게 되면 탄소 배출량
이 많은 회사들의 주가와 신용 등급은 자연히 낮아지고, 친환경 분야
에 대한 투자와 포트폴리오 배분이 늘어날 것이다. 지금 한국에서 불
고 있는 ESG의 열풍을 지속적으로 유지할 수 있는 정부의 정책 시그
널이 필요하다.

10) 기후 기술 플랫폼으로 국제사회에 기여하라

기후 기술은 지금 기후 위기 대응을 위한 많은 한계와 도전을 뛰
어넘을 수는 있다. 물론 기술의 능력을 너무 과신해서는 안 되지만,
혁신적인 기술의 진보는 단호한 정치적·사회적 결단과 경제적인 뒷
받침, 국민들의 지지와 함께 오랜 시간을 기다려야 한다. 기후 위기
대응의 관점에서 더 중요한 것은 이러한 기술의 점진적 발전, 개량,
유지·보수 및 안전이다. 더불어 글로벌 기후 위기에 전 세계 140여
개국이 탄소 중립을 표방하는 지금, 기후 관련 기술의 개발과 확산은
글로벌적으로 지속 가능한 발전에 기여할 뿐만 아니라 한국 경제가
한 단계 더 성장하기 위한 기회가 될 수도 있다.

우리가 가지고 있는 유망한 기후 관련 기술과 해외의 수요를 잘
맞춰서 새로운 프로젝트를 기획하고, 국제 협력 체계를 활용하여 가
시적인 성공 사례를 만들어내고, 이를 확산시키는 '기후 기술 확산
플랫폼'을 만들고 운영하는 것은 기술을 통해 국제사회에 기여하는
일이다. 기후 변화 문제는 글로벌적인 문제이기 때문에 각국 정부를
중심으로 공적 기관들이 이 문제를 다루어왔지만, 실제로 구체적인
해결 방법인 기후 관련 기술은 대부분 민간이 보유하고 있어서 공유

하거나 개도국에 이전하기가 상당히 어려운 편이었다. 그러니 한국
이 개도국에 구체적으로 도움을 줄 방법은 한국의 기후 관련 기술을
개도국에 전수하고, 또한 해당 기술을 직접 운영하면서 쌓은 경험과
노하우를 개도국과 같이 공유하는 시도를 하는 것이다. 이것이 기후
기술 확산 플랫폼이다.

11) 가치 소비를 추구하는 MZ 세대의 요구에 대응하라

'MZ 세대'라 불리는 세대는 기후 위기를 주도적으로 해결할 미래
세대이기도 하다. 그들은 윤리나 환경, 사회적 책임, 공정성 등의 이
슈를 과거 세대보다 더욱 적극적으로 받아들이는 특성이 있다. MZ
세대는 이른바 '착한 기업'이나 사회적 책임을 다하는 기업에 기꺼이
반응한다. 소비자로서 기업에 반응한다는 것은 결국 자신이 가치가
있다고 생각하는 일을 하는 기업의 제품을 사주는 것이다.

이렇듯 가치 소비를 추구하는 MZ 세대를 통하여 기업의 생산·
공급 과정을 바꿀 수 있다. 소비자도 제품 선택 과정에서 더욱 날카
로운 판단력을 가지게 되며, 기업에 대한 소비자의 영향력이 더욱 커
지고, 경제 시장에서 소비자가 통제권을 갖게 된다. 따라서 소비자는
지금처럼 환경 문제가 중요한 시대에는 무엇을 어떻게 소비하는 것
이 중요한지를 이해하고, 자신의 소비에 대해 책임감을 느끼면서 소
비 행위를 하면 된다. 이러한 소비 행위가 기업에 압력으로 작용하면
서 기업은 친환경적인 노력을 더욱 열심히 하게 되고, 결국 순환경제
시스템의 구축이 앞당겨지게 된다.

기후 위기 대응을 포함하여 환경 문제가 점점 복잡하고 다양해진

다. 이런 상황에서 소비자의 현명한 선택은 세계 시장의 흐름과 기업의 성장·소멸을 결정할 수 있는 중요한 요인으로 등장하고 있다. 이러한 흐름을 MZ 세대가 선도하고 있다. 그래서 이들의 요구에 부응하는 시스템을 만드는 것이 기후 위기 대응에 매우 중요한 방안이 되고 있다. 일차적으로 환경이나 인권 등 가치에 대한 MZ 세대의 요구에 부응해야 하는 집단이 기업이다. 기업은 요즈음 세계적인 추세에 발맞춰 ESG 활동을 강화하고 있는데, 여기에서는 환경에 대한 대응도 매우 중요한 부분을 차지하고 있다.

기업 중에도 친환경적 기업이나 지속 가능한 경영을 통해 자사의 이미지를 높이고, 기업 가치도 상승시키며, 소비자들의 요구에도 적극적으로 대응하는 기업들이 늘어나고 있다. 예를 들어, "환경 문제를 해결하기 위해서 비즈니스를 한다"는 아웃도어 웨어 브랜드인 파타고니아의 지속 가능한 경영은 유명하다. 파타고니아는 요즘 의류 산업의 변화를 요구하는 "덜 사고, 더 요구하세요(Buy Less, Demand More)"라는 캠페인도 진행하고 있다.

가치를 중시하며, 자신의 선택이 지구 환경에 어떤 영향을 미칠까를 생각하는 신인류인 MZ 세대의 소비는, ESG를 통한 지속 가능한 경영을 실행하는 기업이 더 많아지게 하는 원동력이 될 것이다. 따라서 MZ 세대의 가치 소비에 대응하는 것이 곧 기업이 살아남을 길이다. 기후 변화에 대한 MZ 세대의 적극적인 대응이 세상을 변화시킬 것이라고 확신한다.

12) 기후 외교를 한국 외교의 주요 전략으로 추진하라

그동안 우리나라는 북한의 위협으로부터 국가를 보호한다는 전통적인 안보 문제를 최우선 과제로 삼고 외교 활동을 해왔다. 따라서 미국을 포함한 주변국과의 양자 외교가 늘 외교의 중심이 되어 왔다. 그러나 개도국에서 선진국으로 발전하고, 원조 공여국 모임에도 가입하면서 '녹색 성장'을 주창하던 이명박 정부 시절부터 우리 외교 분야도 기후 변화 문제를 포함하는 국제적 다자 문제에도 관심을 가지기 시작했다.

동시에 국제사회는 전통적 외교 이슈에 더해서 기후 변화, 사이버 안보, 인권·환경 문제와 같은 비전통 분야의 외교 문제에도 관심을 가지게 되었다. 지금까지 한국은 늘 개도국에서 선진국이 된 국가임을 강조하면서 우리의 개발 경험을 국제사회, 특히 개도국과 공유하겠다고 하였다. 아울러 개도국들과 선진국들을 연결하는 다리의 역할을 하겠다고 말하곤 하였다. 그러나 중점 분야가 없이 포괄적인 방향만을 제시하였을 뿐이며, 늘 개도국이 우리를 배우려 한다는 사실에만 만족하였고, 외교의 분명한 방향이나 전략도 없이 국제 문제에 수동적으로 대응해온 것이 한국 외교의 솔직한 현실이다.

이에 더해서 5년마다 바뀌는 정부는 지난 정부의 정책이나 방향을 발전적으로 계승하려 하지 않았다. 이러한 문제는 외교 분야에서도 잘 드러나고 있다. 문재인 정부는 P4G 서울 정상 회의를 통해 "우리나라는 국제사회에서 기후 변화에 대한 대응 논의를 선도하는 국가의 하나로 자리매김하게 되었다"고 자부한다. 즉, 기후 변화 문제와 환경 문제에 대한 대응 면에서 선도적인 역할을 하였다고 평가한 것이다. 그러나 우리나라는 우리 산업을 보호하기 위해 국제적으로 최소한의 기후 변화 관련 행동만을 유지해왔다. 그리고 결과적으로 우리나라의 온실가스 배출량은 문재인 정부 시절에도 계속 늘어왔다는 점도 사실이다.

그렇다면 지금부터라도 한국은 국제사회에 어떻게 기여할 수 있을까? P4G 정상 회담을 계기로 이제는 우리의 야심찬 국가 온실가스 감축 목표를 설정함과 더불어, 기후 변화와 관련하여 국제사회에 실질적인 기여를 하겠다고 약속을 했다. 또한 P4G 정상 회의 때 우리 정부는 제28차 기후 변화 당사국 총회(COP28)를 유치하겠다고 발표했다. 이러한 외교적 목표를 달성하기 위해서는 우선 원조 공여국으로서 양자나 다자 형태의 무상 원조 중 기후 위기에 대응하기 위한 개도국 지원을 대폭 늘려야 한다.

개도국이 기후 위기에 대응할 수 있도록 무상 원조뿐만 아니라 경제적 차관이나 기업의 활동과 연계된 기후 위기 대응 사업도 적극적으로 개발하여야 한다. 예를 들어, 개도국을 위한 기후 기술 플랫폼을 주도하거나, 기후 변화에 대한 적응 능력 향상 프로그램의 확대, 개도국 도시 개발 사업을 기후 탄력적인 녹색 개발로 추진하는 방안 등 개도국 상황에 맞는 구체적인 기후 외교 프로그램을 다양하게 개발하고, 이를 효과적으로 운영해야 한다. 이러한 결집된 외교적 노력들이 국제사회에서 인정을 받고 또 평가도 받으면 제28차 기후 변화 당사국 총회 유치도 가능하다.

우리나라가 기후 변화 당사국 총회를 유치하여 국제사회에서 의미 있는 역할을 수행하면, 우리나라의 기후 외교도 구체적 성과를 얻게 되고, 기후 문제를 해결하는 국제적인 선도국가로서의 지도력도 발휘할 수 있다. 사실, 한국이 국제사회에서 현실적으로 주도할 수 있는 의제는 많지 않다. 그러니 기후 위기 대응에 관한 국내 정책과 전략을 착실히 진행하면서, 개도국을 비롯한 국제사회의 기후 변화에 대한 대응 노력을 지속적·적극적으로 지원한다면, 기후 외교를 통한 한국의 국제사회에서의 위상과 국격이 높아질 것이다.

참고 문헌

본 QR코드를 스캔하시면,
'기후위기 시대, 12가지 쟁점'의 참고문헌을 확인할 수 있습니다.

저자 소개

정태용
현) 연세대학교 국제학대학원 교수
현) IPCC 제6차 평가보고서, 총괄주저자 (Coordinating Lead Author)
전) 아시아개발은행 기후변화전문가

강성진
현) 고려대학교 경제학과 교수
전) 일본 쯔꾸바 대학교 조교수
전) 한국경제연구학회장

김용건
현) 한국환경연구원 선임연구위원
현) IPCC 제6차 평가 보고서 주 저자
전) 온실가스종합정보센터 센터장
전) OECD 환경국 컨설턴트

김이현
현) 동탄국제고등학교 3학년
전) 국가기후환경회의 2019 대기오염 및 기후 변화 대응 국제포럼 기조연설자
전) 2019, 2020 환경부 생물다양성 그린기자단 최우수 기자

김현제
현) 에너지경제연구원 선임연구위원
현) 산업통상자원부 신재생 에너지 정책심의회 위원

김형주
현) 녹색기술센터 선임부장
현) 탄소중립위원회 기술분과 전문위원회 위원
전) 녹색기술센터 정책연구부장/국제전략부장
전) 삼성SDS 컨설팅본부(환경컨설팅) 수석컨설턴트

박주영
현) 고려대학교 에너지환경대학원 부교수
전) 로스안데스 경영대학 조교수

박찬
현) 서울시립대학교 도시과학대학 조경학과 부교수
현) 통합평가모델링컨소시엄(IAMC) 멤버
전) 국토연구원 스마트녹색도시센터 책임연구원

유연철

현) 연세대학교 국제학대학원 객원교수

현) 한림대학교 글로벌 융합과정 객원교수

현) UN 기후 변화 협약(UNFCCC) 이행부속기구(SBI) 부의장

전) 외교부 기후 변화대사, 2021 P4G 서울 정상 회의 준비기획단장

이동근

현) 서울대학교 조경 · 지역시스템공학부 교수

현) 환경부 중앙환경정책위원회 민간공동위원장

전) 한국기후변화학회 회장

전) 한국영향평가학회 회장

차현진

현) 한국은행 금융결제국 자문역

전) 한국은행 기획협력국장, 인재개발원장, 워싱턴사무소장, 부산본부장

전) 대통령비서실 행정관,

전) 미주개발은행(IDB) 컨설턴트

하지원

현) (사)에코맘코리아 대표

현) 유럽연합(EU) 기후행동 친선대사

현) 총리실 미세먼지특별위원회 위원

전) 대통령직속 녹색성장위원회 위원

홍일표

현) 한국건설기술연구원 연구위원

현) High Level Expert and Leaders Panel on Water and Disaster/Coordinator

전) 한국방재학회 부회장

전) Global Green Growth Institute, Water Principal

기후위기 시대, 12가지 쟁점

초판발행	2021년 10월 13일
중판발행	2021년 11월 15일
지은이	정태용 외 12인
펴낸이	노 현
편 집	배근하
표지디자인	이미연
제 작	고철민·조영환
펴낸곳	㈜ 피와이메이트
	서울특별시 금천구 가산디지털2로 53 한라시그마밸리 210호(가산동)
	등록 2014. 2. 12. 제2018-000080호
전 화	02)733-6771
f a x	02)736-4818
e - mail	pys@pybook.co.kr
homepage	www.pybook.co.kr
ISBN	979-11-6519-208-2 03330

정 가   17,000원

박영스토리는 박영사와 함께하는 브랜드입니다.